人力资源管理专业应用型本科教材

绩效管理

刘 娜 主编

中国劳动社会保障出版社

图书在版编目（CIP）数据

绩效管理 / 刘娜主编. -- 北京：中国劳动社会保障出版社，2023

人力资源管理专业应用型本科教材

ISBN 978-7-5167-6129-8

Ⅰ.①绩… Ⅱ.①刘… Ⅲ.①企业绩效-企业管理-高等学校-教材 Ⅳ.①F272.5

中国国家版本馆 CIP 数据核字（2023）第 222461 号

中国劳动社会保障出版社出版发行

（北京市惠新东街 1 号　邮政编码：100029）

*

三河市潮河印业有限公司印刷装订　新华书店经销

787 毫米 × 1092 毫米　16 开本　18.75 印张　255 千字

2023 年 12 月第 1 版　2023 年 12 月第 1 次印刷

定价：56.00 元

营销中心电话：400-606-6496

出版社网址：http://www.class.com.cn

版权专有　侵权必究

如有印装差错，请与本社联系调换：（010）81211666

我社将与版权执法机关配合，大力打击盗印、销售和使用盗版图书活动，敬请广大读者协助举报，经查实将给予举报者奖励。

举报电话：（010）64954652

内容提要

　　《绩效管理》共分为九章，内容包括绩效管理概论、绩效目标与计划、绩效指标设计、绩效考核标准制定、绩效考核方法、绩效考核实施管理、绩效过程管控、绩效评估、绩效改进与结果应用。本书集合绩效管理的知识、技能、实训，三位一体，同时整合新趋势、新方法，做到合理运用。

　　本书既适合高等院校人力资源管理专业及其他相关专业的师生教学使用，也能够满足不同层次的企业管理者，以及对人力资源管理感兴趣人士、研究者、咨询师和培训师的学习、借鉴需要。

序

随着信息化和大数据的发展，人力资源管理有着很大的变化与发展，尤其是新趋势、新技术在人力资源管理中的应用，对于人力资源管理专业的学习有着更高的要求。我国高等学校管理科学的人力资源管理专业领域的科研、教学和应用等方面都取得了长足进步，培养了一大批优秀人才，但由于各所高等学校在相关专业的发展历史、特点和背景上的差异，以及企业对人才需求的多样化、实务化，使我国人力资源管理专业教育面临着机遇和挑战。

"人力资源管理专业应用型本科教材"以人力资源管理专业学科体系为依托，涉及人力资源规划、工作分析、招聘与配置、培训与开发、绩效管理、薪酬管理、人员素质测评、劳动关系管理等方面的内容。本系列教材包括《人力资源管理概论》《工作分析》《人员招聘与配置》《人力资源培训与开发》《绩效管理》《薪酬管理》《人员素质测评》《员工关系管理》《人力资源服务概论》和《职业生涯规划》共10本，特色归纳如下：

第一，呈现了最新的理论和系统性的知识。本系列教材在整个高等学校人力资源管理专业设计过程中，不仅强调基础理论知识的学习，而且从整套教材体系的搭建到各书种内容的安排，系统性地呈现了人力资源管理的理论知识。

第二，提供了实务操作技能的方法和工具。本系列教材从方法、工具到所选择的各个模块，充分反映了人力资源管理专业的技能运用，为读者提供了全方位的人力资源管理教学指导与依据，是人力资源管理专业教师开展教学和学生在学习、工作中必不可少的参考书。

第三，增加了课程实训的演练内容。本系列教材在"学习目标"和"本章自测题"的基础上，增加了在人力资源管理实践中的"课程实训"模块内容，增强了教材的实用性，以期辅助读者更快地领会与掌握人力资源管理的基本理论以及技术方法。

当然，本系列教材还有许多可以不断完善和修改的地方，我们殷切希望广大读者能够在使用过程中，给我们提供好的意见和建议，使之日臻完善，共同为中国的人力资源管理事业添砖加瓦。

编者

2023 年 5 月

前　言

随着改革开放的不断深入和经济的迅速发展，企业的竞争越来越激烈，这对企业人力资源管理提出了新的要求和新的挑战。企业如何成功地吸引、激励和保留优秀的人才，如何立足于竞争激烈的市场，唯一的途径就是掌握最新的人力资源管理知识，利用高效的技术、方法和工具，对组织内部的人力资源进行充分的开发和科学的管理。其中，绩效管理是实现企业人力资源管理目标的重要手段之一。

《绩效管理》共分为九章，内容包括绩效管理概论、绩效目标与计划、绩效指标设计、绩效考核标准制定、绩效考核方法、绩效考核实施管理、绩效过程管控、绩效评估、绩效改进与结果应用。

如何将绩效管理理论与管理实践进行有效结合？如何精准掌握绩效管理体系设计的方法与工具？如何把握绩效管理的最新趋势？如何在掌握绩效管理知识的基础上，快速提高绩效管理者的专业技能？本书将系统指导、逐一呈现。

本书具有以下两个方面的特点：

1. 知识、技能、实训，三位一体。全书以管理的工作过程和工作内容为导向，深入剖析企业在实际人力资源管理工作中遇到的相关问题，并提出有针对性的解决方案和方法，包括文书、计划、表单、流程、技巧、模型、工作标准、案例等，帮助读者了解基础理论、有效地操练技术并提供有实用价值的参考借鉴。

2. 新趋势、新方法，合理运用。全书多层次、多维度地阐述了人力资源管理全面的内容，尽可能地针对企业实践吸收了人力资源管理领域的新思想、新理论、新方法，如战略性绩效管理、平衡计分卡考核法、目标与关键成果考核法等。

在本书编写过程中，特别感谢人力资源管理专业领域的一些杰出学者和企业界人士所提供的评论以及建议，他们的许多专业知识、独到见解和体会很值得我们学习。同时，我们还要感谢在高校管理学教学一线的教师们，他们投入了大量时间和精力，通过各种渠道给我们提供了高校科研、教育教学、在校学生方面关于教材颇有价值的信息反馈。

本书既适合高等院校人力资源管理专业及其他相关专业的师生教学、使用，也能够满足不同层次的企业管理者，以及对人力资源管理感兴趣人士、研究者、咨询师和培训师的学习、借鉴需要。

2023 年 9 月

目　　录

第一章　绩效管理概论…………………………………………………001
　学习目标………………………………………………………………001
　引导案例………………………………………………………………001
　第一节　绩效管理……………………………………………………003
　　一、绩效概述………………………………………………………003
　　二、绩效管理概述…………………………………………………009
　　三、战略性绩效管理………………………………………………016
　　四、绩效管理相关理论……………………………………………019
　　五、绩效管理的现状及发展趋势…………………………………026
　第二节　绩效管理体系………………………………………………028
　　一、绩效管理体系定义……………………………………………028
　　二、绩效管理体系设计……………………………………………029
　本章自测题……………………………………………………………036

第二章　绩效目标与计划………………………………………………037
　学习目标………………………………………………………………037
　引导案例………………………………………………………………037
　第一节　绩效目标……………………………………………………039
　　一、绩效目标概述…………………………………………………039
　　二、绩效目标的设定………………………………………………040
　　三、绩效目标的分解………………………………………………048

四、基于组织的绩效目标分解⋯⋯⋯⋯⋯⋯⋯⋯⋯⋯⋯⋯⋯⋯⋯⋯⋯⋯⋯⋯⋯050
　　五、基于部门的绩效目标分解⋯⋯⋯⋯⋯⋯⋯⋯⋯⋯⋯⋯⋯⋯⋯⋯⋯⋯⋯⋯⋯054
　　六、基于岗位的绩效目标分解⋯⋯⋯⋯⋯⋯⋯⋯⋯⋯⋯⋯⋯⋯⋯⋯⋯⋯⋯⋯⋯055
　　七、绩效目标变更与修正⋯⋯⋯⋯⋯⋯⋯⋯⋯⋯⋯⋯⋯⋯⋯⋯⋯⋯⋯⋯⋯⋯⋯056
　第二节　绩效计划⋯⋯⋯⋯⋯⋯⋯⋯⋯⋯⋯⋯⋯⋯⋯⋯⋯⋯⋯⋯⋯⋯⋯⋯⋯⋯⋯⋯060
　　一、绩效计划概述⋯⋯⋯⋯⋯⋯⋯⋯⋯⋯⋯⋯⋯⋯⋯⋯⋯⋯⋯⋯⋯⋯⋯⋯⋯⋯060
　　二、绩效计划制订⋯⋯⋯⋯⋯⋯⋯⋯⋯⋯⋯⋯⋯⋯⋯⋯⋯⋯⋯⋯⋯⋯⋯⋯⋯⋯063
　　三、个人绩效计划⋯⋯⋯⋯⋯⋯⋯⋯⋯⋯⋯⋯⋯⋯⋯⋯⋯⋯⋯⋯⋯⋯⋯⋯⋯⋯067
　本章自测题⋯⋯⋯⋯⋯⋯⋯⋯⋯⋯⋯⋯⋯⋯⋯⋯⋯⋯⋯⋯⋯⋯⋯⋯⋯⋯⋯⋯⋯⋯⋯070

第三章　绩效指标设计⋯⋯⋯⋯⋯⋯⋯⋯⋯⋯⋯⋯⋯⋯⋯⋯⋯⋯⋯⋯⋯⋯⋯⋯⋯⋯071
　学习目标⋯⋯⋯⋯⋯⋯⋯⋯⋯⋯⋯⋯⋯⋯⋯⋯⋯⋯⋯⋯⋯⋯⋯⋯⋯⋯⋯⋯⋯⋯⋯071
　引导案例⋯⋯⋯⋯⋯⋯⋯⋯⋯⋯⋯⋯⋯⋯⋯⋯⋯⋯⋯⋯⋯⋯⋯⋯⋯⋯⋯⋯⋯⋯⋯071
　第一节　绩效指标设计概述⋯⋯⋯⋯⋯⋯⋯⋯⋯⋯⋯⋯⋯⋯⋯⋯⋯⋯⋯⋯⋯⋯⋯073
　　一、绩效指标的定义⋯⋯⋯⋯⋯⋯⋯⋯⋯⋯⋯⋯⋯⋯⋯⋯⋯⋯⋯⋯⋯⋯⋯⋯⋯073
　　二、绩效指标的类型⋯⋯⋯⋯⋯⋯⋯⋯⋯⋯⋯⋯⋯⋯⋯⋯⋯⋯⋯⋯⋯⋯⋯⋯⋯073
　　三、绩效指标设计的原则⋯⋯⋯⋯⋯⋯⋯⋯⋯⋯⋯⋯⋯⋯⋯⋯⋯⋯⋯⋯⋯⋯⋯076
　　四、绩效指标设计的误区⋯⋯⋯⋯⋯⋯⋯⋯⋯⋯⋯⋯⋯⋯⋯⋯⋯⋯⋯⋯⋯⋯⋯077
　　五、绩效指标权重的设计⋯⋯⋯⋯⋯⋯⋯⋯⋯⋯⋯⋯⋯⋯⋯⋯⋯⋯⋯⋯⋯⋯⋯079
　第二节　绩效指标的设计方法⋯⋯⋯⋯⋯⋯⋯⋯⋯⋯⋯⋯⋯⋯⋯⋯⋯⋯⋯⋯⋯⋯080
　　一、工作分析法⋯⋯⋯⋯⋯⋯⋯⋯⋯⋯⋯⋯⋯⋯⋯⋯⋯⋯⋯⋯⋯⋯⋯⋯⋯⋯⋯080
　　二、访谈法⋯⋯⋯⋯⋯⋯⋯⋯⋯⋯⋯⋯⋯⋯⋯⋯⋯⋯⋯⋯⋯⋯⋯⋯⋯⋯⋯⋯⋯081
　　三、问卷调查法⋯⋯⋯⋯⋯⋯⋯⋯⋯⋯⋯⋯⋯⋯⋯⋯⋯⋯⋯⋯⋯⋯⋯⋯⋯⋯⋯081
　　四、经验总结法⋯⋯⋯⋯⋯⋯⋯⋯⋯⋯⋯⋯⋯⋯⋯⋯⋯⋯⋯⋯⋯⋯⋯⋯⋯⋯⋯082
　第三节　定量指标设计⋯⋯⋯⋯⋯⋯⋯⋯⋯⋯⋯⋯⋯⋯⋯⋯⋯⋯⋯⋯⋯⋯⋯⋯⋯083
　　一、定量指标的定义⋯⋯⋯⋯⋯⋯⋯⋯⋯⋯⋯⋯⋯⋯⋯⋯⋯⋯⋯⋯⋯⋯⋯⋯⋯083
　　二、定量指标的特点⋯⋯⋯⋯⋯⋯⋯⋯⋯⋯⋯⋯⋯⋯⋯⋯⋯⋯⋯⋯⋯⋯⋯⋯⋯083
　　三、定量指标的提取⋯⋯⋯⋯⋯⋯⋯⋯⋯⋯⋯⋯⋯⋯⋯⋯⋯⋯⋯⋯⋯⋯⋯⋯⋯084
　第四节　定性指标设计⋯⋯⋯⋯⋯⋯⋯⋯⋯⋯⋯⋯⋯⋯⋯⋯⋯⋯⋯⋯⋯⋯⋯⋯⋯087

一、定性指标的定义……………………………………087
　　二、定性指标的特点……………………………………088
　　三、定性指标的提取……………………………………088
　第五节　关键绩效指标的确定…………………………………092
　　一、关键绩效指标确定依据……………………………092
　　二、关键绩效指标确定原则……………………………096
　　三、关键绩效指标提取方法……………………………099
　第六节　绩效指标量化方法……………………………………105
　　一、数字量化法…………………………………………105
　　二、质量量化法…………………………………………106
　　三、成本量化法…………………………………………107
　　四、时间量化法…………………………………………107
　　五、结果量化法…………………………………………108
　　六、行动量化法…………………………………………108
　　七、标准量化法…………………………………………109
　第七节　绩效指标库的建设……………………………………110
　　一、绩效指标库的建设步骤……………………………110
　　二、基于胜任力的绩效指标库…………………………111
　　三、基于工作态度的绩效指标库………………………113
　　四、基于工作能力的绩效指标库………………………114
　　五、基于工作成果的绩效指标库………………………116
　本章自测题………………………………………………………116

第四章　绩效考核标准制定…………………………………………117
　学习目标…………………………………………………………117
　引导案例…………………………………………………………117
　第一节　绩效考核标准概述……………………………………119
　　一、绩效考核标准的要素和特征………………………119
　　二、绩效考核标准的类型………………………………121

第二节　绩效考核标准制定要求与方法 …………………………… 123
　　一、绩效考核标准制定要求 ………………………………………… 123
　　二、绩效考核标准表现形式 ………………………………………… 125
　　三、绩效考核标准制定注意事项 …………………………………… 127
　　四、绩效考核标准等级划分方法 …………………………………… 128
　　五、不同指标绩效考核标准制定方法 ……………………………… 128
　　六、绩效考核指标得分标准制定方法 ……………………………… 129
本章自测题 …………………………………………………………………… 131

第五章　绩效考核方法 ……………………………………………………… 132

学习目标 ……………………………………………………………………… 132
引导案例 ……………………………………………………………………… 132
第一节　目标管理考核法 …………………………………………………… 133
　　一、目标管理考核法概述 …………………………………………… 133
　　二、目标管理考核法的优缺点 ……………………………………… 136
　　三、目标管理考核法的实施 ………………………………………… 138
第二节　关键绩效指标考核法 ……………………………………………… 140
　　一、关键绩效指标的概述 …………………………………………… 140
　　二、关键绩效指标考核法的实施 …………………………………… 142
第三节　平衡计分卡考核法 ………………………………………………… 147
　　一、平衡计分卡考核法概述 ………………………………………… 147
　　二、平衡计分卡考核法的特点和优缺点 …………………………… 152
　　三、平衡计分卡考核法的实施 ……………………………………… 153
第四节　360 度考核法 ……………………………………………………… 155
　　一、360 度考核法概述 ……………………………………………… 155
　　二、360 度考核法的考核主体选择 ………………………………… 156
　　三、360 度考核法的实施程序 ……………………………………… 158
第五节　目标与关键成果考核法 …………………………………………… 162
　　一、目标与关键成果考核法概述 …………………………………… 162

二、目标与关键成果考核法实施程序…………………………………… 164
　　三、目标与关键成果考核法和关键绩效指标考核法的区别… 166
本章自测题……………………………………………………………………… 166

第六章　绩效考核实施管理……………………………………………… 167
学习目标………………………………………………………………………… 167
引导案例………………………………………………………………………… 167
第一节　绩效考核内容与考核主体确定………………………………… 168
　　一、绩效考核内容的确定………………………………………………… 168
　　二、绩效考核主体的确定………………………………………………… 170
第二节　绩效考核方法选择………………………………………………… 172
　　一、绩效考核方法选择的维度…………………………………………… 172
　　二、绩效考核方法的对比选择…………………………………………… 173
第三节　绩效考核团队组建与考核周期确定…………………………… 174
　　一、绩效考核团队的组建………………………………………………… 174
　　二、绩效考核周期的确定………………………………………………… 178
第四节　绩效考核指标与标准确定………………………………………… 179
　　一、绩效考核指标的确定………………………………………………… 179
　　二、绩效考核标准的确定………………………………………………… 180
第五节　绩效信息收集分析和绩效考核结果公示……………………… 183
　　一、绩效信息的收集……………………………………………………… 183
　　二、绩效信息的分析……………………………………………………… 185
　　三、绩效考核结果公示…………………………………………………… 188
第六节　绩效申诉……………………………………………………………… 189
　　一、绩效申诉概述………………………………………………………… 189
　　二、绩效申诉的步骤……………………………………………………… 190
　　三、绩效申诉处理常见误区……………………………………………… 191
第七节　绩效面谈……………………………………………………………… 192
　　一、绩效面谈概述………………………………………………………… 192

二、绩效面谈的方法……………………………………………………195
　　三、绩效面谈的内容……………………………………………………199
　　四、绩效面谈的准备……………………………………………………200
　　五、绩效面谈的实施步骤………………………………………………202
　本章自测题……………………………………………………………………207

第七章　绩效过程管控………………………………………………………208
　学习目标………………………………………………………………………208
　引导案例………………………………………………………………………208
　第一节　绩效过程管控概述…………………………………………………209
　　一、绩效过程管控的意义………………………………………………209
　　二、绩效过程管控的误区………………………………………………210
　第二节　持续的绩效沟通……………………………………………………211
　　一、绩效沟通概述………………………………………………………211
　　二、绩效沟通的内容……………………………………………………211
　　三、绩效沟通的方法……………………………………………………212
　　四、绩效沟通的技巧……………………………………………………214
　第三节　绩效辅导……………………………………………………………217
　　一、绩效辅导概述………………………………………………………217
　　二、绩效辅导的时机……………………………………………………218
　　三、绩效辅导的方式……………………………………………………218
　　四、绩效辅导的方法……………………………………………………218
　　五、绩效辅导的渠道……………………………………………………222
　　六、绩效辅导的步骤……………………………………………………224
　　七、绩效辅导的技巧……………………………………………………227
　本章自测题……………………………………………………………………228

第八章　绩效评估……………………………………………………………229
　学习目标………………………………………………………………………229

引导案例 ………………………………………………………… 229
第一节　绩效评估概述 ………………………………………… 230
　　一、绩效评估的定义 ………………………………………… 230
　　二、绩效评估的内容 ………………………………………… 231
　　三、绩效评估的意义 ………………………………………… 232
　　四、绩效评估的原则 ………………………………………… 233
　　五、绩效评估的周期 ………………………………………… 234
　　六、绩效评估的标准 ………………………………………… 236
第二节　绩效评估的程序 ……………………………………… 236
　　一、收集关键事件 …………………………………………… 236
　　二、明确绩效评估周期 ……………………………………… 236
　　三、选择评估方法 …………………………………………… 237
　　四、计算绩效评估分数 ……………………………………… 238
　　五、个人绩效反馈 …………………………………………… 238
　　六、绩效评估讨论 …………………………………………… 239
第三节　绩效评估的方法 ……………………………………… 239
　　一、简单排列法 ……………………………………………… 239
　　二、选择排列法 ……………………………………………… 240
　　三、成对比较法 ……………………………………………… 241
　　四、强制分布法 ……………………………………………… 242
　　五、关键事件法 ……………………………………………… 245
　　六、行为观察法 ……………………………………………… 247
　　七、量表评定法 ……………………………………………… 248
　　八、行为锚定等级评价法 …………………………………… 250
本章自测题 …………………………………………………… 252

第九章　绩效改进与结果应用 ………………………………… 253
　学习目标 ……………………………………………………… 253
　引导案例 ……………………………………………………… 253

第一节　绩效改进 …………………………………………… 254
　　一、绩效改进概述 ………………………………………… 254
　　二、绩效改进的步骤 ……………………………………… 256
　　三、绩效改进的方法 ……………………………………… 262
　　四、绩效考核误差改进措施 ……………………………… 268
第二节　绩效结果的应用 …………………………………… 270
　　一、绩效结果应用概述 …………………………………… 270
　　二、绩效结果应用于薪酬管理 …………………………… 273
　　三、绩效结果应用于人员调配 …………………………… 279
　　四、绩效结果应用于培训与开发 ………………………… 281
本章自测题 …………………………………………………… 284

第一章　绩效管理概论

学习目标

- 了解绩效的定义、性质、层次和影响因素
- 掌握绩效管理的定义、原则、意义和影响因素
- 理解绩效管理与绩效考核的关系
- 掌握战略性绩效管理的定义以及在人力资源管理系统中的地位
- 了解绩效管理相关理论
- 知晓绩效管理的现状及发展趋势
- 掌握绩效管理体系的定义和设计

引导案例

人们往往把绩效和奖金、提成等概念紧密联系起来，用绩效的优劣来衡量收入的高低，可是如果只是简单地认为绩效考核等于发奖金，那就失之偏颇了。

H公司以前一直都按照员工的岗位等级来发放工资，这种办法简单、易操作、方便管理。可久而久之，公司人力资源部发现，公司很多员工的工作积极性逐渐降低，特别是基层员工。经过调研之后发现，这些岗位等级较低的员工之所以渐渐对工作没有了那么高的热情，是由于他们的收入增长受到了限制，他们看不到涨工资的前景。为了改变这种局面，H公司人力资源总监和董事长商议后，决定在公司全面推行绩效考核制度，以取代过去单纯依靠岗位等级来发工资的办法。

公司决定每季度进行一次绩效考核，考核结果直接与奖金挂钩，绩效考核结果最好的普通员工可以获得其考核前3个月平均工资3倍的奖金，绩效考核结果最好的主管及以上人员可以获得其考核前3个月平均工资2倍的奖金。这项决定一公布，公司基层员工都欣喜不已，认为只要努力工作，工资超过主管领导不是梦想，工作积极性很快就高涨了起来，公司的生产效率得到了显著的提高。一季度之后，董事长迫切想知道新制度的实施效果，于是立即要求人力资源部开始总结考核结果，并根据考核结果发放奖金。人力资源部本以为这一举措肯定会受到员工的欢迎，毕竟发奖金是一件让人兴奋的事情。然而，事情没有那么简单，在实行绩效考核的过程中，人力资源部面临的压力越来越大。很多中层管理人员对考核持抵触情绪；对于基层员工而言，他们不清楚考核的实际执行过程；考核标准也设置得不合理，仅仅通过人力资源部与各部门负责人开会确定，但事实上这些标准很难达到。大家的工作热情很快降了下来。最后，董事长不得不叫停了新制度的实施，让人力资源部修改和完善之后再推行。

请思考：为什么公司上下对于绩效考核的态度前后差别这么大呢？绩效管理就是简单地发奖金吗？绩效管理究竟如何进行？

第一节 绩效管理

一、绩效概述

人力资源管理实质上就是在完成两项任务：第一，使企业员工具有高效工作的能力，实际上人员招聘、选拔与培训管理就是在完成这个任务；第二，使企业员工处于高效工作的状态，也就是企业通过考核管理对员工进行评价、控制、激励、培训与开发等。

（一）绩效的定义

绩效管理是基于绩效这一概念而言的，因此我们需要首先理解什么是绩效。

绩效是人力资源管理中重要的概念和内容。从字面意思上理解，绩效是绩与效的组合，绩就是业绩，包括组织业绩、部门业绩及个人业绩；效则是效率、效果、方式和方法等，更多地体现为一种行为。

对绩效的定义，各类专家学者说法不一，但大致可分为三种类型，分别为以结果为导向的绩效、以行为为导向的绩效、以能力为导向的绩效。

以结果为导向的绩效类型理解认为，绩效是工作结果的记录，对其描述主要采用目标、产能、结果、责任、关键成功因素等词语。这类理解在企业中的应用最为广泛，企业常用的关键绩效指标（KPI）考核、目标管理（MBO）考核等就是以结果为导向的绩效考核。

以行为为导向的绩效类型理解认为，绩效是行为本身而不是行为产生的结果，是组织或个人为完成某一任务或目标而采取的一组行为，一般应用在绩效无法用结果衡量的工作中。例如文职工作，员工只要按照企业规定的流程和标准化的行为去做，就能达到预期的要求，从而带来特定的结果。

以能力为导向的绩效类型理解认为，绩效是实际工作能力。对于企业预期的结果，能力强的人会在更短的时间内完成，甚至结果会超越预期目标。这类理解一般应用于劳动过程易于评估的工作中。例如计件或计时工作，对于同样的数量要求或者时间限制，能力强的人效率会更高，产出会更多。

以上3种类型关于绩效的理解，都有一定道理，但都不全面，本书主张从综合的角度来理解绩效的定义。综合上述3种观点，本书认为：绩效就是一种结果，反映出人们从事某一项工作或任务所产生的成绩、成果、成效。这种结果会随着具体的行为和能力的变化而变化，也就是说，改变行为和能力能促进产生更好的结果。

理解绩效的定义，应先理解几点内容。首先，绩效是基于实际工作而产生的，与员工的工作过程直接联系在一起，工作之外的行为不能纳入绩效的考量范畴。其次，绩效与企业目标密切相关，绩效对企业的目标应当有直接的影响作用。由于企业的目标最终都会体现在各个工作岗位上，因此绩效直接表现为与具体岗位的职责和目标有关。再次，绩效既包括工作行为也包括工作结果，是两者的综合体。将绩效看作过程和结果的综合体，既强调了企业管理中的结果导向，同时也强调了过程控制的重要性。最后，绩效还应当是已经表现出来的工作行为和工作结果，没有表现出来的就不是绩效。

（二）绩效的性质

通常来讲，绩效具有多因性、多维性和动态性3个性质。

1. 多因性

多因性是指员工绩效的优劣并不是由单一因素决定的，还会受到其他多种主客观因素的影响，如员工个人的知识、技能等，还有企业环境存在的因素，如组织管理制度、激励机制、工作机会等。绩效及其影响因素之间的关系可以用以下公式来表示。

$$P=f(K, A, M, E, O)$$

其中：P（performance）代表绩效；K（knowledge）代表知识；A（ability）代表技能；M（motivation）代表激励；E（environment）代表环

境；O（opportunity）代表机会。

（1）知识是指员工掌握的知识。它不仅包括员工为履行本岗位职责和完成工作任务所需要的专业知识和技能知识，也包括岗位之外的知识，如计算机知识、管理知识、经济学知识、数理统计相关知识等。知识的宽度和广度取决于员工学习知识、消化知识、转化知识的能力，也需要企业对员工进行知识方面的培训。

（2）技能是指员工的工作技巧与工作能力。它的水平取决于个人天赋、智力、经历、教育与培训等因素，其中培训不仅能提高其技能水平，还能使员工对预定计划目标的实现树立信心，从而加大激励的强度。

（3）激励是指调动员工工作的积极性。激励本身取决于员工的需求层次、个性、感知、学习过程与价值观等个人特点，其中需求层次的影响最大。根据马斯洛的需求层次理论，员工的生理需求、安全需求、社会需求、尊重需求及自我实现需求等，各有其独特的强度组合，企业需要调查摸底、具体分析，"对症下药"予以激发。

（4）环境包括企业内部和外部的环境条件。企业内部的环境条件，包括工作场所的布局与物理条件（如室温、通风、粉尘、噪声、照明等），工作的性质，工作设计的质量，工具、设备与原料的供应，上级的领导作风与方式，企业的组织与规章制度、工资福利、培训机会，以及企业的文化、宗旨和氛围等。企业外部的环境条件，包括社会政治、经济状况、科技发展、市场竞争的激烈程度等宏观条件，这些因素的影响是间接的。

（5）机会是指获得某种成功的机遇和时机，它具有偶然性。例如，某项工作分配给了甲员工，乙员工因不在场或其他随机性的原因未被指派承担此项任务，此时虽然乙的能力和绩效与甲不相上下，甚至优于甲，却无从表现。不可否认，现实中由于随机因素的客观存在，不可能真正做到完全平等，因而机会因素是完全不可控的。

2. 多维性

绩效的多维性是指员工的绩效往往具体体现在多个方面，因此，对员工绩效进行考核和分析时需要沿着多种维度进行。例如，对一名员工的考核，不仅要从工作结果方面进行评价，如在数量、质量、销售额、成本等方面的表现，也要从其工作行为和态度方面进行评估，如出勤情况、与同事合作情况、纪律的遵守情况、企业文化的认同情况等。

3. 动态性

绩效的动态性是指员工的绩效并不是固定不变的。这种变化可能是因为员工自身条件发生了变化，如员工经过培训和学习之后，绩效得以改进转好；又如员工不思进取，沉迷于过去取得的成就，绩效可能逐步变差。

外部条件的变化也可能会导致员工绩效发生动态性的变化，例如，房地产行业受政策影响比较大，如果政策支持房地产行业的发展，则销售量增加，员工绩效良好；若是政策压制房地产行业的发展，则需求量减少，销售量自然下降，员工绩效变差。

总之，理解绩效的性质可以使管理者在进行绩效评价时，能够以全面、客观、权变的观点来考察员工的工作绩效，有意识地防止片面、主观和僵化。

（三）绩效的层次

从管理学的角度分析，绩效可以划分为组织绩效、团队绩效和个人绩效3个层次。

1. 组织绩效

组织绩效是指组织在某一时期内完成任务的数量、质量、效率及盈利情况。组织绩效通常会受到组织战略、领导方式、组织变革及组织内部信任关系的影响。

（1）组织战略对组织绩效的影响。组织的战略取向决定了组织的经营范围、所服务的顾客群体及所采用的竞争战略，这些将在宏观层面上影响组织的绩效。

（2）领导方式对组织绩效的影响。领导方式包括交易型领导和变革型领导两种。交易型领导方式是指领导者与下属之间的关系以一系列的交易和隐含的契约为基础。这一种领导方式的领导者以奖赏的方式领导下属,当下属完成特定的任务后,便给予承诺和奖赏,整个过程就像一项交易。变革型领导方式是指领导者通过改变下属的动机与价值观来促进绩效的提高和整个组织的变革。

一般而言,具有领袖魅力的变革型领导方式,不仅可以提高员工满意度和生产率,也能提高组织的有效性,加强组织成员间的沟通,激发员工的创新意愿,从而使他们有更强的责任感,努力提高工作质量,促进组织绩效的提升。

(3)组织变革对组织绩效的影响。组织绩效的变化可以作为组织变革的动力,当组织不适应性出现时,组织绩效就会下降,低于满意水平,这样就会引发组织变革,使组织由不适应转变为适应。只有不断地变革组织和改善组织适应力,组织才会保持高的绩效水平,并获得持续成长。

(4)组织内部信任关系对组织绩效的影响。组织内部长期有效的信任关系直接影响组织成员"履约"的愿望,信任与组织绩效密切相关。组织通过有效和适度的放权,激励员工努力工作,进而提升组织的绩效。同时,组织内部成员之间的相互信任,可以有效避免或降低信息不对称给组织造成的损失。

2. 团队绩效

并不是任何一群因某一共同任务而组合在一起的人都可以称为团队。团队应由两个及以上具备互补知识与技能的人组成,并且他们具有共同的、详细的、可衡量的绩效目标。关于团队绩效的概念,学术界并没有统一的观点。本书认为,团队绩效主要包括3个方面的内容:团队的工作成果(数量、质量、效率、顾客满意度等)、团队成员的工作成果及团队未来工作能力的改进。团队绩效通常是由团队凝聚力、团队成员的熟悉程度、团队的领导、团队的目标、团队的激励机制、团队成员的多样化及团队成员的素质等多种因素综合作用而产生的。

3. 个人绩效

个人绩效通常是指员工个人在工作业绩、工作能力及工作态度上的表现。工作业绩就是工作行为产生的结果;工作能力是员工工作中所表现出来的能力;工作态度是员工工作过程中所表现出来的行为倾向。也就是说，个人绩效通常会受到个人能力、价值观、性格、工作态度等因素的影响。

（四）影响绩效的因素

影响绩效的主要因素有目标、标准、反馈、机会、条件、能力和动机，具体说明如下。

1. 目标

目标是个人、部门或整个企业所期望的成果，是企业孜孜以求的新境界。它包括要达到什么结果、各项工作目标的权重以及怎样做才能更好地实现目标。企业在设定绩效目标时，要注意区分以下两点内容。

（1）目标不同于要求。例如，部门经理宣布：企业的新目标是在未来1年内使生产率提高20%，这不是目标，而是要求。企业设定的绩效目标应当是能够实现的，否则它只是一种愿望、要求和挑战。

（2）目标不同于欲望。大家都认为生产率提高20%是应该的，但这并不是目标，除非每个人都下决心去实现它。因此，目标不仅是企业所有员工在思想上都认同，而且更重要的是需要所有员工付诸行动。

2. 标准

标准是目标的基本组成部分，是指对目标实现的结果从哪些方面去衡量、评判，它告诉员工必须做到什么程度才算达成了目标。如果无法用具体标准来衡量目标是否实现，就不能明确目标到底是什么。

3. 反馈

反馈是对按照一定的标准向目标靠近过程中的情况所做的反映。如果这个情况与目标无关，或还没建立衡量表现好坏的标准，就算不上反馈。也就是说，反馈是有一定的前提和基础的：一是明确的目标；二是清晰的目标考核标准。

4. 机会

在工作过程中，并不是每一位员工都享有同等的机会。这种情况主要是由机会本身的偶然性和随机性造成的。所以，员工绩效差的原因也可能是没有得到表现的机会，从而无法获得相应的成果。

5. 条件

条件是员工绩效实现的客观因素，包括企业既定的规章制度、办事流程、科技化程度、培训制度等。例如，在不过度干扰企业工作的情况下，通过改变某些程序和过程来提高工作效率。

6. 能力

能力是绩效实现的决定因素之一，这是因为了解某事与如何做这件事对绩效实现的贡献度大不相同。对绩效起关键性作用的是做这件事情的方法、流程和采用的工具，而不仅仅是了解事情本身。而且，员工在接受培训后，能够及时转化和应用培训成果的能力对绩效改进有着举足轻重的作用。

7. 动机

动机是员工工作的激情。激发员工积极工作的热情可以采取多种措施，最主要的是让员工融入企业，培养员工的主人翁意识。真正建立起员工的主人翁意识很不容易，但还是有相应的方法和措施，如利润分享制、收益分享计划、股权激励等。

上述 7 个影响绩效的因素都是直接作用于绩效本身的。目标和标准设置得不合理或模糊不清，必然会使员工缺乏明确的绩效导向；在机会和条件不平等的情况下，绩效考核会有失公平，导致考核结果缺乏说服力；能力和动机则直接关系员工的绩效水平上限。

二、绩效管理概述

（一）绩效管理的定义

绩效管理是指为了达到企业的目标，通过持续开放的沟通，推动团体和个人达成目标的行为，形成企业所期望的利益和产出的过程，即通过持续沟通与规范化的管理不断提高员工与团队的绩效，并提高员工的能力与素质的过程。

关于绩效管理的定义，我们可以从以下 3 个方面进行理解。

（1）绩效管理虽然是人力资源管理的子系统，但并不仅仅属于企业人力资源部的职能，它涵盖管理的所有职能，包括计划、组织、领导、协调和控制。

（2）绩效管理是一个持续不断的交流过程，该过程由员工和他的直接主管之间通过达成的协议来保证完成。

（3）绩效管理是一个循环体系，在这个体系中，它不仅强调达成绩效结果，也注重通过目标、辅导、评价、反馈达成结果的过程。

（二）绩效管理的原则

绩效管理是在坚持公开与开放原则、客观与公正原则、程序化与制度化原则、反馈与修正原则、可靠性与准确性原则的基础上，对员工的业绩、能力和态度进行的考核管理。

1. 公开与开放原则

一个良好的绩效管理体系只有建立在公开与开放的前提下，才有可能获得企业全体员工的认同，从而得到具体实施。

公开与开放式的绩效管理主要体现在两个方面：一方面是绩效管理制度必须建立在公平、开放的基础上，以最大限度地减少考核工作的神秘感；另一方面是考核的评价标准是十分明确的。

2. 客观与公正原则

绩效管理首先要做到以事实为依据，对员工的任何评价应有事实依据，避免主观臆断和个人感情色彩的影响。另外，对同一部门、同一岗位员工的考核标准应保持一致。

3. 程序化与制度化原则

绩效管理是一种连续性的循环的管理过程，其程序化、制度化有利于企业了解员工的潜能，及时发现企业中存在的问题，从而有利于企业绩效的提升。

4. 反馈与修正原则

反馈与修正原则是指在绩效考核之后，各级部门主管应及时与被考核者进行沟通，把考核结果反馈给被考核者，并向被考核者就考核结果进行解释、说明，肯定其成绩和进步，说明其存在的不足，从而为被考核者提供今后努力方向的参考意见等。同时各级部门主管也应该认真听取被考核者的意见，采纳被考核者的合理建议，以便更好地完善绩效管理工作。

5. 可靠性与准确性原则

绩效管理的可靠性与准确性是指绩效考核标准具有可靠性，绩效考核结果富有准确性。

可靠性又称信度，它是指测量的一致性和稳定性。绩效考核应保证所收集到的人员能力、工作结果、工作行为与态度等信息的稳定性和一致性，它强调不同评价者对同一个人或一组人的评价结果具有一致性，要求绩效考核所采用的尺度是明确的。

准确性又称效度，它是指测量的结果能够有效地反映其测量内容的程度。绩效考核的效度是指绩效考核测量的个体能力与绩效内容的准确性程度，它强调考核结果能否真实地反映特定员工工作内容的程度。

（三）绩效管理的意义

绩效管理的意义，概括起来有以下7点。

1. 绩效管理保证企业战略目标的实现

绩效管理是将企业的战略目标逐级逐层地分解到部门和个人，一方面可以使每个部门和每位员工及时了解企业发展的战略方向，避免部门或个人努力的方向与企业的要求偏离，并且使员工日常工作与企业战略目标紧密结合起来，另一方面为战略目标的实现提供制度和管理保证。

2. 绩效管理促进企业和个人绩效的提升

绩效管理通过设定科学合理的企业目标、部门目标和个人目标，为企业员工指明了努力方向。管理者通过绩效辅导沟通及时发现下属工作中存在的问题，给下属提供必要的工作指导和资源支持，下属通过工作态度以及工作方法的改进，保证绩效目标的实现。员工绩效的提高会推动部门绩效的提升，而部门绩效的提升进一步驱动企业绩效的提高，经过这样的循环，企业和个人的绩效就会得到全面提升。

3. 绩效管理促进企业内部信息的沟通

绩效管理要求管理者与被管理者就绩效计划及绩效考核结果进行双向沟通和反馈。管理者应当及时对员工不规范的工作行为进行反馈，使员工认识到绩效管理是一种帮助个人改进和提升绩效的手段，而不是责备和惩罚的机制，从而有效避免冲突的发生。

4. 绩效管理促进企业运行效率的提升

企业管理涉及对人和对事的管理，对人的管理主要是激励约束问题，对事的管理主要是流程问题。绩效管理从企业整体利益以及工作效率出发，推进业务处理效率的提高，调整优化人和事的管理流程，使企业运行效率逐渐提高。

5. 畅通员工职业发展渠道

绩效管理通过对员工进行甄选与区分，保证优秀人才脱颖而出，同时淘汰不合适的人员。通过绩效管理，实施绩效考核，可以更全面、更准确地了解员工的素质和能力，从而为企业内部人才的成长提供更好的决策支持，使人力资源能满足企业发展的需要。

6. 绩效管理促进质量管理

凯瑟琳·吉恩指出："实际上，绩效管理过程可以加强全面质量管理。因为，绩效管理可以给管理者提供全面质量管理的技能和工具，使管理者能够将全面质量管理看作企业文化的一个重要组成部分。"一个设计科学的绩效管理过程本身就是一个追求"质量"的过程——达到或超过内部、外部客户的期望，使员工将精力放在质量目标上。

7. 绩效管理的法律意义

在一个劳动法律健全的国家，人力资源管理的各个过程都会受到国家或社会公平就业组织的监督。如果不能拿出足够的证据证明人力资源管理决策的正确性，企业可能会受到法律的制裁。而绩效管理则可以为企业人力资源管理决策提供相关证据。为此，绩效管理程序必须有明确的成文制度，新员工在入职后必须被明确地告知，在绩效管理的每一个环节都应有相关记录并经有关方面签字认可。

（四）绩效管理的影响因素

绩效管理的影响因素主要包括企业所处的发展阶段、组织体系是否健全、企业文化氛围、管理者的能力、普通员工的成熟度5个方面。

1. 企业所处的发展阶段

企业的发展阶段包括创业期、成长期、成熟期和衰退期，在不同的发展阶段，企业的组织特征和发展战略不同，企业在进行绩效管理时采取的相应策略和方法不同。

2. 组织体系是否健全

企业的组织体系健全，意味着企业的组织结构清晰，流程管理规范有序，员工职责明确。如果企业的组织体系不健全，则会产生员工相互推卸责任的现象，从而使绩效管理无法有效地实施。

3. 企业文化氛围

绩效管理得以有效实施，需要有业绩导向的企业文化氛围。可以把有关绩效的要求向每个员工阐释清楚，告诉员工管理层真正关注和鼓励的工作行为是什么，这样绩效管理方案推行起来就会更加顺畅。

4. 管理者的能力

绩效管理的有效实施对管理者的能力要求很高，管理者不能按照传统的管理方法去命令员工，而是要扮演教练的角色对员工进行管理。管理者要与员工一起制订计划和目标，在绩效管理实施过程中，不断地与员工进行沟通，并对员工业绩做出反馈，帮助员工改善绩效。

5. 普通员工的成熟度

绩效管理最终要通过普通员工来实现，因此普通员工的成熟度对绩效管理的顺利实施有重要的影响。普通员工的成熟度，要求员工能够真正理解绩效管理的内涵，并愿意实施绩效管理，不能因为不理解或可能损害自身的利益而抵制绩效管理的实施。

（五）绩效管理的常见误区

对绩效管理的错误认识是企业绩效管理效果不佳的最根本原因，也是最难突破的障碍。企业管理者对绩效管理往往存在5个方面的误区。

1. 绩效管理单纯被视为一种专业技术

绩效管理作为人力资源管理的子系统，必须与人力资源管理系统的其他模块相互配合才能发挥真正的作用。然而，在现实中很多企业将绩效管理仅仅作为一种专业技术，认为掌握了这项技术或提高了这项技术的操作能力就能够实现绩效管理的目的，这种理解是错误的。

绩效管理基于工作分析对员工的综合评价，其最终会应用于薪酬、培训和职业生涯规划等人力资源管理模块。只有这样才能充分发挥绩效管理的作用，对员工产生激励功能。

2. 绩效管理是人力资源部门的工作，与业务部门无关

企业中持"绩效管理是人力资源部的工作"观点的人不在少数，甚至某些企业管理者也持有这种看法。这种认识产生的原因主要有3个：第一，业务部门人员认为绩效管理是虚的，只是一种形式，没有实际意义；第二，业务部门管理者平常疏于对下属员工考核数据的收集，认为填写表格浪费时间，是在做无用功；第三，业务部门管理者将更多精力放在部门业务上，缺乏管理意识。

实际上，人力资源部门只是绩效管理的组织协调部门，业务部门才是绩效管理的主角。各业务部门管理人员既是绩效管理的对象（被考核者），又是其下属绩效管理的责任人（考核者）。

3. 绩效管理就是管理者行使职权的过程

许多管理者和员工认为，绩效管理是管理者权威的一种体现。管理者通过绩效管理达到约束和控制员工的目的，而员工只能被动接受考核结果，唯命是从。对此，企业决策层应当向管理层和员工明确绩效管理的目的和作用，并明晰管理者在绩效管理中的职责和权限。

4. 绩效管理等同于绩效考核

许多企业将绩效考核的过程看成绩效管理，事实上，绩效考核仅是绩效管理的一个环节，完整的绩效管理还包括绩效计划、绩效面谈、绩效改进和绩效结果应用等内容。我国大多数企业绩效管理还停留于绩效考核的层次，并没有建立起完善的绩效管理体系。

5. 绩效管理结果比过程重要

一些企业在实施绩效考核时过于注重选择反映绩效结果的财务性指标，忽略选择反映员工工作行为和工作态度的过程性指标。这种重结果、轻过程的指标选择，只会引导管理者和员工行为的短期化，不易实现企业的战略目标。为此，企业应当建立起包括财务指标、客户指标、内部运营指标和成长指标在内的综合绩效指标体系，进而将员工绩效实现的结果和行为统一起来。

（六）绩效管理与绩效考核

1. 绩效管理与绩效考核的联系

（1）绩效考核是绩效管理的一个环节。绩效管理以企业战略为导向，是一个完整的管理过程，它包括绩效计划制订、绩效考核、绩效面谈及绩效结果应用。绩效考核是其中的一个环节，重在评估和判断。

（2）绩效考核是做好绩效管理的必要条件。绩效考核是绩效管理的关键环节，一方面绩效考核是对绩效目标和指标完成度的检查，另一方面绩效反馈和考核结果的应用也是基于绩效考核这一环节。

（3）绩效考核是绩效管理的初级阶段，侧重于考，与标准相对照。仅注重比较而不注重组织绩效持续改进的考核不能促进企业战略目标的实现，而绩效管理要求以战略为导向，注重组织绩效和员工能力的提升。因此，绩效考核不是为了考核而考核，它必须与绩效管理的其他环节相联系，以战略为导向，促进企业战略目标的实现。

2. 绩效管理与绩效考核的区别

绩效管理是事前计划、事中管理及事后考核的封闭系统，而绩效考核是其事后考核的结果。显然，绩效管理与绩效考核是两个不同层次的概念，二者间的主要区别见表1-1。

表 1-1　　　　　　　　绩效管理与绩效考核的区别

区别	具体阐释	补充说明
目的不同	绩效管理是为了达到一定的绩效目标，是以"做事"为中心的	管理者通过绩效管理关注未来绩效的提升
	绩效考核是为了给人事决策提供依据，是以"人"为中心的	人力资源管理人员利用绩效考核结果决定员工的职务是否需要调整等
对象不同	绩效管理对象是单项绩效，包括单项结果绩效和单项行为绩效	绩效管理的对象是企业整体目标的实现结果
	绩效考核对象是员工的整体绩效，主要包括绩效评价标准设计、绩效评估等活动	绩效考核的对象是员工在考核周期内的整体工作结果
内容不同	绩效管理包括目标和标准设定、监督和控制等活动	强调的是管理者与员工之间不断交流的过程
	绩效考核是对具体的员工工作能力、态度及业绩的实际考核过程	强调的是单方面对员工实施考核的过程，注重考核结果
周期不同	绩效管理的周期一般来说比较短，并且因绩效项目的差异而非常灵活	对于生产岗位工人的质量绩效的管理，有时必须以小时为单位来进行
	绩效考核的周期较长且相对固定	一般分为月度考核、季度考核和年度考核

三、战略性绩效管理

（一）战略性绩效管理的定义

战略性绩效管理是以企业战略为导向，通过计划、组织、领导、协调和控制的循环过程，使企业成员的工作行为和工作结果与企业期望的目标保持一致，最终实现企业的战略目标。

（二）战略性绩效管理在人力资源管理系统中的地位

战略性绩效管理在人力资源管理系统中处于核心地位，同时也同其他的人力资源功能发生密切的联系。

1. 与人力资源规划的关系

一方面，战略性绩效管理可以为人力资源规划提供质量需求预测。战略性绩效管理可以使企业管理者对下属工作的知识、技能、能力等方面有清晰的认识，对企业的人力资源供给状况有明确的了解。通过这些了解，再结合企业的发展战略，就可得出企业所需要人才的知识、技能、能力等方面信息，也就是人力资源的质量需求预测。

另一方面，人力资源规划为绩效管理制度的制定和调整设定框架。战略性绩效管理根据人力资源规划制定制度覆盖的对象范围，并根据不同的职位、职务有针对性地设计绩效考核方法。

2. 与工作分析的关系

工作分析是战略性绩效管理的重要基础。通过工作分析可以确定职位的工作职责以及应该产生的工作成果，战略性绩效管理可以据此制定职位任职者的绩效评估标准。可以说，工作分析提供了战略性绩效管理的基本依据。

（1）工作描述是影响绩效最直接的因素。组织各职能目标被分解成各个工作单元的目标，而各个工作单元的目标又决定了工作描述。因此，要想有效地进行战略性绩效管理，必须首先有清晰的工作描述。

（2）工作特点决定了绩效评估所采用的方式。采用什么方式进行绩效评估是开展绩效评估准备工作时需要解决的一个重要问题。绩效评估的方式主要有由谁进行评估、多长时间进行一次评估、绩效评估的信息如何收集、采取何种方式进行评估等方面组成。对不同的工作职位采取的绩效评估方式应该有所不同。

（3）工作描述是设定绩效指标的依据。每个职位应该设定哪些关键绩效指标，一般是由任职者的关键职责所决定的。虽然从目标管理的角度看，绩效指标是由企业战略逐步分解得出的，但是职责是职位的核心，个人目标的制定与其息息相关。另外，有些稳定性的工作，如秘书、会计等的工作目标主要是依据工作职责来完成的，指标的设定更应该依据工作的关键职责也即工作描述。

3. 与人员招聘选拔的关系

战略性绩效管理可以对人员招聘渠道选拔的人才做比较，从而优化人员招聘渠道。另外，员工的绩效评估是检测人员招聘与选拔系统的有效手段，通过绩效评估可以检测出人员招聘与选拔系统中存在的问题。企业可有针对性地解决这些问题，从而使人员招聘与选拔系统更加科学合理。

人员招聘与选拔会对战略性绩效管理产生影响，如果招聘与选拔的人才质量比较高，员工在实际工作中就会表现出良好的绩效；如果招聘与选拔的人才质量比较低，则会对工作绩效产生不良的影响。

4. 与薪酬管理的关系

战略性绩效管理与薪酬管理的紧密关系主要表现在以下两个方面。

（1）战略性绩效管理有利于体现薪酬管理的公平性。按照公平理论的解释，支付给员工的薪酬应当具有公平性，这样才可以调动员工的积极性。战略性绩效管理可以对员工的工作做出标准评价，一方面使其得到的回报和其付出相对应，实现薪酬的自我公平，另一方面也使绩效不同的员工得到不同的报酬，实现薪酬的内部公平。

（2）战略性绩效管理可以使薪酬管理发挥更大的激励作用。战略性绩效管理有利于在薪酬管理中把员工薪酬与其工作表现挂钩，从而将激励机制融入企业目标和个人业绩。按照赫茨伯格的双因素理论，如果将员工的薪酬与他们的绩效挂钩，使薪酬成为工作绩效的一种体现，就可以使薪酬从保健因素转变为激励因素，发挥更大的激励作用。

战略性绩效管理与薪酬管理相结合，在企业中一般称为绩效薪酬，其形式一般有奖金、佣金、计件工资、利润分享、股票期权等。

5. 与培训开发的关系

战略性绩效管理与培训开发的关系主要体现在以下两个方面。

（1）战略性绩效管理为培训开发指明方向。战略性绩效管理的目的是了解员工工作绩效中存在的优势和不足，进而有针对性地改进和提高绩效。在对员工进行绩效评估之后，主管人员往往需要根据员工的绩效现状，结合员工的个人发展愿望，与员工共同制订绩效改进计划和未来发展计划。人力资源部门根据员工目前需要改进的方面确定培训计划，帮助员工共同实施培训开发。

（2）培训开发为战略性绩效管理打下基础。培训开发的目的是提高员工的知识、技能或能力水平，员工在以前的绩效考核中存在不足，通过培训开发后会有一定的弥补和提升，在下一次工作绩效考核时，员工会有相对良好的表现，从而为管理者进行战略性绩效管理打下良好的基础。

6. 与职业生涯规划的关系

战略性绩效管理有利于员工及早地发现职业生涯规划方面存在的问题，有利于其判断自己是否适合从事现有的工作，在职业生涯上做出合理规划。一方面，如果员工发现自己不适合现有岗位，可以尽早选择其他的岗位，对职业生涯进行重新规划和选择；另一方面，通过绩效考核员工知晓自己适合现有工作时，则有利于其积极性的提高，进而做出优秀的业绩，同时促进绩效管理的顺利实施。

四、绩效管理相关理论

（一）激励理论

1. 激励理论的类型

从现有的研究水平来看，激励理论主要有 3 种，即内容型激励理论、过程型激励理论及状态型激励理论。

（1）内容型激励理论。内容型激励理论从探讨激励的起点和基础出发，分析、揭示人们内在需要的内容与结构，以及内在需要如何推动行为。其主要代表有马斯洛的需求层次理论、赫茨伯格的双因素理论以及麦克利兰的成就需要理论。

（2）过程型激励理论。过程型激励理论侧重于研究动机的形成和行为目标的选择以及行为的改变与修正，主要研究人们选择其所要做的行为过程和如何转化人的行为以达到组织预定的目标。其主要代表有弗鲁姆的期望理论、斯金纳的强化理论及洛克的目标理论。

（3）状态型激励理论。状态型激励理论的研究重点是弄清公平或不公平的因素和挫折对人的行为的影响，目的是找到有效的手段或措施来消除不公平和挫折对人的行为的消极影响，最大限度地保证人的积极性得到充分发挥。其主要代表有亚当斯的公平理论。

2. 激励理论与绩效管理的关系

（1）内容型激励理论与绩效管理。根据内容型激励理论，当员工低层次的需求被满足之后，会追求高层次的需求，主要是通过绩效水平的提高得到企业的认可，使自身价值得以提高，地位得以稳固。

（2）过程型激励理论与绩效管理。弗鲁姆认为，当人们预期到某一行为能给个人带来既定结果且这种结果对个体具有吸引力时，个人才会采取这一特定行为。所以，这要求绩效管理必须设置适当的合理的奖励，如果没有相应的物质奖励和精神奖励来强化绩效管理，长此以往，员工提高绩效的积极性必然会受到影响。

（3）状态型激励理论与绩效管理。状态型激励理论认为，绩效管理必须建立在公平的基础上，包括绩效目标和绩效指标的设置必须经过双方平等的沟通，充分听取员工的意见，绩效考核客观公正等。建立在违背公平原则上的绩效管理不会得到员工的认同，从而失去其存在的价值。

（二）系统评价理论

系统是指由若干要素组成的互相联系又互相制约，为实现一个共同的目标而存在的有机集合体。系统评价理论把评价对象看成一个系统，评价指标、评价权重和评价方法均应按系统最优的方法进行运作。

系统评价理论认为，世界上的万事万物，都构成了大大小小的系统，大系统由许多子系统组成，而每个子系统则由更小的子系统组成。以系统评价理论来分析绩效管理问题，对提高管理质量是很有益处的。

系统具有整体性、层次性、关联性和动态性的特征，这些特征也分别作用于绩效管理。

1. 整体性

绩效管理系统的整体性可以从两个方面来理解：一方面，绩效管理的每一个环节都是其系统内的一个子系统，各子系统间都是相互联系、相互制约的，缺少任何一部分都不能称为完整的系统，也不能达到绩效管理的目的；另一方面，绩效管理系统与人力资源管理系统及企业其他各系统之间都是紧密联系的，它们共同构成企业管理的有机整体。

2. 层次性

绩效管理系统的层次性也可以从两个方面来分析：一方面，绩效管理分为个人绩效管理、部门绩效管理和企业绩效管理3个层次；另一方面绩效管理目标是按照企业战略目标层层分解的，先由企业目标分解到部门，再由各部门分解到个人，进而实现企业的战略目标。通过目标的层层分解和层层实现，体现系统的层次性特点。

3. 关联性

绩效管理系统的关联性体现为3个方面：首先，其内部各要素之间的关联性，具体表现为绩效计划是基础和前提，绩效实施是绩效计划的行动阶段，绩效考核则是对绩效实施情况的评价，是绩效改进的依据，绩效结果应用则是为了更好地承接绩效考核阶段的工作；其次，绩效管理系统与人力资源管理其他子系统息息相关；最后，绩效管理系统也会受到企业战略、文化及管理方式的制约。

4. 动态性

绩效管理并不是一成不变的：一方面，绩效管理所处的企业环境发生变化时，它要随之变化；另一方面，绩效管理在实施过程中如果发生偏离或者需要调整时，也要及时地变动。所以，绩效管理是一个动态管理的过程。

（三）目标管理理论

目标管理理论是以泰罗的科学管理和行为科学理论为基础，后经德鲁克加以发展而成的一个完整体系。20世纪50年代，德鲁克在他的《管理实践》一书中正式提出了目标管理理论。

1. 目标管理理论的思想

具体而言，目标管理理论的基本思想包括以下4个方面。

（1）目标管理首先要有目标，企业的任务必须转化为目标。目标是具有层次性和多样性的，其中战略性目标是目标管理的起点。

（2）目标管理要有为完成目标而制订的计划。该计划包括目标实施的指导思想和宗旨、原则、方法及程序。

（3）目标管理要求全员参与。在目标制定和分解过程中，需要所有人都发表建议和意见。因此，为确保目标管理的正确开展，应该要求企业所有人员积极参与目标管理。

（4）完善的考核体系是目标管理实施的关键环节。目标管理必须有有效的考核体系与之相配合，否则目标管理就会缺乏激励措施，也难以考核目标管理的效果，最终影响目标的实现。

2. 目标管理与绩效管理的关系

绩效管理的过程尤其是绩效计划阶段包含目标管理。在目标管理理论的影响下，绩效管理在20世纪80年代进入一个以"目标管理"为核心的时期。

目标管理是绩效管理推行的前提之一。这是因为设定绩效目标是绩效管理的第一步，目标设定合理与否决定着评价结果的好坏。很多企业绩效考核进展不顺利的根本原因之一是目标设定缺乏科学性，有的绩效目标很容易达到，有的因为受到外部环境以及企业内部条件的限制无论怎样努力也达不到。所以，采用目标管理方式进行绩效管理的核心内容是：如何制定恰当的目标并科学地对目标完成情况进行评价。

（四）目标设置理论

目标设置理论认为，具体的工作目标会提高工作绩效，困难的目标一旦被员工接受，将会比容易的目标产生更高的工作绩效。

目标设置理论与绩效管理的关系主要体现在以下3个方面。

1. 目标设置的难易度影响绩效水平

目标设置理论认为，具体的、富有挑战性的目标具有极为有效的激励作用。但这一结论适用于那些接受并致力于实现目标的员工。只有在被接受的情况下，困难的目标才会促成更高的工作绩效。

2. 目标设置的具体性是一种内在推动力

具体的目标提供了明确的绩效指标和考核标准，提供了与组织活动相关的计划和管理控制的基础，有助于确定所使用技术的性质，表明组织到底是什么样的。因此，具体的目标比笼统的目标效果更好。

3. 及时有效的反馈

如果员工在完成目标的过程中得到必要的反馈，他们会表现得更加优秀，因为反馈能够帮助他们认清已做的和要做的事情之间的差距。而且，与员工对自己的工作过程进行监控相比，来自他人的反馈更具有激励作用。

目标管理理论与目标设置理论都强调目标的具体性和绩效的反馈，也要求设置的目标应当具有一定的难度。但两者之间的不同之处是：目标管理理论主张目标设定需要有员工的参与，而目标设置理论则认为有员工参与的目标设置不一定会激发员工更加努力地工作。

（五）目标一致性理论

目标一致性理论指的是在考核系统中，考核系统总目标、绩效考核指标和考核目的三者之间取得一致。所以，目标一致性理论与绩效管理的关系更多地体现在目标一致性对绩效考核的影响上。

1. 考核指标与系统总目标的一致

系统存在总目标，即在决策和计划中所确定的人们所期望的内容及其数量值。系统输出的评价均体现为目标实现的程度，在绩效管理系统中则体现为业绩水平。这决定了业绩评价必须和系统总目标相联系，而考核指标表达的是评价的要求，必然要与系统总目标相一致，这体现在以下两个方面。

（1）内容是否一致，即考核指标的内容是否反映了目标的实质含义，做到一致性。考核指标的内容不仅能够正确评价系统输出对目标值的实现程度，而且能引导系统朝正确的方向发展。

（2）内容是否反映了目标的整体性，即考核指标的内容是否反映了系统总目标的整体和各个侧面。综合评价要求考核指标不应该是单一的，而是根据系统的总目标进行科学的分析、系统的了解，建立一套能够反映系统总目标和整体效率的多方面、多层次、有机联系的考核指标体系。

2. 考核指标与考核目的的一致

考核指标体系是一组既独立又相关并能较完整地表达考核要求的考核因子，也就是说，考核指标体现的是考核要求、考核目的。由于考核目的不同，考核指标也应该有所变动。

3. 考核目的与系统总目标的一致

考核指标既要与系统总目标一致，又要与考核目的一致，这就要求考核目的与系统总目标具有良好的一致性。否则，设计考核指标体系过程将遇到难以两相适应的局面，导致考核工作的失败。另外，系统总目标决定了一切活动、考核工作必须服务于系统总目标。考核只是一种手段，为考核而考核的活动是毫无价值的。因此，考核目的和系统总目标的一致性，也是目标一致性理论所要求的。

（六）组织公平感理论

组织公平感是组织内人们对与个人利益有关的组织制度、政策和措施的公平感受。

组织中的公平也可划分为两个层面：第一个层面为组织公平的客观状态。在这一层面上人们可以不断地建立和完善各种组织制度，制定相应的程序和措施来达到组织公平，但是绝对的、终极的组织公平是很难实现的。第二个层面为组织公平感，即在组织中成员对组织公平的主观感受。

一个"公平的制度"如果不被员工所认识和接纳，它对员工行为的影响就不能得到充分的发挥。因此，从组织行为学的角度上讲，组织公平感更为重要。员工的组织公平感主要来源于3个方面，即分配公平感、程序公平感及互动公平感。

1. 分配公平感与绩效管理的关系

分配公平感是指员工对组织报酬的分配结果是否有公平的感受。分配不公平感导致员工降低其工作绩效，与同事合作减少。

美国心理学家亚当斯认为，员工的公平感主要来自对报酬数量的公平性的感受，员工总是将产出（即从组织得到的回报）与自己对组织的投入（包括个人拥有的技能、努力、教育、培训、经验等因素）的比例与他人的产出和投入比例进行对比。当比例不相等时，就会产生不公平感。

根据分配公平感的理论，为了使员工感受到分配的公平，一方面绩效考核标准必须与员工的付出紧密联系，另一方面对于考核结果的应用，特别是薪酬和晋升，也要注意与员工付出、组织标准相平衡。

2. 程序公平感与绩效管理的关系

用什么方法和过程来保证公平，这就涉及程序公平感问题。程序公平感是指员工对用于做报酬决策的程序公平性的感受。当员工认为决策过程不公开时，会减少对组织的承诺，产生更多的偷懒行为、高的离职倾向以及低绩效行为。

莱文瑟尔提出了程序公平的6条标准，具体如图1-1所示。

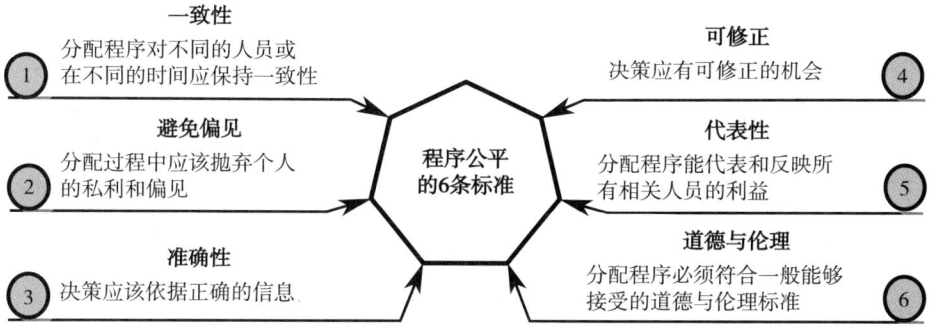

图1-1　程序公平的6条标准

这6条标准基本上代表了实现组织公平的主要程序内容。如果组织严格按照这些要求执行，员工的公平感会得到提高。这6条标准同样是对绩效管理系统实现程序公平的要求。

3. 互动公平感与绩效管理的关系

互动公平又称人际关系公平，指的是个人所感受到的人与人之间交往的质量。

互动公平分成两种：一种是人际公平，主要指在执行程序或决定结果时，上级对待下属是否有礼貌、是否考虑到对方的尊严等；另一种是信息公平，主要指是否给当事人传达了应有的信息，即要给当事人提供一些解释，如为什么要用某种形式的程序或为什么要用特定的方式分配结果。

互动公平要求企业绩效管理系统必须建立相应的绩效反馈机制，及时将绩效考核结果反馈给员工，并协助员工改正缺点、提高绩效。而且，在绩效反馈和面谈过程中，管理者一定要注意语言表达和肢体语言表达的礼貌和准确性。

五、绩效管理的现状及发展趋势

（一）绩效管理的现状

绩效管理处于不断自我完善、自我更新的状态中。当前，绩效管理主要有以下表现。

1. 战略性绩效管理

经过近 20 年的培育，大多数企业认识到绩效管理对于企业发展的重要性，企业家们也认识到绩效管理是战略性管理的一个非常重要的组成部分，因而企业已经把绩效管理提升到了战略的高度。战略性绩效管理有助于企业不断改善和提高绩效，实施企业的战略规划与经营目标，是企业能否实现从平庸到优秀乃至卓越的分水岭。

2. 阶段性绩效管理

企业经济形态主要呈现出 5 种形式，即创业期、成长期、成熟期、衰退期与振兴期。不同的发展阶段，企业对绩效考核的需求不同，考核的重点和方法也不一样。例如，在创业期，企业强调个人绩效，一旦到了成熟期，企业的考核就应转变重点和方法，否则就很可能不利于企业转型和开拓新领域。

例如，正处于快速成长期的 A 企业，员工人数较少，人员构成简单，员工所在岗位的工作职责划分不是十分清晰，亲情文化居于主导地位。

在这种情况下，设计一套在保证评价的全面性基础之上，以公司领导层直接评价为主，定性指标多于定量指标的考核体系更符合该企业的发展需要。

3. 改良的绩效管理

在实际工作中，很多企业使用的也都是改良的绩效管理。比如某计算机产品科技公司在绩效管理过程中，针对不同的团体、不同的项目都有不同的考评体系，纵横交错，公司内部称其为"个性化绩效管理"。某电气公司在员工的考核过程中加入一定的定性指标，甚至也在管理中采用因人设岗的做法，尽量不把员工的工作局限在某个固定的框架内，给员工一个宽松的成长环境。

（二）绩效管理的发展趋势

随着信息技术的飞速发展，我国的传统经济结构和社会秩序正在悄然发生变化。当代企业所处的市场环境是一种信息经济环境，它以网络为媒介、以客户为中心，紧密地联系着企业的组织结构、技术研发、生产制造，以及市场营销和售后服务。信息驱动管理的变革对企业的成长产生了全方位的影响，新的商业模式、新的产品和技术将完全改变人们的商业思维。信息化的发展要求企业管理的变革，同时信息化的发展也为企业绩效管理提供了先进的工具和手段，特别是在管理效率的提升和管理成本的控制方面，发挥了越来越重要的作用。

在传统的手工处理方法下，无论绩效管理的工作量和复杂性如何，如何整理和存档收集的资料以及如何在将来需要时及时调用它们都是很复杂的。一方面，员工很难从大量信息中快速找到所需信息；另一方面，它也占用了人力资源管理专业人员的大量时间和精力，因此他们没有时间考虑战略流程和沟通等更能创造价值的工作，而这些工作才是培养企业生存竞争力的关键。人力资源管理水平的提高不仅需要高素质的管理人员，也需要信息工具的帮助，以便把管理者从文件堆中解放出来，去从事附加值更高的工作。而企业绩效管理系统能够提供轻松快捷的在线信息访问与业务处理方式，大大优化了企业的人力资源管理业务流程。

基于信息的绩效管理系统依赖于企业内部构建安全可靠的网络站点，向员工提供与绩效管理相关的信息，它允许企业中的员工登录，对绩效管理过程、绩效评价登记表格等进行访问。由于采用了信息技术，员工通过电子方式提交各种绩效评价报告变得极其便捷，并且，由于采用个人账户登录的方式，还可以设计个性化的绩效帮助。更为重要的是，基于信息化的绩效管理系统，解放了人力资源管理工作人员，他们不再需要面对堆积如山的表格和图纸，可以更加关注考核方法的设计与考核体系的改进。

第二节　绩效管理体系

一、绩效管理体系定义

绩效管理体系是一组有机集成的流程和系统，专注于建立、收集、处理和监视绩效数据。它不仅可以增强企业的决策能力，而且可以通过一系列全面、均衡的衡量指标帮助企业实现战略目标和业务计划。绩效管理是管理者和员工就目标及如何实现目标达成共识的过程，是推动员工成功实现目标的管理方法以及促进员工实现卓越绩效的管理过程。

绩效管理体系是以实现企业最终目标为驱动力，以关键绩效指标和工作目标设定为载体，通过绩效管理的3个环节来实现对全企业各层各类人员工作绩效的客观衡量、及时监督、有效指导、科学奖惩，从而调动全员积极性并发挥各岗位优势以提高企业绩效，实现企业的整体目标的管理体系。绩效管理的3个环节为：制订绩效计划及其衡量标准；进行日常和定期的绩效指导；最终评估、考核绩效并以此为基础确定个人回报。

二、绩效管理体系设计

（一）绩效指标体系设计

1. 配套考核指标设计

配套考核指标是指与该指标密切相关的一个或几个指标。在企业实施绩效考核的过程中，可能一些指标的考核结果并不能够充分呈现某个考核项目的真实情况，需要与此相关的一个或几个指标的结果之间的相互比较，以便解决绩效考核的客观性、公正性等问题。

2. 考核指标权重设计

考核指标权重是指考核指标在相关岗位或部门的绩效考核工作中占据的分量大小，通常根据考核期、考核项目涉及工作的重要性来确定。工作内容越重要，说明占据的权重比例越大。通过权重的设计，可以看出考核者的考核重点、考核意图和价值观念。一般同一期的考核项目，所有的指标权重之和应为100%。

每个考核指标相对于不同的考核对象来说，会有不同的地位和作用，因此，要根据不同的测评主体、不同的测评目的等因素，恰当地分配与确定各个考核指标的权重。在设计考核指标权重时需要重点把握以战略目标和经营重点为导向，根据实际情况的变化而变化，各指标权重比例应呈现差异性，避免平均主义。

3. 加分考核指标设计

加分考核指标是一种鼓励性的考核指标，一般设置为零权重。该类指标在考核周期内不一定发生，一旦发生，则按照事先规定的标准进行加分操作。该类指标适用于目标任务较为明确、任务完成较为稳定的岗位。

设计加分考核指标，需要确定该考核指标的目标值，目标值的设定需要体现公平性，不能出现各岗位得分差别太大或太小的情况。目标值确定后，企业需要根据目标值设计考核标准。

4. 减分考核指标设计

减分考核指标是一种惩罚性的考核指标，也是一种零权重指标。该类指标在考核周期内不一定发生，一旦发生，将按照事先规定的标准进行减分操作。该类指标一般适用于严重违纪或者对企业造成严重不利影响的情况，其目的是引起员工足够的重视，给员工敲响警钟，防止员工出现对企业不利的言行。

5. 隐性考核指标设计

绩效成果有显性的也有隐性的，显性的成绩是看得见的成绩，隐性的成绩是暂时还没有出现效果的或者还看不出效果的成绩。在进行绩效考核指标体系设计时，必须对一些隐性考核指标加以考虑。

隐性考核指标是指虽然做了大量的工作，但按照季度、半年度或者年度考核是无法得出考核结果的一些指标。在设计隐性考核指标时，应注重导向作用，要从长远角度、发展角度、企业角度、社会角度等考虑，并综合考虑原有基础条件、个人信誉、客户满意度、企业形象等潜在的隐性因素，通过设置相应分值，加强定性和定量分析，客观反映被考核者的工作业绩和素质能力。

（二）绩效考核体系设计

绩效考核体系是企业对内部各部门及岗位员工考核事项的相关说明。绩效考核体系的建立，有利于评价员工的工作状况，是进行绩效管理的基础，也是绩效考核得以推进的保证。

绩效考核体系由绩效考核周期、绩效考核内容、绩效考核方法和被考核者四方面组成。其中，绩效考核周期是指多长时间进行一次考核；绩效考核内容是指在哪些方面进行考核；绩效考核方法是指采用何种方法进行考核；被考核者是指对谁进行考核。

绩效考核体系分为企业级考核体系、部门级考核体系和员工级考核体系。

1. 企业级考核体系

企业级考核体系的建立和完善，有助于企业资源配置和目标协调，有助于核心竞争力的提升，使企业在激烈的竞争环境中得以生存和发展。企业级考核体系设计应遵循以下 4 项基本原则。

（1）目标一致原则。企业级考核体系指标的设定必须能够保证企业经营目标、战略、方针的达成，并有助于企业的长远发展。

（2）反映组织特性原则。企业级考核体系设计必须能够准确反映企业资源的优劣势以及面临的环境状况。

（3）可接受原则。企业级考核体系设计必须能够反映全员的共同意识，并尽可能地得到使用者的认同。

（4）应变性原则。企业级考核体系应对企业内外部环境的变化及时做出反应，并积极做出相应调整。

2. 部门级考核体系

部门级考核体系的建立和完善，能够有效促进部门上下级沟通和各部门的相互协调，提高各部门的整体绩效水平。部门级考核体系在整个企业的绩效考核体系中起着承上启下的关键作用。

设计部门级考核体系，首先通过分析企业级关键考核指标，确定部门考核指标及考核负责人，然后收集分析部门考核的相关信息，分析部门情况，确定部门考核指标项目，并运用SWOT法（态势分析法）分析部门工作负荷能力，分析内部协作关系，保证指标可行、有效，同时与其他部门进行沟通协商，最后对考核指标进行量化，设计权重、目标值等，并得到部门员工的认可与承诺。

3. 员工级考核体系

员工级考核体系的建立和完善，有利于推动企业人力资源的开发、积累、利用和管理，最大限度地开发、利用员工的潜质。

（1）确定员工考核内容。员工考核内容通常包括工作业绩考核、工作能力考核、工作态度考核等。由于考核内容的不同，考核的要点也不同。

①工作业绩考核。工作业绩考核是对员工在特定时间、特定岗位所取得的工作成果或履行职务的结果进行的考核，主要包括工作数量、工作质量、工作效率、工作成本、工作改进与创新等核心元素。

②工作能力考核。工作能力考核是对员工在工作中所表现出来的能力进行的考核。员工工作能力可以通过观察来进行考核，也可以通过能

力测评进行考核。员工工作能力考核主要从岗位工作所需的常识及相关专业知识、岗位工作应具备的技能与技术技巧、岗位工作应具备的工作经验几个方面进行。

③工作态度考核。员工工作态度是指员工对工作所持有的评价与行为倾向。员工工作态度考核要素主要包括主动性、责任感、协作性、纪律性等。

（2）确定员工考核方法。不同类别的员工，其考核方法也不同。表1-2所示为不同类别员工的考核方法与相关说明，供参考。

表1-2　　　　　不同类别员工的考核方法与相关说明

员工类别	工作特点	考核难点	考核方法
管理人员	主要承担计划、组织、领导、控制职责，从事规划、策划、决策等工作	（1）无法直接为企业创造利润和价值，无法用效益指标考核 （2）难以制定具体的评价标准，其工作任务可能很快被完成，不便于观察和考核 （3）部门工作成果非显性，量化难度大、成本高	综合管理人员考核五大要素（德、能、勤、绩、廉），并有效运用指标量化方法，实现定性、定量相结合
管理支持人员	承担督促执行、辅助、支持等职责，从事某方面职能管理工作，不具备或不完全具备独立管理职责	不直接创造效益，难以用效益指标考核，量化难度大	（1）行为考核为主、结果考核为辅 （2）外部评价为主、内部评价为辅 （3）产出评价为主、价值评价为辅
技术人员	承担技术研发、设计等工作，对产品设计、技术研发、技术改进等工作承担责任，其工作内容具有一定技术含量	（1）结果难以衡量、监控，团队绩效难以过渡到个人绩效 （2）技术部门、小组和人员的考核指标紧密联系，指标设计不当容易互相矛盾、抵触	（1）考核必须紧密结合企业战略 （2）自上而下分解考核指标，形成系统性的指标体系 （3）平衡长期性指标与短期性指标、业绩指标与行为指标

续表

员工类别	工作特点	考核难点	考核方法
营销人员	专门从事销售或市场开拓等工作，对市场开发、销售业绩承担责任	指标设计易与企业实际脱钩，如指标值设计得过高或过低	（1）结合企业实际、目标任务设计考核指标 （2）考核指标可分为销售增长指标、利润指标、客户满意度和忠诚度指标、团队建设指标等
操作人员	从事生产一线操作的工作，对岗位专业化操作技能要求高，工作内容重复性强，创造性少	指标设计可能存在不够全面科学等问题，导致顾此失彼，如盲目追求产量而忽视质量、安全等	（1）结果考核为主、行为考核为辅 （2）外部评价为主、内部评价为辅

（3）设计员工考核指标加权。在进行员工考核指标设计时，会发现有些岗位的考核要素重要程度是不同的。为了解决这个问题，需要对考核指标进行加权处理，这样也可以让被考核者了解到哪些因素是绩效改进的重点。

（4）制定员工考核标准。员工考核标准必须得到考核者和被考核者的共同认可，标准必须准确化、具体化。在制定员工考核标准时，相关人员必须注意以下两个方面内容。

①根据企业的岗位说明书和工作任务确定考核项目和标准，不能无根据地随意制定。

②考核标准确定后，考核者要与被考核者进行沟通，确保考核标准得到共同认可。

（5）明确考核依据。考核依据是考核者对照考核标准进行评价时使用的参考依据。员工工作业绩、工作能力、工作态度的考核依据主要有以下内容。

①工作业绩考核依据。主要依据是工作目标和计划指标的完成情况，考核信息来源于工作成果和相关工作记录，主要由考核者、相关部门、服务对象等提供。

②工作能力考核依据。主要依据来源于员工档案、日常记录,以及由能力表现出的一些可形容、可量化、得到一致认可的事实。

③工作态度考核依据。主要是考核者通过观察和记录员工日常工作表现所获取的事实或行为信息。

(6)员工绩效反馈管理。及时、具体的绩效反馈能够帮助员工保持良好的绩效水准并改进绩效,以达到企业的要求。绩效反馈并非只有在员工绩效出现问题时才进行,在日常工作中,上级管理人员也可对员工的绩效情况进行跟踪,发现绩效问题时可立即向员工指出,并同员工共同商讨解决办法,为改进其绩效水平提供精神和物质上的支持。

(三)绩效改进体系设计

1. 前期绩效体系评估

前期绩效体系评估就是对现有绩效体系进行诊断,分析绩效体系是否健全、不完善之处在哪里、对绩效管理有哪些不良影响,从而有针对性、有步骤地制定改进方案的过程。

前期绩效体系评估的内容包括绩效管理制度的评估、绩效管理体系的评估、绩效考核指标体系的评估、考核过程的评估、绩效管理系统与其他系统的衔接评估5个部分。

(1)绩效管理制度的评估。绩效管理制度的评估是指明确现行绩效管理制度在具体执行过程中的相关问题,即哪些条款得到了落实,哪些条款没有落实,哪些条款需要修改。

(2)绩效管理体系的评估。绩效管理体系的评估是指明确现行绩效管理体系在运行过程中存在哪些问题,各子系统之间健全完善的程度如何,各子系统之间相互协调配合的情况如何,当前需要解决的问题有哪些。

(3)绩效考核指标体系的评估。绩效考核指标体系的评估是指明确现行绩效考核指标体系和考核评价标准是否全面完整、科学合理、切实可行,有哪些指标和标准需要修改调整。

(4)考核过程的评估。考核过程的评估是指明确在现行考核实施的各环节中，有哪些问题需要解决，有哪些经验可以推广；考核者自身的职业素质、专业技能存在哪些不足；在绩效管理活动中，员工的工作态度有何转变，员工的职业素养、工作成果有何改变。

（5）绩效管理系统与其他系统的衔接评估。绩效管理系统与其他系统的衔接评估是指对现行绩效管理系统与人力资源管理的其他系统（如培训、薪酬、人事调整等）工作的衔接是否得当进行诊断。

2. 绩效改进体系方案

绩效改进体系方案是指导绩效体系建设与实施的重要方案。通过该方案可以了解绩效改进体系建设的主要工作步骤及每个步骤涉及的主要工作或组成因素。

企业在组织实施绩效改进体系时，应分阶段做好以下工作。

（1）绩效改进体系实施初期工作要点。在绩效改进体系实施初期，最重要的是让大家接受这种管理方式，并且接受企业相关的管理制度、组织结构、职责分工等。因此，人力资源部应做好绩效改进体系的宣传和沟通工作，尽量取得高层及中基层管理人员的支持，得到广大员工的认可。

（2）绩效改进体系实施阶段工作要点。在绩效改进体系实施阶段，相关人员应注意以下7个要点。

①人力资源部及各级管理人员应不断提升自己的技能，确保绩效改进体系的实施效果。

②现场指导对绩效改进体系的实施具有重要意义，人力资源部及各级管理人员应充分重视并做好现场的绩效改进指导。

③相关人员不轻易改变绩效改进体系，改变时应履行严格的审批、公告流程。

④企业内部应尽量实现公开化、透明化，使员工及时了解自己的绩效及改进方向。

⑤绩效改进体系的实施以自上而下的方式为主、自下而上的方式为辅。

⑥尽量使每个员工在绩效改进体系中承担责任，以提高其积极性。

⑦绩效改进体系是一个循环的动态系统,要实现环环相扣、永无止境。

本章自测题

1. 什么是绩效管理?如何理解绩效管理?
2. 绩效管理与绩效考核之间的联系和区别是什么?
3. 结合本章知识,说一说绩效管理有哪些常见误区。
4. 简述战略性绩效管理在人力资源管理系统中的地位。
5. 谈一谈你对绩效管理体系的理解。

第二章　绩效目标与计划

 学习目标

> 了解绩效目标的定义、构成和类型
> 掌握绩效目标设定的要求、权责、支持与沟通
> 掌握绩效目标设定的层次划分
> 掌握绩效目标分解的原则、要求和方法
> 掌握组织、部门及岗位绩效目标的分解
> 了解绩效目标变更与修正的原因和步骤
> 了解绩效计划的内涵、作用、内容和目的
> 掌握制订绩效计划的原则与步骤
> 理解个人绩效计划的定义和内容
> 掌握个人绩效计划制订的步骤

 引导案例

M公司创立于1987年，产品主要包括大型客车、小轿车、建筑设备等。2022年，公司员工有60 000多人，在全国各地都

建立了子公司，且涉足行业逐渐增多，由原来单一的产业链发展为多元化的产业链。

随着时代的发展，M公司的发展战略目标在不断地调整。公司制定了到2025年大型客车生产量增加15%，小轿车85%的产量都集中于新能源汽车，建筑设备销售额增加30%的三大具体目标。

为了达成这个目标，公司需要一个灵活的绩效管理机制，以确立每个业务板块明确的绩效目标，所以公司开始引入"新计划过程"。利用"新计划过程"，M公司把关注的焦点转向三大具体目标的实现。一旦现实情况开始偏离预期，就采取积极决策行动来使公司朝着已经确定的目标调整。

为了让三大目标更加具体和可实现，公司将这些目标进行了分解，并调整了组织设计。从部门到岗位，层层分解目标，并通过平衡计分卡对每一个部门进行监督（指标事先由公司的管理人员确认）。

为使每年、每个季度、每个业务板块的目标更加清晰，公司的生产、财务、营销、采购、研发等各个部门都制订了较为详细、可执行的绩效计划和行动计划，并关注实际达成的目标和计划目标的差异。同时，对任何差异都要提出一个行动计划和改善计划，不仅要利用书面形式加以记录，而且在每月举行的会议上还要向公司最高管理层进行口头陈述。根据每月的业绩报告，M公司的管理层了解到许多业绩指标的完成情况，包括利润、客户的满意程度、质量、成本以及运营资本等。

通过不断比较真实业绩与预期目标，公司总是可以保证有一套行动方案和改善方案来达成事先确定的目标。

请思考：M公司的绩效目标的设定、绩效计划的制订和执行情况如何。

第一节 绩效目标

一、绩效目标概述

绩效目标是指提供给考核者和被考核者的评价标准,以便客观地讨论、监督、衡量绩效,是考核员工的参照系,也是进行绩效管理的基础。

(一)绩效目标的构成

绩效目标由绩效内容和绩效标准构成。

1. 绩效内容

绩效内容界定了员工的工作任务,即员工在绩效考核期间应当做什么事情,包括绩效项目和绩效指标两个部分。绩效项目是指绩效的维度,即从哪些方面对员工的绩效进行考核。绩效指标是指绩效项目的具体内容,是对绩效项目的分解和细化。

2. 绩效标准

绩效标准明确了员工的工作要求,即对于绩效内容的界定,应当怎样来做或者做到什么程度。绩效标准的确定,有助于保证绩效考核的公正性。

(二)绩效目标的类型

绩效目标按照不同的分类方法,可分为不同的类型。

按照绩效层次的不同,绩效目标可划分为组织绩效目标、部门绩效目标和岗位绩效目标。

按照绩效周期的长短,绩效目标可分为短期绩效目标、中期绩效目标和长期绩效目标。短期绩效目标是指几日、几周或者几个月内完成的绩效目标;中期绩效目标是指完成时间在 1 年以上 2 年以内的绩效目标;长期绩效目标是指完成时间在 2 年或 2 年以上的绩效目标。

二、绩效目标的设定

（一）绩效目标设定的要求

绩效目标的设定是一项复杂的工程，涉及内容也非常广泛，通常按照 SMART 原则来进行。

（1）S——specific，明确性。绩效目标设定中的明确性是指不仅要清晰表述需要完成哪些具体任务、实现该目标后有何预期效果，更要详细说明完成绩效目标的资源要求、衡量标准、完成期限及达成措施等。

（2）M——measurable，可衡量性。绩效目标设定的可衡量性是指目标应用一组数据来表达。目标的可衡量性应遵循"能量化则量化，不能量化则质化"的标准，避免无法衡量的描述。

（3）A——attainable，可实现性。绩效目标设定时应坚持可实现性的原则，避免超出能力所及的范围。坚持目标的可实现性，必须加强上下级的沟通，使设定的绩效目标在组织和员工之间达成一致。

（4）R——relevant，相关性。设定的绩效目标应该与工作职责有关，不应该超出职责范围。同时，职责范围内的各个目标应具有高度的相关性，如果不相关或者相关度很低，此目标的设定就没有意义。

（5）T——time-bound，时限性。任何一个目标都是有时间限制的。在设定绩效目标时，应根据任务的轻重缓急，制定出目标完成的时间要求。

按照 SMART 原则，企业在设定绩效目标时需要区分正确的做法和错误的做法，具体见表 2-1。

表 2-1　　　　绩效目标设定的正确做法和错误做法

SMART 原则	正确做法	错误做法
S：明确性	切中目标、适度细化	抽象、未细化
M：可衡量性	目标可以数量化、具体化	主观判断、非行为化描述
A：可实现性	在付出努力的情况下可以实现	制定的目标过高或过低
R：相关性	绩效目标是将组织目标层层分解后得到的	目标与组织战略无关
T：时限性	使用时间单位、关注效率	不考虑时效性、模糊时间概念

（二）绩效目标设定的权责

绩效目标的设定一方面要考虑其类型和层次，另一方面需要结合决策层、管理层及员工个人的岗位职责。因此，层次高的目标需要由级别高的部门或管理者制定，层次低的目标需要由级别低的部门或管理者，甚至员工个人来制定。绩效目标设定的权责划分具体如图2-1所示。

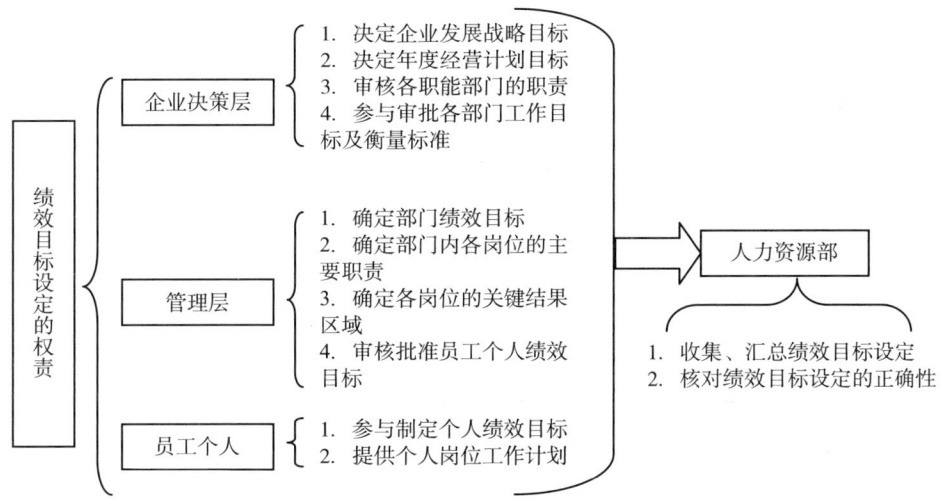

图2-1 绩效目标设定的权责划分

（三）绩效目标设定的支持

在设定绩效目标过程中，可能会遇到一些问题，需要一定的资源支持，因此，有必要了解从哪些角度来支持绩效目标的设定。

1. 人员支持

（1）高层领导的支持与参与。绩效目标设定的第一步即确定企业发展的战略目标。因此，高层领导应当明确企业的使命和愿景，制定企业的发展战略、方针、目标、体系和方法，为绩效目标设定打好基础。

（2）业务部门的支持与参与。业务部门在明确自己的绩效目标时，往往会敷衍了事，认为目标设定烦琐且复杂。但是，业务部门作为绩效目标设定承上启下的主体，如果其不能端正态度，支持绩效目标的设定，必然会导致绩效目标设定的失败。

（3）员工的支持。员工最了解自己的工作职责，因此一方面应当积极为企业战略目标和部门目标的设定提供建议，另一方面也要认真对待个人目标设定的相关事宜。

（4）人力资源部的支持。人力资源部并不是绩效目标设定的主体，但是其对各部门目标的审核和总结关系着最终确定的目标的科学性和规范性。

2. 明确的责权利结构

绩效目标的设定建立在明确的责权利结构基础之上。具体来讲，企业要梳理业务流程，明确各部门的职责权限，以便弄清楚各部门所需要的绩效目标。同时，企业要对每一个岗位进行工作分析，界定其工作职责，明确每个岗位的工作范围、责任和权利。不同的职责、职权范围决定了不同的绩效目标。

3. 畅通的内部信息沟通体系

畅通的内部信息沟通体系一方面可以为绩效目标的设定提供所需的真实信息，另一方面可以协助绩效目标设定主体从纷繁复杂的信息中挑选出有价值的信息，减少了工作成本。畅通的内部信息沟通体系的建立要以人力资源管理流程为基础，认真详细地描述人力资源管理各子模块的内容和功能，特别是工作分析、组织架构等基础性内容。

（四）绩效目标设定的沟通

为了让每位员工都了解企业战略目标的内容及真正含义，了解企业对每位员工的绩效期望，企业有必要在绩效目标设定过程中加强沟通。

1. 绩效目标沟通的重点

（1）与部门沟通的重点。与部门的沟通主要是围绕企业下一阶段的工作目标、本部门的职责和任务、这些任务和企业目标之间的联系、完成这些任务的困难和挑战进行的。

（2）与员工沟通的内容。与员工沟通的内容包括以下5个部分。

①概述这次绩效目标沟通的目的和有关的信息。具体包括本部门的

主要任务和部门领导的主要任务以及对员工的期望。

②鼓励员工参与并提出建议。倾听员工不同的意见，鼓励他们说出顾虑，通过提问的方式，摸清员工产生顾虑的原因。另外，对于员工的抱怨要进行正面引导，学会从员工的角度思考问题，以更好地了解员工的感受。

③对每项工作目标进行讨论并达成一致。在沟通此项内容时，要注意不断鼓励员工参与，以争取员工的承诺。同时，要与员工探讨每一项目标的考核标准和期限。

④就行动计划和所需的支持和资源达成共识。部门领导在与员工商定行动计划的同时，应当主动了解其在完成任务的过程中可能遇到的障碍和困难，为其提供必要的支持和资源。

⑤总结绩效目标沟通的结果和跟进日期。在绩效目标沟通的最后阶段，应当确保员工理解要完成的任务，并告知员工任务完成过程中的跟进和检查制度。

2. 绩效目标沟通的准备事项

在绩效目标沟通过程中，部门领导和员工需要按照以下内容进行准备，以使绩效目标的沟通更有效果、思路更清晰。

（1）回顾相关的工作职位描述，以确定哪种责任对当前的绩效周期最重要。

（2）分清绩效周期内的轻重缓急或特殊计划。

（3）梳理正在进行中的工作任务。

（4）思考那些能提高部门或个人绩效的额外目标。

（5）鉴别那些与实现绩效目标相关的特殊胜任能力，以及员工在实践中运用这些胜任能力的方法。

（6）考虑实现绩效目标和发展胜任能力所需的行动计划，斟酌每一个被提议的绩效目标，并将其与已实现过的绩效目标进行比较。

（五）绩效目标设定的层次划分

目标的设定是绩效考核的前提和基础，不制定目标，考核就无从谈起。企业制定了目标，应将其逐层分解给每一位员工，根据员工完成目标情况进行考核，进而对每位员工的考核做到有的放矢，最终使目标考核的结果都落到实处。绩效目标设定一般分为 3 个层次，即组织绩效目标、部门绩效目标和岗位绩效目标。

1. 组织绩效目标

组织绩效目标的设定是绩效目标设定的第一步，它是部门绩效目标和员工绩效目标设定的基础。组织绩效目标的设定主要是企业的战略目标制定。

战略目标来源于企业所处的环境，包括企业所处的宏观环境、中观环境及微观环境。企业在制定战略目标时必须对企业内外部的环境进行充分的分析。常见的战略性目标主要包括占领市场领先地位、创造高知名度品牌、获得高额品牌利润、获得高增长的现金流量、成为行业内的主要领导者等。

（1）宏观环境分析。宏观环境分析的模型主要是 PEST 模型，具体来讲包括 4 个方面，即政治法律环境、经济环境、技术环境以及社会文化环境。宏观环境分析的 PEST 模型及其主要内容如图 2-2 所示。

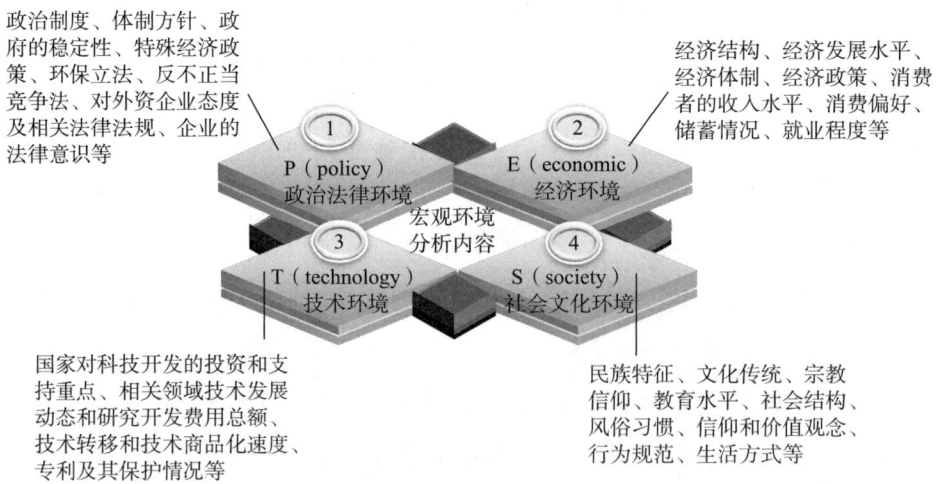

图 2-2　宏观环境分析 PEST 模型及其主要内容

（2）中观环境分析。即分析企业所处的产业环境，常用工具是波特的五力模型。具体分析内容如下。

①新进入者的威胁。新企业进入一个行业的可能性大小，取决于进入者主观估计进入所能带来的潜在利益、所需花费的代价与所要承担的风险这三者的相对大小情况。新进入者的威胁程度取决于进入新领域的障碍大小与预期现有企业对于进入者的反应情况。

②行业竞争者的竞争。行业中企业的利益都是紧密联系的，各企业竞争战略的目的是使自己的企业获得更加突出的优势，在实施竞争战略的过程中必然会产生冲突与对抗，这些冲突与对抗就构成了行业竞争者的竞争。

③供应商的议价能力。供方主要通过其提高投入要素价格与降低单位价值质量的能力，来影响行业中现有企业的盈利能力与产品竞争力。

④购买者的议价能力。购买者主要通过其压价与要求提供较高的产品或服务质量的能力，来影响行业中现有企业的盈利能力。

⑤替代品的威胁。替代品价格越低、质量越好、用户转换成本越低，其所能产生的竞争压力就越强。而这种来自替代品生产者的竞争压力的强度，可以通过考察替代品销售增长率、替代品厂家生产能力与盈利扩张情况来加以具体描述。

（3）微观环境分析。即对企业自身的条件进行分析，常用工具是SWOT分析方法。SWOT分析方法根据企业自身的既定内在条件进行分析，找出企业的优势、劣势及核心竞争力之所在。其中，S代表strength（优势），W代表weakness（劣势），O代表opportunity（机会），T代表threat（威胁），S、W是内部因素，O、T是外部因素。

按照企业竞争战略的完整概念，战略应是一个企业"能够做的"（即企业的强项和弱项）和"可能做的"（即环境的机会和威胁）的有机组合。根据SWOT分析方法，企业战略目标设定的微观环境分析内容具体见表2-2。

表 2-2　　　　　　　　　微观环境分析内容

优势（S）	劣势（W）
（1）擅长什么 （2）企业有什么新技术 （3）能做什么其他企业做不到的 （4）和其他企业有什么不同 （5）顾客为什么来 （6）最近因何成功	（1）做不到什么 （2）缺乏什么技术 （3）其他企业有什么比我们好 （4）不能够满足何种顾客 （5）最近因何失败
机会（O）	威胁（T）
（1）市场中有什么合适的机会 （2）可以学什么技术 （3）可以提供什么新的技术或服务 （4）可以吸引哪些新顾客 （5）怎样可以与众不同	（1）市场最近有什么改变 （2）竞争者最近在做什么 （3）能否跟上顾客需求的改变 （4）政治法律、经济环境改变是否会伤害企业 （5）是否有威胁企业生存的事件

2. 部门绩效目标

部门绩效目标由总经理根据企业的战略目标提出，然后由专职部门以及各部门主管参与制定。部门绩效目标制定时需要考虑以下 4 个方面的内容。

（1）部门绩效目标制定的时间规定。企业可以根据自身实际情况确定部门目标制定的时间，并将其以一定的形式固定下来，除非有特殊情况，否则时间最好不要发生变化。一般情况下企业会在每个年度结束前两个月开始着手制定下一年度部门的目标。

（2）部门绩效目标制定及参与人员。部门绩效目标一般由部门领导负责主持制定，部门内部人员参与提供建议和修改意见，总经理负责审核目标的合理性、规范性、可实现性及其与企业战略目标的一致性。

（3）部门绩效目标的内容。部门绩效目标分为刚性部门目标和柔性部门目标。

刚性部门是指直接为企业经营做出贡献的部门，如生产部门、采购部门和销售部门等。这些部门的绩效目标表现在生产、经营或销售上，目标的量化也直接与企业利润挂钩。

柔性部门是指间接为企业经营做出贡献的部门，如人力资源部、行政部、财务部等。这些部门负责辅助刚性部门的管理和运营，服务的质量也直接影响刚性部门的产出。因此，柔性部门的目标一般量化为人员稳定率、出差报销效率等。

（4）部门绩效目标制定的步骤。部门绩效目标制定一般包括以下4个步骤。

①确定部门宗旨。一般来讲，在确定部门宗旨时应当注意部门的存在对企业战略目标实现的价值、部门实现既定宗旨的核心能力和竞争力以及部门服务的范围（包括产品、客户及地域3个问题）。

②设计部门组织结构及部门职责。部门组织结构及部门职责的设计是部门目标制定的关键步骤。部门职责是指企业希望部门做什么、部门应该做什么、部门如何履行自己的职责及在什么状况下履行职责。

③明确部门绩效目标的内容。部门领导根据部门的属性，即属于刚性部门还是柔性部门，确定部门绩效目标的内容。

④制定部门关键绩效指标。根据部门宗旨、部门职责及部门绩效目标的内容，确定部门关键绩效指标，并根据部门的竞争优势和发展机会，明确实现关键绩效指标的策略。

3. 岗位绩效目标

岗位绩效目标是针对每个岗位的工作范围设定的工作目标，企业设定岗位绩效目标，可使每个工作岗位人员的职责与目标明晰化，并能有效地将目标落实到具体负责人。

在设定岗位绩效目标时，需注意以下两点。

（1）岗位绩效目标与部门绩效目标、组织绩效目标相一致。

（2）岗位绩效目标与岗位的责权利相统一。员工的岗位绩效目标需与其相应的职责和权利相统一，同时也需与其享受的薪酬福利待遇相统一。

岗位绩效目标主要通过各级直线管理者逐级逐岗制定责任目标、逐层逐职签订目标合约，明确一定期限内各岗位员工的目标任务来实现。

三、绩效目标的分解

目标分解就是将总体目标在纵向、横向或时序上分解到各层次、各部门以及具体人员,形成目标体系的过程。目标分解是明确目标责任的前提,是实现总体目标的基础。

(一)绩效目标分解的原则和要求

绩效目标的分解应当按照一定的原则和要求进行。

1. 目标分解的原则

目标分解同样要遵循 SMART 原则,此外还需要依据 SMT-ABC 原则。该原则的具体内容如下。

(1)明确性(specific)。分目标要明确、具体、清晰,语言表述能被考核人员理解。

(2)可衡量性(measurable)。分目标要具有可衡量性,即可以通过定量指标和定性指标衡量。

(3)时限性(time-bound)。在分解目标时,要明确目标实现的时间,严格规定目标实施进度。

(4)可实现性(achievable)。分目标在规定时间内及现有资源情况下的可完成性。

(5)以竞争对手为标杆(benchmark)。目标分解过程中,要与行业内竞争对手的目标进行对比分析。

(6)客户导向(customer-oriented)。分目标要体现内部客户和外部客户的需求。

2. 目标分解的要求

除了严格遵循以上原则,目标分解时还要考虑以下要求。

(1)目标分解应按整分合要求进行,也就是将总体目标分解为不同层次、不同部门的分目标,各个分目标的综合又体现总体目标。

(2)分目标要与总体目标方向一致,内容上下贯通,保证总体目标的实现。

（3）目标分解中，要注意到各分目标所需要的条件及其限制因素，如人力、物力、财力和协作条件、技术保障等。

（4）各分目标之间在内容与时间上要协调、平衡，不影响总体目标的实现。

（二）绩效目标分解的方法

绩效目标常用的分解方法主要有指令式分解和协商式分解两种。

1. 指令式分解

指令式分解是分解前不与下级商量，由领导者确定分解方案，以指令或指示、计划的形式下达。这种分解方法虽然容易使目标构成一个完整的体系，但由于未与下级协商，对下级承担目标的困难、意见不了解，容易造成某些目标难以落实下去，同时也容易让下级感到这项目标是上级制定的，从而不利于下级积极性和能力的发挥。

2. 协商式分解

协商式分解是上下级对总体目标的分解和层次目标的落实进行充分的商谈或讨论，取得一致意见。这种协商容易使目标落到实处，也有利于下级积极性的调动和能力的发挥。

指令式分解和协商式分解在使用时，都要用到目标分解系统图，其形式如图2-3所示。

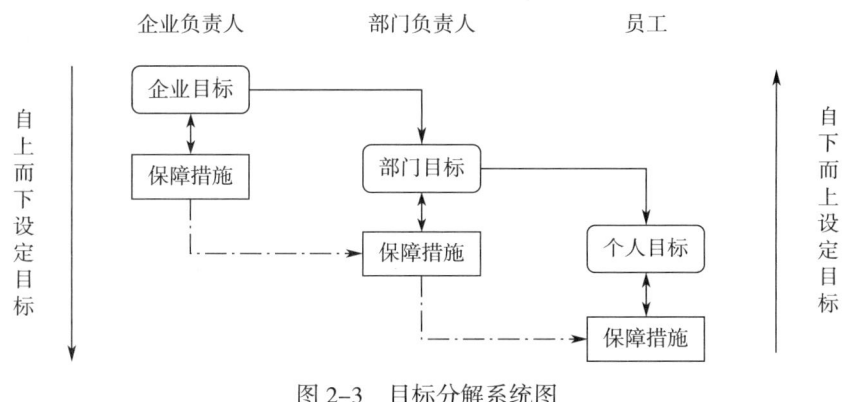

图2-3 目标分解系统图

四、基于组织的绩效目标分解

（一）组织绩效目标分解的方法

企业的一切活动都要围绕战略规划展开，而总体目标的设定，自然也应当以战略规划为依据，并将总体目标进行层层分解，从而形成完善的目标体系。

组织绩效目标在进行层层分解的过程中可以采用对应分解法、叠加分解法和递进式分解法等。

1. 对应分解法

对应分解法是指将企业的总绩效目标直接对应分解到下级部门的方法。图2-4以"销售业绩增长率"为例进行说明。

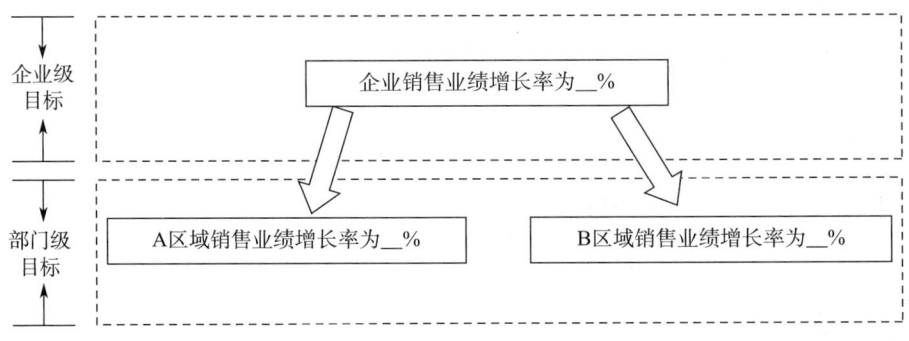

图2-4 对应分解法示例

2. 叠加分解法

叠加分解法是指企业根据各部门的主要业务进行相关业务目标设计，相关部门所有业务叠加完成之后，即可达成企业总目标的方法。图2-5以"利润率"为例进行说明。

3. 递进式分解法

递进式分解法是指将总目标以层层递进分解的方式，将总目标分解到相关岗位人员的方法。图2-6以"单人销售额"为例进行说明。

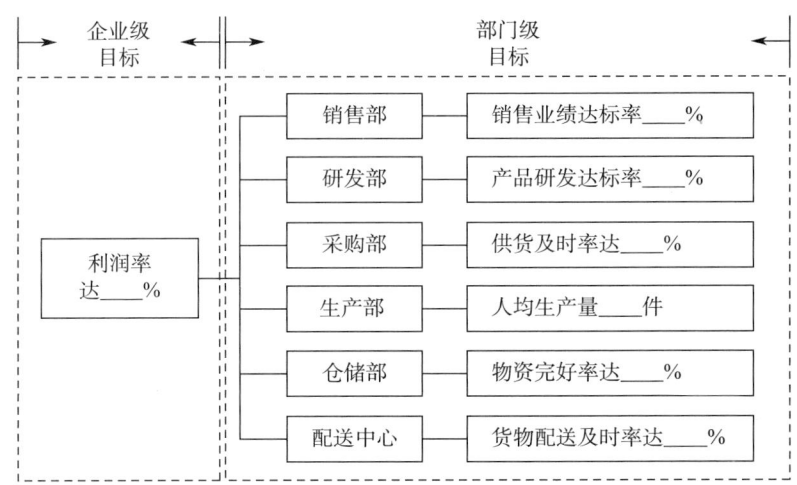

图 2-5　叠加分解法示例

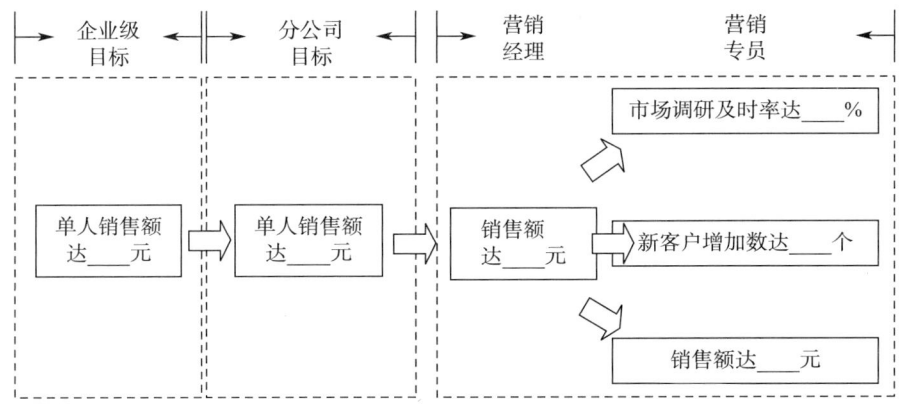

图 2-6　递进式分解法示例

（二）组织绩效目标分解的步骤

目标分解就是把整体目标分解成各个组成部分。组织绩效目标的分解一般有以下 3 个步骤。

1. 寻找关键要素

寻找组织绩效目标的关键要素时，要遵循以下 4 个原则。

（1）重要性原则，即各要素对企业的战略目标及年度发展总目标具有比较大的影响。

（2）可操作性原则，即各要素有明确的测量方法和数据来源。

（3）可控性原则，即各要素的实现及结果有直接的责任归属，且结果能够被控制。

（4）关联性原则，即各要素都是围绕目标设定的，且各要素之间具有一定的联系。

关键要素的确定可以采用鱼骨图分析法。鱼骨图又称石川图，最早由日本管理大师石川馨提出，是一种发现问题"根本原因"的方法，也可以称为因果图。鱼骨图分析法，即将造成某项结果的众多原因，以系统的方式进行图解，也就是以图表的方式表达结果（特性）与原因（要因）之间的关系。因其图形像鱼骨，故称鱼骨图。

鱼骨图的绘制过程主要分为六步。

第一步，先确定要分析的问题（结果或成果），再从左方画一条线（此线称作主骨），箭头对准问题代表造成问题的原因，如图2-7所示。

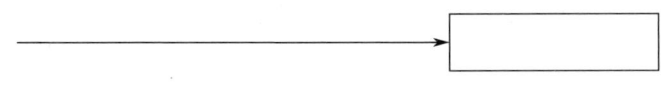

图2-7　鱼骨图绘制图例1

第二步，找出造成问题的大原因（图例中用矩形框表示），通常是人员、机器、材料、方法、管理、环境。画一条线（此线称作次骨），箭头指向主骨，如图2-8所示。

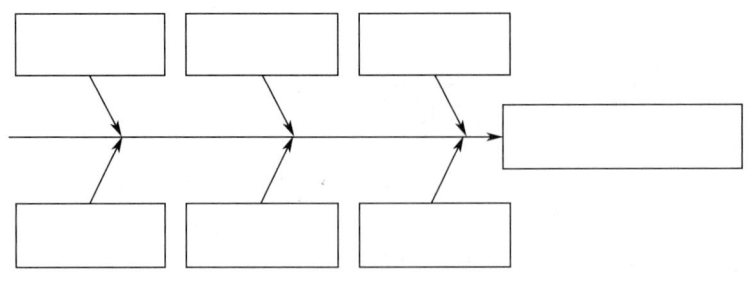

图2-8　鱼骨图绘制图例2

第三步，找出造成大原因的小原因。画一条线（此线称作小骨），与主骨平行，箭头指向次骨，如图2-9所示。

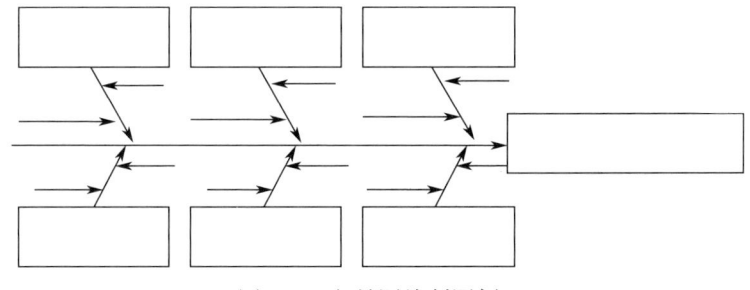

图 2-9 鱼骨图绘制图例 3

第四步,逐步过滤,圈出主要原因,如图 2-10 所示。

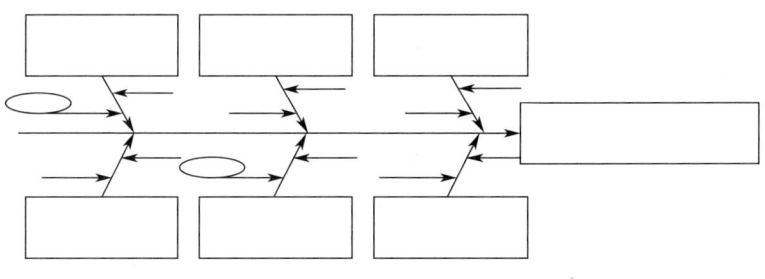

图 2-10 鱼骨图绘制图例 4

第五步,对主要原因进行再分析。

第六步,依据提出的主要原因拟订改善计划,然后逐项执行改善计划,直至取得成果。

关键要素确定的鱼骨图分析法示例如图 2-11 所示。

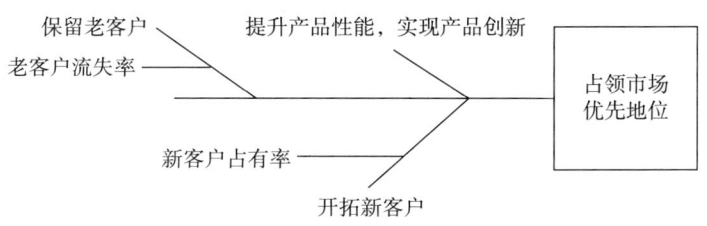

图 2-11 关键要素确定的鱼骨图分析法示例

2. 确定关键的绩效领域,寻找支撑要素

支撑要素是对关键要素的支持,就像鱼骨的次骨和小骨对主骨的支撑,它们通过提供相应的数据支持关键要素,使关键要素更加科学、合

理和可行。寻找支撑要素要尽可能全面、翔实，不仅要找出显性的支撑要素，也要挖掘隐性的支撑要素。

3. 确定关键要素的科学性并按各要素的重要性进行排序

将确定的关键要素和支撑要素按照重要性依次排序，形成企业的层级目标。这样分解下来的组织绩效目标更加明确，也便于支撑各部门目标的设定与分解。

五、基于部门的绩效目标分解

进行部门绩效目标分解时，首先需要确定各部门的总目标。部门总目标的确定必须先明确企业总的战略目标和业务重点，在此基础上，从企业最高层向各个部门分解，如此得到各部门的总目标。在各部门总目标确定之后，再进行部门目标分解。

部门绩效目标分解过程可分为可控目标分解、可影响目标分解及其横向分解。可控目标是部门通过努力可以直接实现的目标；可影响目标则是单个部门的努力，只能影响目标的一部分，而无法全部实现目标，这类目标需要由多个部门共同完成。

（一）可控目标分解

可控目标分解是指企业将战略目标和年度经营目标按照各部门的职责分解到各部门。例如，将研发指标分解到研发部，采购指标分解到采购部，销售指标分解到销售部等。

可控目标的分解要坚持"横向到边"的原则。所谓"横向到边"是指在目标的分解过程中，每一个相关的职能部门都要相应地设立自己的目标，不能出现"盲区"和"失控点"。可控目标的分解是处于同一层次的，是实现上级目标的不同手段。

（二）可影响目标分解

可影响目标分解就是企业将需要由多个部门共同完成的目标根据各部门职能的侧重点，确定分配比重。例如，人员流失率的控制目标，不仅是人力资源部门的职责，还需要各个部门进行配合，同时需要各个部门将人员流失率的控制作为本部门的绩效指标之一。

（三）部门绩效目标的横向分解

部门绩效目标是由战略目标分解而来，因此，在部门绩效目标分解过程中一定要做到相互关联、支持和配合，而且不能重复和冲突，否则会造成效率低下、分解失败。对于部门绩效目标的横向分解，需要企业管理层的支持和各级部门主管的参与，经过充分讨论，一致同意后再进行分解。

六、基于岗位的绩效目标分解

岗位绩效目标分解的过程是将岗位目标具体化的过程。在将岗位目标具体化、数量化的过程中，企业应首先梳理出各岗位的主要工作项目，然后将重点工作项目的目标予以具体化和数量化，并规定在一定时间内的完成状况等。

（一）岗位关键目标确定

各岗位目标分解就是对各岗位的关键目标进行分解，因此，在进行目标分解前，需准确判定各岗位的关键目标。

1. 岗位关键目标设计依据

企业在确定岗位关键目标时，需从部门目标要求、岗位工作职责、岗位职级3个方面进行分析设计。

（1）部门目标要求。企业需对岗位所在部门的部门目标进行分析，并根据岗位工作在部门工作中的重要程度，将部门目标分解成各相关岗位的工作目标，以作为岗位的关键目标。

（2）岗位工作职责。企业需对各岗位工作职责进行分析梳理，选取能够全面体现岗位工作要求的主要职责，并将其行为或结果要求作为关键目标。

（3）岗位职级。企业需对各岗位的职级进行分析，确定各岗位的工作权限，并结合岗位工作职责，在岗位权限范围内设计岗位关键目标。

2. 岗位关键目标构成

一般情况下，岗位关键目标可分为工作业绩类目标、工作能力类目标与工作态度类目标。工作业绩类目标反映岗位任职者工作任务的完成情况，即对岗位任职者工作行为或工作结果的描述，如销售人员的销售量目标、技术研发人员的项目开发完成数目标等；工作能力类目标体现出对岗位任职者现有能力与潜力两个方面的要求，如技术研发人员的创新能力、学习能力等；工作态度类目标是对岗位任职者的工作态度方面的要求，如工作积极性、出勤情况等。

（二）岗位关键事项确定

企业在确定各岗位的关键目标后，需对各关键目标进行分析，确定实现目标的关键事项。

1. 岗位关键事项来源

岗位关键事项是指岗位关键目标顺利实现的关键行为，主要来源于岗位相关工作流程中的关键工作步骤和岗位相关工作中的重要工作事项。

2. 岗位关键事项构成

根据关键事项对岗位目标的影响程度，岗位关键事项分为日常工作事项、可挑战工作事项与不可接受工作事项。日常工作事项是岗位任职者所需完成的本职工作，具有固定化、流程化、重复性等特点；可挑战工作事项是岗位任职者完成后，能够给企业、部门及岗位任职者个人带来正面影响的工作事项；不可接受工作事项是指会给企业、部门以及岗位任职者个人带来负面影响的工作事项。

七、绩效目标变更与修正

（一）目标执行中的变更

目标执行中的变更是指在目标执行过程中，要对目标进行整体或局部的重新规划。

1. 目标变更的原因

目标变更是对原目标的重新制定，因此，只有发生以下情况才会变更目标。

（1）国家宏观政策的调整。如近几年国家对房地产行业的调控政策，使很多房地产行业都改变了原有的经营目标。

（2）企业战略发展方向转变。企业所有的目标都是根据企业的战略发展方向分解而来，一旦企业发展方向变化，目标必然需要变更。

（3）企业组织架构发生变化。企业组织架构的变化必然会使部门及个人职责、职权发生变化，相应地目标也会伴随着职责范围的变化而进行调整。

（4）企业重要人员的流失。企业内部重要人员特别是高层领导的变化，也会影响一定时期内目标的执行。如销售总监等的变动，会对企业内部及主要客户造成影响，目标变更也随之而来。

2. 目标变更的步骤

（1）目标变更的提出。目标变更在企业经营中占据很重要的位置，如果处理不当，势必冲击企业的发展。目标的变更一般由企业高层领导提出，然后召开专门会议对目标是否要变更进行讨论、商议。

目标变更需填写目标变更申请书，详细说明变更理由、目标变更给企业带来的风险、不变更带来的风险、目标变更所要求的资源（人、财、物）及变更后的目标实施方案等。目标变更申请书具体见表 2-3。

表 2-3　　　　　　　　　目标变更申请书

目标变更提出人		所属部门		现任职位	
原目标					
变更后的目标					
目标变更理由					
审核人签字					

召开股东大会或者高层领导会议就目标变更申请书内容进行讨论，讨论过程及结果应当形成专门的书面文件，要求所有与会人员签字，并

以附件形式附在目标变更申请书后面。

（2）目标变更的实施。根据目标变更讨论会确定的最终目标内容，以公告的形式告知全体人员，并据此对各自目标做出相应调整。

目标变更会影响部分人的利益，难免会遇到一些阻碍，针对这种情况，企业应当妥善处理。企业高层领导应让所有人认识到目标变更是为了企业整体利益，并不是针对个人，相关利益的损失会通过其他渠道进行弥补。另外，目标变更程序应是公正、公平、合法的，是建立在商议基础上的。

（二）目标执行中的修正

目标执行中的修正是调整目标本身，以使目标能够适应新的情况。

1. 目标修正的原因

目标是经过严密程序制定出来的，在制定时包括对未来的预测和不确定性的估计，所以一般不存在修正的必要。但是如果发生下列情况，目标必然需要修正。

（1）目标制定时所依据的外部竞争对手情况或者外部市场环境发生了变化。

（2）企业经营面临突发事件或者业务流程发生变化，如出现金融危机导致出口减少，这时就需要对原目标进行修正。

（3）完成目标的方法需要调整。

2. 目标修正的步骤

（1）确定目标是否需要修正。目标是在结合企业发展战略，充分考虑目标执行过程中的各种情形后制定出来的，因此，不能因为目标执行环境的细微变化就要求修正。企业设定的目标是有挑战性的，有挑战必然有困难，也不能因为困难就要求修正目标，应该努力克服困难，实现目标。若个人或部门行动方向与目标方向暂时不一致，应当纠正行动的偏差而不是修正目标。

总之，目标修正不能仅仅是因为细微环境的变化、目标执行遇到困难或执行主体本身行动的问题而修正目标，必须分清目标是否出现偏差，如果不是则坚决执行，反之则修正目标。为此，要建立修正目标的标准，只有符合标准才允许修正目标。

（2）确定目标修正的规范。首先规定目标需要修正的情形，如目标制定时的外部环境发生变化，应当详细说明是什么样的外部环境，即将目标需要修正的原因以更加具体的形式确定下来，或列入企业章程中，或制定专门的规章制度。然后规定目标执行的误差范围。任何目标不应当仅仅是确定某一个具体数值，而应当是一个范围，只要在此范围内，就没有必要对目标进行修正。

（3）选择目标修正的工具。企业应当制定专门的目标管理卡，其中包含目标修正的理由及修正后的目标，由相关领导审批后递交相关部门保管、存档，作为未来绩效考核的依据。目标管理卡的具体示例见表2-4。

表2-4　　　　　　　　　　目标管理卡

目标执行者		所属部门		填表日期	
原目标					
修正后的目标					
目标修正理由					
审核人签字					

在目标修正过程中，还应当考虑目标执行的其他相关责任人。如果目标修正不影响其他部门，可直接将目标管理卡交由相关领导审批，然后返还给执行者执行目标；如果目标修正关系其他部门的目标，在填写目标管理卡时应首先与其他部门探讨，获一致通过后，其他部门也要填写相应的目标管理卡。

第二节 绩效计划

一、绩效计划概述

（一）绩效计划的内涵

绩效计划是一种绩效契约，它是在绩效管理开始前由管理者和员工共同制订的协议，从而使员工的工作目标与企业及企业各部门的工作计划、标准达成一致。绩效计划的内涵可以从以下3个方面来理解。

（1）绩效计划的内容是关于绩效周期内工作和绩效标准的契约，绩效契约往往以绩效任务书的形式出现。绩效任务书需要管理者和员工签字认可，是管理者对员工绩效完成情况进行评价的依据。

（2）绩效计划的制订者是管理者和员工。比如，部门绩效计划应该由人力资源管理人员、各职能部门经理以及员工本人3个方面来共同制定。其中，各职能部门经理可以被看作整个绩效计划工作的最终负责人，因为他们最了解每个职位的工作职责和每个绩效周期内应完成的各项工作，由部门经理来制订绩效计划不仅使整个计划更加具有现实性和可操作性，还有利于部门内部人员之间的整合。

（3）绩效计划是一个双向沟通的过程，内含管理者和员工双方的心理承诺。绩效计划的沟通内容包括组织目标、部门及员工的职责任务、完成期限、员工的意见反馈等。在双向沟通的过程中，双方不仅要从行动上认可绩效计划，还应从心理上认可，以便计划的履行。

（二）绩效计划的作用

绩效计划的作用体现在指引作用、实操作用和补充作用3个方面。

1. 指引作用

绩效计划是行动的纲领和指南，为绩效管理的活动确定了方向，帮助员工认清目标，使绩效体系内的活动按计划有步骤地进行。

2. 实操作用

在绩效计划的制订设计过程中，人力资源管理人员、职能部门经理以及员工三方共同参与，加深了管理者和员工的参与感，使绩效管理更具操作性。

3. 补充作用

绩效计划是对未来工作的计划，这决定了其时间和空间上都具有不确定性和变动性。而绩效计划是在科学预测的基础上，根据过去和现在的信息预测未来绩效管理可能发生的变化，尽可能地把握发展趋势，并制定相应的补救措施，最大限度地提高绩效计划的科学性。

（三）绩效计划的内容

绩效计划包括3个方面的内容，即关键绩效指标（KPI）、计划目标和能力发展计划。其中，关键绩效指标是衡量评价对象的标准，衡量标准是指从哪些方面衡量结果以及评判标准是什么。关于关键绩效指标的确定，本书第三章第五节将有详细介绍。下面具体介绍绩效计划目标和能力发展计划的相关内容。

1. 绩效计划目标

绩效计划目标是指员工在本次绩效考核期间所要达到的工作目标，包括要达到什么结果、各项工作目标的权重以及怎样做才能更好地实现目标。计划目标设定的步骤包括了解企业战略、了解绩效指标、职务分析、设定工作要项及对关键结果区域设置绩效指标。

关键绩效指标与计划目标设定结合，不仅有利于主管领导清晰地了解企业价值驱动的关键活动，而且有利于各层各类人员明确认识各职位的使命、工作的重点，是绩效管理的客观标准与全面衡量标准。

2. 能力发展计划

这里的"能力"是指根据企业发展的整体要求，个人需要发展的能力，而不是个人需要完成的任务和职责。能力可分为专业能力和基础能力，专业能力包括知识和技能，基础能力则包括理解、判断、决断、指导、监督、应用、规划、开发利用、表达、沟通等方面的能力。

个人需要发展的能力可以用个人的行为表现具体化，从而为实现关键绩效指标与计划目标提供帮助。能力发展计划的制订不仅有利于企业制定员工发展的整体框架，还有利于企业对个人能力的要求落实到人及其行动上。此外，能力发展计划还可以作为评估员工表现与所需发展领域方面的一种统一管理的方法。

（四）绩效计划的目的

绩效计划的目的可以总结为"三为"，即为企业目标的实施提供保障、为绩效考核提供依据、为员工提供方向和目标。

1. 为企业目标的实施提供保障

员工绩效计划、部门绩效计划、企业绩效计划三者是支持和依赖的关系。一方面，员工绩效计划支持部门绩效计划，部门绩效计划支持企业绩效计划；另一方面，企业绩效计划的实现依赖于部门绩效计划的实现，部门绩效计划的实现依赖于员工绩效计划的实现。

在制定企业、部门和员工的绩效计划过程中，需要通过协调各方面的资源，使资源向制约企业目标实现的地方倾斜，促使各级绩效计划的实现，从而保障企业目标的实施。

2. 为绩效考核提供依据

绩效管理是由绩效计划制订、绩效辅导实施、绩效考核评价、绩效考核面谈等内容组成的一个系统。其中，制订切实可行的绩效计划，是绩效管理最重要的一个环节。

在考核期末，就可以根据由部门和员工本人参与制订并做出承诺的绩效计划进行考核。一方面，对于出色完成绩效计划的部门和员工，其绩效考核会取得优异评价并会获得相应的奖励；另一方面，对于没有完成绩效计划的部门和员工，应分析没有完成绩效计划的原因并制订绩效改进计划。

3. 为员工提供方向和目标

绩效计划中的绩效考核指标、绩效目标和绩效标准对员工的工作提出了具体要求，明确了员工应该在哪些方面取得成就并会获得企业的奖励。一般情况下，员工会选择向企业期望的方向努力。

在制订绩效计划时，员工需要从所处环境和自身条件出发，发现自己的优势所在和不足之处，了解在工作中可以得到什么样的支持和资源，以便和相关部门人员沟通，取得认同和帮助。在员工分析环境和条件的基础上，管理者能够更好地了解员工工作的情况，及时给予员工支持和引导，采取必要措施以防范风险，对员工的薄弱环节着重进行工作指导，最终达到共同实现企业目标的目的。

二、绩效计划制订

（一）绩效计划制订的原则

为确保绩效计划正确地实施，推动企业发展目标的实现，绩效计划的制订必须遵循以下原则。

1. 战略计划一致原则

绩效计划制订的最终目的是确保企业发展战略和年度发展目标的实现，因此，在设定绩效计划目标时要紧紧围绕企业的总体发展战略，逐层分解、设计和选择。

2. 可行性原则

绩效计划要与员工的工作职责和权利相一致，绩效目标要具有一定的挑战性和可操作性，即既要具有激励性，又要符合可行性的原则。

3. 全员参与原则

参与式绩效计划就是组织内的所有人都参与绩效计划的制订，每个人都对绩效计划的最终形成做出贡献。在员工参与制订绩效计划时，信息不仅自上而下传递，同时自下而上传递，是双向的沟通过程。只有全员参与，才能充分理解各方的潜在利益，便于通过政策性程序来解决利益冲突，从而确保绩效计划制订的科学合理性，让员工能够全盘接受。

4. 公平公正原则

绩效计划的制订会涉及各方的利益，每个人都会密切关注与自身有关的考核，如果对同一性质或难易程度大体相同的岗位设置的标准不同，会影响绩效考核在实施过程中的公平性和公正性。

5. 职位特色原则

绩效计划内容、形式的选择和目标的设定要充分考虑到不同业务、不同部门中职位的特色和共性。

6. 抓大放小原则

在绩效计划评价标准设置中，要围绕主要工作展开，突出关键和重点，选择与企业价值关联度大、与实现岗位主要目标相关的标准。切忌面面俱到，给员工增添不必要的压力，导致员工分散注意力，影响其最关键的绩效目标的实现。

（二）绩效计划制订的依据

绩效计划制订的依据包括企业的经营理念、经营方针与目标等内容。

1. 经营理念

企业经营理念包括企业的愿景、使命、价值观等。绩效计划制订需要做到3个"明确"：明确企业在社会、经济发展中所应担当的角色和责任；明确企业永远为之奋斗并希望达到的图景，它表明企业对未来的期望和追求；明确企业的核心价值观，确认企业的具体目标。

2. 经营方针与目标

经营方针即企业经营者的理念，具体包括经营结构方针、商业伙伴合作方针、利益方针、成本方针等。

经营目标可以分为企业发展目标、年度综合目标、各部门经营目标、最低目标、努力目标，还可以分为财务目标（销售收入、净利润、资产回报率等）和非财务目标（市场占有率、新产品开发、战略客户拓展等）。进行经营预测时需要注意，所有目标都必须分为财务目标和非财务目标、必须与企业战略目标接轨、必须确定目标完成期限，财务目标必须进行产品细化和月度细化。

（三）绩效计划制订的步骤

绩效计划的制订主要有以下4个阶段。

1. 绩效计划的准备阶段

绩效计划通常是通过管理者与员工的双向沟通得到的，那么为使绩效计划取得预期的效果，双方必须事先准备好相应的信息。

（1）企业的信息。绩效计划制订的首要依据就是企业的战略发展目标和计划、企业年度经营计划等。因此，在制订绩效计划之前，企业要与管理者、员工进行确认，确保所有人员熟悉企业的战略发展目标和年度经营计划等信息。

（2）部门的信息。部门的信息是指制订部门绩效计划时所必需的各种信息，主要包括部门战略规划相关材料、部门职责相关材料、部门上一绩效周期的绩效情况及部门人力资源配置的基本情况。

（3）个人的信息。除企业信息和部门信息外，绩效计划的制订还需对个人的信息进行准备。个人的信息主要包括两个方面：一是员工的职责描述；二是员工在上一个绩效考核期间的考核结果。员工的职责描述主要规定了员工的工作目标及岗位职责，在制订绩效计划时，应当充分考虑职责描述是否需要调整，然后对员工的岗位职责重新定位。

2. 绩效计划的沟通阶段

沟通阶段是整个绩效计划制订过程中的核心，在这个阶段，管理者和员工经过充分的沟通和交流，对员工绩效考核期间的工作目标和计划达成共识。在绩效计划的沟通阶段，沟通方式的选择也非常重要，需要考虑不同的企业文化氛围和环境、员工的特点、所要达成的工作目标内容等因素。

（1）沟通的内容。绩效计划沟通的内容主要包括员工的工作表现、指标及目标值、资源配置、工作计划。其中，工作表现是指上一阶段绩效考核过程中好的地方和不足之处；指标及目标值的沟通是指明确考核哪些指标以及达到何种程度；资源配置的沟通是指明确给予员工哪些资源支持；工作计划的沟通是指管理者审核员工为实现目标而制订出的工作计划是否合理、可行。

（2）沟通的环境。在沟通阶段，管理者和员工应首先营造一个适宜的沟通环境，在这个环境中，沟通的气氛要宽松，而且不会有其他事情打扰。

（3）沟通的原则。管理者和员工在沟通中是平等的关系，沟通时应更多发挥员工的主动性，多听取员工的意见。沟通中应确保员工个人绩效目标与企业目标保持一致。另外，在沟通中管理者和员工应一起做决定，而不能由管理者代替员工做决定。

（4）沟通的过程。受多种因素的影响，绩效计划沟通过程有可能一次完成，也可能多次完成。无论是经过几轮的绩效沟通，其沟通的过程一般如下。

①回顾有关信息。在绩效计划沟通开始时，管理者应该说明企业、部门的绩效目标以及完成绩效目标对企业、部门的意义等相关信息；此外，还应向员工说明岗位职责以及上一考核期间的绩效考核结果等信息。

②确定本期的关键业绩考核指标、考核标准以及各指标的权重。

③确定各考核指标的绩效目标或者工作标准。对于数量化的考核指标，应确定本绩效周期的绩效目标；对于其他结果指标以及过程考核指标，应明确该项工作应该达到的标准。

④确定管理者应该提供的资源支持。

⑤在达成一致意见的基础上，结束沟通。

3. 绩效计划的编制阶段

绩效计划编制阶段的质量决定了整个绩效系统的成败。根据企业绩效管理工作的特点和内容，绩效计划可划分为企业绩效计划、部门绩效计划以及员工绩效计划。企业绩效计划是以企业战略为制订依据，通过对企业战略目标的层次分解，最终形成各个部门以及员工的工作计划和绩效目标。部门绩效计划是以企业目标计划分解、部门职能为制订依据。员工绩效计划是以部门工作目标分解、员工的岗位职责及工作计划为制订依据。

4. 绩效计划的审定和确认阶段

绩效计划的审定和确认是对初步拟订的绩效计划的再审核和确认，主要是针对绩效计划拟订过程中的未尽事宜进行修订或增补。在这个过程中要注意以下两点。

（1）在绩效计划过程结束时，管理者和员工应该能以同样的答案回答几个问题,以确认双方达成了共识。这些问题是:员工在本绩效周期内的工作职责是什么?员工在本绩效周期内所要完成的工作目标是什么?如何判断员工的工作目标完成效果?员工应该在什么时候完成这些工作目标?各项工作职责以及工作目标的权重如何?员工的工作绩效好坏对整个企业或特定的部门有什么影响?员工在完成工作时可以拥有哪些权利、得到哪些资源?员工在实现目标的过程中会遇到哪些困难和障碍?管理者会为员工提供哪些支持和帮助?员工在绩效周期内会得到哪些培训?员工在完成工作的过程中,如何获得有关他们工作情况的信息?在绩效周期内,管理者将如何与员工进行沟通?

(2)当绩效计划结束时,应达到以下的结果:员工的工作目标与企业的总体目标紧密相连,并且员工清楚地知道自己的工作目标与企业的总体目标之间的关系;员工的工作职责及其描述已经按照现有的企业环境进行了修改,可以反映本绩效周期内主要的工作内容;管理者和员工对主要工作任务、各项工作任务的重要程度、完成任务的标准、员工在完成任务过程中享有的权限都已经达成了共识;管理者和员工都十分清楚在完成工作目标的过程中可能遇到的困难和障碍,并且明确管理者所能提供的支持和帮助;形成了一个经过双方协商讨论的文档,该文档中包括员工的工作目标、实现工作目标的主要工作结果、衡量工作结果的指标和标准、各项工作所占的权重,并且有管理者和员工双方的签字确认。

三、个人绩效计划

(一)个人绩效计划的定义

个人绩效计划是由各级员工及其直接上级(考核者和被考核者)之间进行充分沟通后制订的,在明确关键绩效指标、工作目标及相应的权重,参照过去的绩效表现及企业当年的业务目标基础上,设定每个关键绩效指标的目标值和挑战值,是员工浮动薪资、奖惩、晋升的基础。

个人绩效计划的制订依据是部门工作目标分解、岗位职责、工作计划等。

(二)个人绩效计划的内容

个人绩效计划的内容一般包括：被考核者的信息，考核者的信息，关键职责，考核内容、权重、指标值的设定，绩效评估周期，能力发展计划。在制订个人绩效计划前，管理者和员工应就下列问题达成共识。

（1）在本绩效周期内所要达到的工作目标是什么（量化目标与非量化目标）？

（2）如果一切顺利，员工应该何时完成这些目标？

（3）达到目标的结果是怎样的？

（4）如何判别员工是否取得了成功，这些结果可以从哪些方面去衡量，评判的标准是什么？

（5）工作目标和结果的重要性如何？

（6）从何处获得关于员工工作结果的信息？

（7）员工的各项工作目标的权重如何？

（8）员工在完成目标时间内可以拥有哪些权利，可以得到哪些资源？

（9）员工在达到目标的过程中可能遇到哪些障碍？

（10）员工是否需要学习新技能以确保完成任务？

(三)个人绩效计划制订的步骤

个人绩效计划的制订主要包括以下 7 个步骤。

1. 界定职位工作职责

界定职位工作职责主要是通过工作分析进行的。工作分析指的是对企业中某个特定工作职务的目的、任务或者职责、权利、隶属关系、工作条件、任职资格等相关信息进行收集与分析，以便对该职务的工作做出明确的规定，并确定完成该工作所需要的行为、条件、人员的过程。

通过工作分析，可以明确企业各岗位的工作性质、所承担责任的大小、劳动强度的轻重、工作环境的好坏及岗位任职资格等。个人绩效计划的制订需要对目标职位关键业务及应实现的工作成果进行书面描述。

2. 设定绩效指标

根据企业战略计划、职位职责描述，为被考核者制定可量化的绩效指标。此项工作需各级负责人根据直接下级的关键职责，结合本部门的关键绩效指标，与被考核者沟通确定其关键绩效指标。总之，关键绩效指标的选择应做到科学合理，以发挥绩效管理的激励约束作用，最大限度地提升员工绩效水平。

3. 设定个人工作目标

把一些长期性、过程性、辅助性工作纳入工作目标评价，作为绩效指标的补充。在设定个人工作目标与完成情况时，要考虑以下因素：工作目标不宜过多；针对不同工作方面的工作目标不应重复；工作目标是关键绩效指标的补充，不能与关键绩效指标的内容重复；应首先考虑使用关键绩效指标，对于无法科学量化的领域，引入工作目标完成效果评价。

4. 确定指标权重

考虑每类及每项指标、工作目标在指标体系中的重要程度，赋予相应的权重。权重的确定步骤一般为：首先，分配关键绩效指标和工作目标完成效果之间的权重；其次，确定关键绩效指标的权重；最后，确定工作目标的权重。

5. 确定关键绩效指标的指标值

关键绩效指标的指标值包括目标值和挑战值。目标值指的是正好完成企业对该职位某项工作的期望时，该职位应达到的绩效指标完成标准，一般反映在正常市场环境中、正常经营管理水平下部门或单位具有的绩效表现；挑战值是考核者对被考核者在某项指标完成效果上的最高期望值。

在确定这类指标值过程中，应该注意设定各职位指标的公平性，对相同类型的职位应统一要求，尽量避免在相同情况下同类型职位的指标值高低不平的现象。不能根据员工个人工作能力来设定相应的指标值，而是应该根据自然条件、经营环境、企业资源的差异而设定。

6. 检查指标和目标的一致性

作为个人绩效计划制订结束前的关键一步，要从横向、纵向两个方面检查指标和目标的设计是否维持了统一的标准。从横向上，检查相同单位和职务的关键绩效指标、工作目标设定、权重的分配等标准是否统一。从纵向上，根据企业战略、业务计划、岗位职责描述，检查上一级的考核指标是否在下一级中得到了合理的分解，能否保证企业发展战略目标和业务计划的实现。

7. 设定能力发展计划

上级和员工应该就员工如何达到绩效目标进行讨论，确定员工应该着重发展的能力领域，以及希望实现的目标，并设定相应的发展行动方案。

对于存在以下情况的员工，需要重点设定能力发展计划。

一是尚未完全具备目前工作职位所需能力，为有效完成绩效计划，须提高某个或某几个方面的能力；二是已具备完成目前工作或工作目标的能力，如若某方面能力进一步提升就能担任更高的职务或承担更多的责任；三是已被设定为某职位的继任者，对目标继任职位所要求的能力及行为方式须制订能力发展计划。

本章自测题

1. 简述绩效目标设定的层次划分。
2. 组织目标分解的方法有哪些？
3. 绩效计划的作用有哪些？
4. 绩效计划制订的步骤有哪些？
5. 谈谈你对个人绩效计划的理解。

第三章　绩效指标设计

学习目标

- 了解绩效指标的定义与类型
- 理解绩效指标设计的原则和误区
- 掌握绩效指标权重设计方法
- 掌握绩效指标的设计方法
- 掌握定量指标的定义、特点和提取方法
- 掌握定性指标的定义、特点和提取方法
- 掌握关键绩效指标的确定依据、原则和提取方法
- 掌握绩效指标量化方法
- 掌握绩效指标库的建设

引导案例

SSS公司是一家民营企业，经过十几年的发展成为一家综合性的公司，主要投资领域是城市水务服务、专业管具材料、生命科技和地产开发。

为了推动生产经营的进一步发展，SSS公司在内部建立了一套以战略为导向的绩效管理体系，完成了一次内部管理的提升。绩效管理体系建立工作从开始设计到推广实施用了将近两年的时间，公司的各级管理者都对这套体系寄予厚望，希望通过这套绩效管理体系的实施能够显著提升公司的绩效水平。

绩效管理体系实施半年之后，SSS公司对内部员工和成员企业的绩效管理状况进行了一次调研。调研人员提交的报告显示，绩效管理在基层面临着一个问题：基层管理者和员工对于实行的定额强制比例分布反应强烈。

大家的意见主要有以下几个方面。

"员工与部门挂钩不合理，员工做得再好，领导不行，还是要'背黑锅'。"

"有些员工很努力、很敬业，但绩效考核的成绩却依旧是C，甚至是D、E，这让员工的积极性和热情受到了不小的打击。"

"一方面，定额强制比例分布不灵活，让人觉得公司的制度僵硬苛刻。另一方面，要是提高了灵活性，最差的E可能就不存在了，绩效考核的意义和价值又变得不明显了。怎么做都是一种两难的境地！"

"尴尬的评价体系让基层管理者很为难！大家干得差不多，考核分数也差不多，D和E该怎么分配？要实施定额强制比例分布，有一个前提条件就是指标设置很合理、评分标准很明确，且得到大家的认同。"

"不同员工，工作难度不一样，实行定额强制比例分布怎么解决公平问题？"

以上这些问题都给实际的绩效考核工作带来了较大的困难，公司的管理者面对建立不久的绩效管理体系也是一头雾水，不清

> 楚问题到底出在哪些环节。
>
> 请思考:绩效指标应该如何设计才能够有效避免以上问题?

第一节　绩效指标设计概述

一、绩效指标的定义

绩效指标就是考核因子或评估项目,是实现目标的一种衡量手段。绩效指标建立在绩效目标基础之上,是对目标考核内容的衡量或评价。

绩效指标通常包括指标名称、指标定义、标志和标度4个基本构成要素,具体内容见表3-1。

表3-1　绩效指标的4个基本构成要素

构成要素	具体内容
指标名称	对指标内容的总体概括
指标定义	指标内容的操作性定义,用于描述指标的关键可变特征
标志	绩效考核会将员工划分为不同等级,指标中用以区分各个级别的特征规定就是绩效指标的标志
标度	对绩效考核各级别的范围做出规定

二、绩效指标的类型

绩效指标按照不同的分类方法,可分为不同的类型。

(一)根据绩效考核的内容分类

根据绩效考核的内容分类,绩效指标可分为工作业绩指标、工作能力指标及工作态度指标。

1. 工作业绩指标

工作业绩就是工作行为产生的结果。一般情况下,工作业绩主要包括工作的数量、工作的质量及成本费用3个方面。工作的数量是指所完成工作的总量及按期完成的程度；工作的质量是指完成工作的细致程度、准确程度及工作效率；成本费用是指完成工作所花费的时间、财、物的总量。

2. 工作能力指标

不同的工作岗位对个人的能力要求不同，在绩效考核中加入工作能力指标，一方面可以明确该岗位所需要的能力，另一方面可以引导员工不断提高自身的工作能力，以便与现在的岗位匹配并向更高层的岗位努力。工作能力一般包括体能、智能及技能等。

体能是指个人的健康状况，它取决于年龄、性别及个人的饮食和锻炼等多方面因素。在员工入职时，企业都会要求员工进行入职体检。在日常工作中，也会举行定期或不定期的体检，以确保员工的体能满足工作要求。

智能是指人们获得知识、运用知识及改造创新的能力，如员工在企业中表现出来的分析能力、记忆能力、理解能力、判断能力、运用能力、创新能力等。智能会随着人们所掌握知识的深度和广度而变化，表现在人们获取和运用知识解决实际问题的速度与质量。

技能是通过学习并坚持练习掌握的技巧，主要体现为个人解决问题的能力、沟通技能、专业技能、表达能力、组织能力等。

3. 工作态度指标

不同的工作态度会产生截然不同的工作结果，工作态度虽然不能决定一个人的绩效，但在很大程度上会影响工作绩效达到的水平。"工作态度决定工作高度。"因此，一般企业绩效体系中都会有关于工作态度的指标规定。不同的企业，不同的工作岗位，可以使用相同的工作态度指标。

（二）根据绩效指标的性质分类

根据绩效指标的性质分类，绩效指标可分为定量指标和定性指标。

1. 定量指标

定量指标是以统计数据为基础，把统计数据作为主要评价信息，建立评价数学模型，并以数量表示评价结果的绩效指标。定量指标相对客观、公正，可以摆脱主观因素和个人经验的影响，使评价结果更加准确、可靠。但是，当所依据的数据不准确时，评价结果就难以客观和准确，而且定量指标缺乏灵活性，不能说明工作的质量，难以表现工作的全部事实。

2. 定性指标

定性指标是指无法直接通过数据计算分析评价内容，需对评价对象进行客观描述和分析来反映评价结果的指标。定性指标可以充分发挥人的主观能动性，在绩效考核时综合考虑更多因素，使评价更加全面。但定性指标反映的被考核者的业绩往往是笼统的，涵盖多方面内容，而考核者是凭着对被考核者业绩的总体感觉给分，所以，定性指标在准确性上有待考量。

综合考虑定量指标与定性指标的优点和缺点，企业在实际运用过程中，会将二者结合起来使用，以起到扬长避短的效果。在数据充足全面的情况下，以定量指标为主、定性指标为辅；在数据缺乏或者难以量化的情况下，以定性指标为主、定量指标为辅。

（三）根据绩效的定义分类

根据绩效的定义，绩效指标可分为特质指标、行为指标、结果指标。

1. 特质指标

特质指标来源于"能力绩效"，指的是个人的性格和能力，如道德、忠实、敬业、吃苦、领导能力、管理能力等。特质指标关注的是什么样的人，而不考虑工作成果，缺乏有效性。它常适用于对工作潜力开发的预测。

2. 行为指标

行为指标来源于"行为绩效"，关注的是工作流程、工作具体如何执行，适用于按照固定流程和标准进行的工作。采用该指标需要对所有的工作行为加以区分。

3. 结果指标

结果指标来源于"结果绩效",强调以结果为导向,重点是结果即产出了什么,而不是行为。它通常适用于通过多种方式方法实现绩效目标的岗位,且不同岗位的指标不同。采用该指标容易导致被考核者急功近利,为达到目标不择手段,影响企业的长远利益和发展。

(四)根据是否反映财务内容分类

根据是否反映财务内容,绩效指标可分为财务指标和非财务指标。

1. 财务指标

财务指标主要包括财务效益状况指标、资产营运状况指标、偿债能力状况和发展能力状况;非财务指标主要包括经营者基本素质、产品市场占有能力(服务满意度)、基础管理水平、发展创新能力、经营发展战略及技术装备更新水平(服务硬环境)。

很多财务指标数据可以从企业的财务会计报告中直接或间接获得,因而便于操作,而且财务指标的数据通常是以货币形式表现的,所以便于定量分析。另外,财务指标可以反映企业财务方面的实力,能够较好地评价企业的财务状况。但是财务指标评价体系有明显的缺陷,它会导致管理者做出一些有利于短期利益却对企业长远发展不利的决定,如牺牲对研究的投入等。

2. 非财务指标

非财务指标是相对财务指标而言的,指无法用财务数据计算的指标,通常包括顾客满意度、产品和服务的质量、创新能力等内容。

三、绩效指标设计的原则

绩效指标在设计过程中需要遵循8项原则。

(1)客观公正性原则。这一原则是指在设计绩效指标时要避免主观臆断,始终按照"针对岗位而非针对个人"的标准,指标的选取要符合客观实际情况,以岗位职责为依据。

（2）明确具体性原则。这一原则是指绩效指标要明确具体，任何一个指标的描述都应当准确、清晰，各个指标的界定和要求要明确，不能含糊不清，避免造成误解。

（3）可操作性原则。这一原则要求指标设置不宜过高或过低，过高的指标会影响员工的积极性，过低的指标不易区分员工的差异，起不到激励员工的作用。

（4）界限清楚原则。这一原则是指每项指标的内涵和外延都应当界定清楚，避免产生歧义。

（5）可比性原则。这一原则是指同一层级、同一职务及同一性质岗位的指标在横向上必须保持一致，以便于绩效考核时分出不同等级。

（6）数量少而精原则。绩效考核指标并不是越多越好，指标越多，成本越大，而且会使简单的工作变得复杂。所以，绩效考核指标的数量应当与岗位层级挂钩，层级越低，指标越少。企业一般会采用设计关键绩效指标的办法，关键绩效指标既节约了成本，又实现了对人员的考核。

（7）相对稳定性原则。这一原则是指考核指标一经确定，不得随意更改。缺乏相对稳定性的绩效指标权威性不足，难以获得员工的认同。

（8）差异性和独立性原则。差异性原则是指各项指标在内容上有所不同，能够明确区分；独立性原则是指各项指标界限清晰，各项指标的含义不重复。

四、绩效指标设计的误区

为了更好地设计绩效指标，我们有必要了解在绩效指标设计时可能会陷入的误区。

误区一：一味追求指标量化。

许多企业在进行绩效指标设计时，一味追求指标量化。在这些企业看来，只有每项工作都有明确的量化标准才便于考核。事实上，将指标完全量化是不现实的，量化指标并不是绩效考核的最终目的，"量化"和"可衡量"只是确保考核实施的方法而已。

误区二：指标覆盖所有工作内容。

设立面面俱到的考核指标，会存在考核指标的内涵和外延有交叉、重合的问题，造成员工认为"完成考核指标是偶然的，完不成是必然的；不犯错误是偶然的，犯错误是必然的"。

误区三：关键指标只能是财务指标。

许多企业认为财务指标是代表股东价值的，是企业生存的根本，只有财务指标才能保持企业发展。这个观点存在一定的片面性，因为单一的财务指标导向企业内部，忽视了外部最关键的客户要素，缺乏对客户资源的有效管理。

误区四：指标过少或过多。

指标数量过少，可能会忽略一些非关键因素的影响，但被忽略的非关键因素可能会影响企业整个绩效的实现。也就是说，企业在精简指标时，要注意指标间的因果关系。指标数量太多，不仅会使员工失去工作重点，而且容易滋生"无所谓"的不良心态。因此，在设计指标时要突出关键性，向重点倾斜。

误区五：指标过浅或过深。

指标过浅，可能会导致理解错误。指标过深，约束条件就会增加，其完成难度会大幅提高，导致管理成本急剧上升。

误区六：指标不连贯、不客观。

所有指标的设计都是围绕战略目标而来，所以各项指标是相互关联的，不能"只见树木，不见森林"。指标编制要全盘考虑，必须与企业资源配置紧密联系。

误区七：指标一成不变，没有进行动态调整。

指标必须根据形势的变化及时调整。市场需求及客户需求的变化要及时体现在绩效指标中。当现实情况发生改变时，不仅指标要及时调整，评估标准、权重也需要随时调整，这样才能及时反映企业的经营重心。

误区八："指标"和"标准"混淆。

绩效指标并不是考核的全部内容，在员工考核中，很大一部分工作是需要对"标准"进行考核的。企业的工作通常可以分为两类：一是项目性工作，即有时间限制、讲究明确的结果、完整独立的工作；二是程序性工作，即按照流程、讲究效率及正确性的工作。对于项目性工作可以用指标考核，而程序性工作可以用标准考核。

五、绩效指标权重的设计

绩效指标权重是指绩效指标在评价体系中的重要性或绩效指标分值在总分值中所应占的比重，是每个绩效指标在整个指标体系中重要性的体现。各个绩效指标相对于不同的评价对象来说，会有不同的地位和作用，因此，要根据不同的考核主体、不同的考核目的等恰当地分配与确定各个绩效指标的权重。

（一）绩效指标权重设计要点

在设置绩效指标的权重时，需要坚持以战略目标和经营重点为导向的原则，并注意各指标或目标权重比例应呈现出差异性，避免平均主义，同时还应根据实际情况的变化而变化，如企业不同发展阶段、市场的季节性、资源供给的变化性等。

（二）绩效指标权重设计方法

为了使考核结果更具有客观性和可信性，人力资源部在设计绩效指标权重时，还应当选择科学、合理的方法。绩效指标权重设计方法主要有专家咨询法、层次分析法、简单排序编码法、倍数环比法及优序对比法等。

专家咨询法又叫德尔菲法，其具体做法是召集专家，先让他们分别根据个人的经验和主观感受给每个指标确定一个权数，经过处理后，将第一轮的赋权结果反馈给各位专家，并进行第二轮评估。如此反复几次，直至专家们的评定意见一致为止。

层次分析法是一种多因素决策分析方法，其基本思想是：首先，将一个复杂的问题分解成各个组成因素，并将这些组成因素进行分组，从而形成一个有序的阶梯型结构；其次，通过两两比较的方式确定层次中各个因素的相对重要性；最后，通过综合判断确定各个因素的排列顺序。

简单排序编码法是通过管理者对各项考核因素的重要程度进行排序编码，然后确定权重的一种简单的方法，需要管理者根据过去的历史数据及个人的经验对各项考核因素做出正确的排序。

倍数环比法首先将各项考核因素随机排列，然后按照顺序对各项因素进行比较，得出各因素重要度之间的倍数关系，又称环比比率，再将环比比率统一转换为基准值，最后进行归一化处理，确定其最终权重。这种方法需要对考核因素有客观的判断依据，需要有客观准确的历史数据作为支撑。倍数环比法较为实用，计算简单，由于有准确的历史数据做支撑，因此具有较高的科学性。

优序对比法是通过各项考核因素之间的对比，充分显示出各因素之间重要性的相互关系，在实施过程中仍需要管理者依据经验做出判断。虽然该方法在某一个因素判断上可能会出现偏差，但是却可以在与其他因素的比较上得到弥补，对管理者的主观经验判断是一个补充。

第二节　绩效指标的设计方法

一、工作分析法

工作分析法是从不同员工的职业活动调查入手，通过分析员工的职务、职位、职责、任务与要素的全过程，进而确定岗位工作的任职要求和条件。

工作分析法的主要内容有两个方面：一方面是对员工岗位进行说明，包括不同岗位的工作性质、职务、责任，以及岗位工作需要的各种资料、工作环境、社会环境、与其他工作的关联程度等；另一方面是岗位工作对人员的要求，包括完成工作应具备的智力、专业知识、工作经验和技能要求等。

在工作分析法中，最重要的是分析从事某一岗位工作的员工应具备哪些技能，履行职责时应以哪些指标来评价，同时指出这些指标在考核中哪些更重要，哪些相对不重要。

二、访谈法

访谈法是通过对各类人员，如被考核者的上级、人力资源管理人员、被考核者以及与被考核者有较多联系的人员的访问和谈话收集有关资料，以此作为确定绩效指标的依据。它有个别面谈法和座谈讨论法两种具体的形式。

（一）个别面谈法

个别面谈法是指与某类岗位的有关人员，通过面对面的访谈，深入全面了解和掌握该类岗位人员工作绩效的主要影响和制约因素，然后将所采集的各种相关数据资料进行整理汇总、归纳总结，找出那些具有共性和相关性的指标，由专家小组进行进一步的筛选，最终确定绩效指标。

（二）座谈讨论法

座谈讨论法是召集有关部门具有一定知识和经验，以及对本类岗位工作比较了解熟悉的人员（参加座谈的人员一般应控制在 5~8 人），围绕"被考核者的工作性质""本岗位工作绩效的表现形式""影响和制约本岗位工作绩效的主要因素"等一系列相关问题展开讨论，通过座谈研讨、集思广益，为绩效指标的确定提供依据。

三、问卷调查法

问卷调查法是采用专门的调查表，在调查表中将所有与本岗位工作有关的要素和指标一一列出，并用简单明确的文字对每个指标做出科学的界定，再将该调查表分发给有关人员填写，收集、征求不同人员的意见，最后确定绩效指标。因此，调查的问题应设计得直观、易懂，调查项目不能过多，要尽量减少被调查者的回答时间，以免降低调查表的回收率和质量。采用问卷调查法设计绩效指标的步骤如下。

第一步，根据绩效考核的目的和对象，查阅岗位说明书，通过必要的现场调查，采集与绩效指标相关的各种数据和资料。

第二步，列出所有影响和制约工作绩效的指标，并进行初步筛选。

第三步，用简洁精练的语言或计算公式，对每个相关指标概念的内涵和外延，做出准确的界定。

第四步，根据调查的目的和单位的具体情况，确定调查问卷的具体形式、所调查的对象和范围，以及具体的实施步骤和方法。

第五步，设计调查问卷。将需要调查的内容，以一定的格式编制成问卷。对于调查问卷中所提的问题、问题的回答方式、答题次序等都要慎重考虑。调查问卷按回答问题的方式可分为封闭式问卷和开放式问卷：封闭式问卷的题型可分为是非题、选择题、计分题和排列题；开放式问卷并没有标准答案，被调查者可按照自己的意愿自由回答。

第六步，发放调查问卷。通过一定的渠道将调查问卷分发给被调查者，选择的渠道应是可靠的。

第七步，回收调查问卷，进行整理汇总和统计分析，取得最后的调查结果。

四、经验总结法

概括来讲，运用经验总结法确定绩效指标是指根据特定时期的用人政策、本单位的具体情况，以及考核单位所积累的经验来确定考核指标，或者参照总结一些较为权威的绩效指标体系以及同行业单位人员绩效考核的经验，再结合本单位的情况以及考核目的来确定。经验总结法可以分为个人总结法和集体总结法。

个人总结法是指请人力资源管理专家或由人力资源部的员工回顾过

去的工作情况，通过分析最成功或最不成功的决策案例来总结经验，并以此为基础设计考核指标。

集体总结法是指请若干名人力资源管理专家或企业内各有关部门的管理者6~10人，集体回顾过去的工作情况，分析表现优秀的员工和表现较差的员工之间的差异，列出考核的常用指标。

第三节 定量指标设计

一、定量指标的定义

定量指标是可以准确定义数量、精确衡量并能设定绩效目标的考核指标。定量指标分为绝对量指标和相对量指标两种，其中绝对量指标可以是长度、质量、时间以及其他数量，相对量指标可以是任何同单位数量的比值。

定量指标由5个要素构成，即指标定义、评价标准、信息来源、绩效目标和绩效考核者。指标定义就是对指标的详细解释及如何计算的说明。评价标准是如何计算绩效考核指标得分的详细条款。信息来源是指绩效考核信息来自何处。绩效目标是在考核期间应该达到的指标数值。绩效考核者是指由谁负责制定绩效目标并实施考核。

定量指标的5个要素中，评价标准和绩效目标是相互关联的，且这5个要素会影响到定量指标的合理性和有效性。此外，在进行绩效考核时要选择合适的评价方法，以使考核结果公正、公平，实现有效激励。

二、定量指标的特点

在定量评价体系中，各指标的评价基准是衡量该项指标是否符合企业生产、经营、服务工作的基本要求。总体来讲，定量指标是以数量表达的形式来展现的。定量指标主要有4个特点，具体见表3-2。

表 3-2　　　　　　　　　　定量指标的特点

特点	具体释义
客观性	定量指标是通过数据来展现的，没有掺杂人的主观因素
简洁性	定量指标以数据形式展现，表达直观、简洁
清晰性	定量指标在内容表达上更清晰，可以让员工对自己的绩效考核指标更加清楚
规范性	定量指标以数据形式展现，更加规范、严谨

三、定量指标的提取

提取定量指标是定量指标设计的关键步骤之一。

（一）明确指标标准的基准点和等级间的差距

1. 指标标准的基准点

在定量指标体系中，各指标的基准值是衡量该项指标是否符合生产基本要求的评价基准，其本质是所预期的标准水平的位置，一般处于衡量尺度的中央。

在基准点的确定中，要与"中"的位置进行区分，中点是绩效考核的位置。如销售员销售指标的制定，通常以上一年的销售量作为基准点，本年度超出基准点的销售量为增量，考核中一般习惯把最大增量与基准点之间的中点作为"中"的位置。

2. 指标标准的等级差距

指标标准的等级差距有两种，一是尺度本身的差距，二是每一尺度差所对应的绩效差距。它们可以是等距的，也可以是不等距的。至于绩效标准设计成等距还是不等距的，要根据具体情况确定。一般来说，指标标准的上行差距越来越小，而下行差距越来越大。这是因为，从绩效基准点提高绩效的难度越来越大，而在基准点以下，人们努力的边际效益比较大。

(二)确定定量指标的提取角度

格里波特在1992年提出了绩效管理四分法,即从成本、时间、质量及数量四个角度来衡量绩效。根据定量指标的定义,对定量指标的提取也可以采用四分法。

1. 从成本角度提取定量指标

这一类指标主要是财务类指标,具体包括生产成本(如单件产品成本、单件产品人工费、人工费用占产值比率等)、库存成本、销售成本、运输成本、物料消耗成本等成本项目以及费用项目。这一类指标主要是对企业、企业的部门、部门主管,以及与成本相关的岗位进行考核。

2. 从时间角度提取定量指标

这一类指标主要是那些与时间、效率、速度相关的效率类指标,具体包括生产计划完成及时率、原材料采购及时率、项目完成及时率、响应时间、人均小时产能、产能利用率等。这一类指标对所有部门、员工均适用,因为每一项工作都有时间限制和效率要求。各部门和人员必须提高效率,按时完成工作。

3. 从质量角度提取指标

这一类指标主要是那些与质量、效果等相关的指标,主要包括两个方面:一方面是产品质量,如合格率、废品率、返工率等;另一方面是工作质量,如正确率、出错率、客户满意度、投诉次数、某项活动的效果等。

4. 从数量角度提取指标

这一类指标主要有3类:一是与企业经营效益相关的效益类指标,如利润、利润率、市场占有率等;二是与生产、销售等生产经营活动产出相关的指标,如销售额、销售量、产量、产值等;三是其他硬性约束的指标,如人均培训时间、员工流失率、关键岗位流失率等。

(三)选择定量指标的提取方法

1. 直接提取法

直接提取法即从已经量化的指标中选取。选取的标准是:能反映工作成果或者工作业绩，或者能说明某种量或程度。

2. 间接转化法

将质量、成本、时间、行动等间接的指标，转化为量化的指标，使得指标比较明确、易考核。

3. 经验赋值法

根据长期的经验，赋予某种考核指标一个值，这个值比较接近于真实的情况。

4. 数学计算法

采用回归分析、概率统计等方法，通过数学计算，获得一个量化的考核指标值。

5. 历史数据法

用历史数据为某个考核指标赋值。

6. 分值赋予法

对于一些不太容易量化的考核内容，直接采用分值的方式，通过分值的量化，把定性的考核指标转化为定量的考核指标。

（四）编制定量指标表

定量指标表在编制上同样遵循了部门目标分解表编制的原则、要求和步骤。定量指标表在编制过程中最重要的是内容的设置。编制定量指标表主要考虑定量指标的5个要素，也可以根据具体情况减少或添加，其中的绩效目标一般会直接体现在评价标准中。表3-3所示为定量指标表的模板，表3-4所示为某企业区域销售经理绩效考核指标一览表（部分）。

表3-3　　　　　　　　　定量指标表模板

绩效指标	指标定义	评价标准	信息来源	绩效考核者
备注说明				

表 3-4　　某企业区域销售经理绩效考核指标一览表（部分）

绩效指标（分值）	指标定义	评价标准	信息来源	绩效考核者
销售计划完成率（20）	当月实际完成销售额 ÷ 当月计划销售额 × 100%	绩效目标值为 100%；每差 1%，扣 0.5 分；完成率≤60%，此项得分为 0	财务部销售部	区域销售总监
新产品销售收入比（10）	新产品的销售收入 ÷ 本期实际销售收入 × 100%	绩效目标值≥40%；每差 1%，扣 0.5 分；完成率≤20%，此项得分为 0		
销售毛利率（10）	销售毛利 ÷ 实现的销售收入 × 100%	绩效目标值为 15%；每差 1%，扣 1 分		
货款回收率（15）	当月实际回收额 ÷（本期到期应收额 + 上期期末余额）× 100%	绩效目标值≥70%；每差 1%，扣 1 分		
销售费用率（10）	销售费用 ÷ 总销售额 × 100%	绩效目标值≤6%；6%<绩效指标值<10%时，每高出目标值 1%，扣 2 分；绩效指标值≥10%，此项得分为 0		
重点客户开发计划完成率（10）	实际完成重点客户开发数量 ÷ 计划重点客户开发数量 × 100%	绩效目标值为 100%；每差 1%，扣 1 分；完成率≤80%，此项得分为 0		

第四节　定性指标设计

一、定性指标的定义

有些指标虽然可以明确定义，也是某些行为的结果，但这些指标却不能精确衡量也无法以数量形式量化，比如工作疏忽错误、工作完成及时性等。这时，就需要采用定性指标了。

定性指标是指企业无法通过直接的数据，对考核内容进行计算、分析与评价，而是需要对评价对象进行客观描述以及分析，进而反映评价结果的指标。

定性指标的构成要素与定量指标相同，包括指标定义、评价标准、信息来源、绩效目标和绩效考核者 5 个部分。与定量指标的差别在于，其绩效目标是定性的描述而不是定量的精确数字。

二、定性指标的特点

定性指标一般可分为管理类、技能类和素质类 3 类，其特点主要包括下列 3 个方面。

（1）定性指标多用语言进行描述，多用于无法用具体数字衡量的情形。

（2）定性指标决定定量指标的方向和重点。

（3）定性指标的评价往往会带有考核者的主观倾向。

三、定性指标的提取

定性指标主要通过将访谈法和经验总结法结合起来进行提取。具体来讲，定性指标的提取主要通过对分管领导、各职能部门、下属分公司的调研和访谈，了解被考核部门与被考核者工作流程中起重要作用的关键点和典型工作行为表现，对一些重要的却无法量化的指标如工作态度、工作效率、工作支撑等进行定性描述。

因此，在提取定性指标时，首先要梳理企业的业务流程，谁承担业务流程中具有关键作用的环节或节点的责任，谁就承担相应的考核指标。也就是说，定性指标的提取不仅要求流程体系比较完善，还要求相关人员对业务流程比较熟悉。

定性指标要做到精确，就要最大限度地避免笼统和模糊，一种有效的思路就是"往下细分"，首先找出关键性的大的绩效考核定性指标，然后再将大的定性指标进行细分，针对每个方面制定具体的可衡量的考核标准。

（一）确定定性指标的考核维度

企业绩效考核的定性指标考核维度一般包括8个方面，即战略管理、发展创新、经营决策、风险控制、基础管理、人力资源、行业影响、社会贡献。

1. 战略管理考核

战略管理考核主要反映企业所制定的战略规划的科学性、战略规划是否符合企业实际、员工对战略规划的认知程度、战略规划的保障措施及其执行力，以及战略规划的实施效果等方面的情况。

2. 发展创新考核

发展创新考核主要反映企业在经营管理创新、工艺革新、技术改造、新产品开发、品牌培育、市场拓展、专利申请及核心技术研发等方面的措施及成效。

3. 经营决策考核

经营决策考核主要反映企业在决策管理、决策程序、决策方法、决策执行、决策监督、责任追究等方面采取的措施及实施效果，重点反映企业是否存在重大经营决策失误。

4. 风险控制考核

风险控制考核主要反映企业在财务、市场、技术、管理、信用及道德等方面的风险管理与控制措施及效果，包括风险的控制标准、评估程序、防范与化解措施等。

5. 基础管理考核

基础管理考核主要反映企业在制度建设、内部控制、重大事项管理、信息化建设、标准化管理等方面的情况，包括财务管理、对外投资、采购与销售、存货管理、质量管理、安全管理、法律事务等。

6. 人力资源考核

人力资源考核主要反映企业在人才结构、人才培养、人才引进、人才储备、人事调配、员工绩效管理、分配与激励、文化建设、员工工作热情等方面的情况。

7. 行业影响考核

行业影响考核主要反映企业主营业务的市场占有率、对国民经济及区域经济的影响与带动力、主要产品的市场认可程度、是否具有核心竞争能力及产业引导能力等方面的情况。

8. 社会贡献考核

社会贡献考核主要反映企业在资源节约、环境保护、吸纳就业、工资福利、安全生产、上缴税收、商业诚信、和谐社会建设等方面的贡献程度和社会责任的履行情况。

（二）针对考核维度制定评价标准

为了使绩效考核具有可操作性，企业必须为各考核维度制定评价标准。评价标准制定方法主要有加减分法、等级描述法及积分评语法等。

1. 加减分法

定性指标的加减分法主要适用于在工作中可能出现差错、疏忽以及对工作有及时性要求等方面，具体示例见表3-5。

表3-5　　　　　　　　加减分法示例

绩效指标	指标定义	评价标准	信息来源	被考核者
劳动合同签订的及时性	按规定与新入职员工及需要续签的员工签订劳动合同的及时性	新员工入职后一周之内未签订劳动合同，一次扣5分；续签劳动合同者未提前一周签订，一次扣5分，扣分幅度10分	直接上级员工	人力资源部

2. 等级描述法

等级描述法是对工作成果或工作履行情况进行分级，并对各级用数据或事实进行具体和清晰的界定，据此对被考核者的实际工作完成情况进行评价的方法，具体示例见表3-6。

表 3-6　等级描述法示例

绩效指标	评价标准
报告编写的质量	合格标准：报告的编写基本符合企业要求，内容比较全面和规范，经过 1 次修改即可得到认可，＿＿＿＿＿分
	良好标准：报告编写完全符合企业要求，内容严谨，几乎不需要修改，＿＿＿＿＿分

3. 积分评语法

积分评语主要有两个来源：一个是被考核者的直接上级对被考核者的能力及工作成果进行评价；另一个则是被考核者的同级及下级对被考核者进行评价。积分评语法具体示例见表 3-7。

表 3-7　积分评语法示例

绩效指标	指标定义	评价标准				信息来源
用人能力	（1）掌握本部门人员的特点，合理安排工作 （2）能够注意培养人才 （3）能够识别人才，知人善任 （4）员工之间和睦相处	10~8 分	7~6 分	5~4 分	3~0 分	上级领导人力资源部

（三）编制定性指标表

定性指标表与定量指标表编制原则、要求及步骤相同，所包含的内容也是 5 个要素，绩效考核者可以根据具体情况进行调整，使其更加符合企业绩效考核的需要。表 3-8 所示为定性指标表的模板，表 3-9 所示为某企业招聘主管绩效考核的定性指标表（部分）示例。

表 3-8　定性指标表模板

绩效指标	指标定义	评价标准	信息来源	绩效考核者
备注说明				

表 3-9　某企业招聘主管绩效考核的定性指标表（部分）示例

绩效指标（权重）	指标内容（权重）	评价标准	信息来源	绩效考核者
计划管理（20%）	年度人员招聘计划编制的合理性（5%）	年度人员招聘计划是否符合企业年度发展战略规划	人力资源部	人力资源部经理
	建立和完善招聘流程和招聘体系（10%）	招聘管理制度出现遗漏或失误的次数不超过2次		
	招聘前期准备工作的有效性（5%）	因准备不充分而影响招聘工作正常进行的次数不超过2次		
内部运营（5%）	处理应聘者投诉、争议的有效性和及时性	未及时对应聘者投诉及有关争议做出有效处理的次数每季度不得超过2次		

第五节　关键绩效指标的确定

一、关键绩效指标确定依据

关键绩效指标是用来衡量某一职位人员工作绩效表现的量化指标，它来自对企业总体战略目标的分解，反映最能有效影响企业价值创造的关键驱动因素。

关键绩效指标是连接个体绩效和组织目标的桥梁，是针对能够对组织目标起增值作用的工作来设定的，它应该是可以量化的；如果确实难以量化，那么也必须是可行为化的。基于这样的关键绩效指标对绩效进行评价，就可以保证让真正对组织有贡献的行为受到鼓励。

关键绩效指标是从众多的绩效考核指标体系中提取的重要性和关键性指标，它不但是衡量企业战略实施效果的关键性指标，也是试图确立起的一种新型的激励约束机制。

关键绩效指标的确定主要包括4个途径，即以成本为依据确定、以环节为依据确定、以价值为依据确定及以危害为依据确定。

（一）以成本为依据确定

企业经营的目的是获取利润，降低成本是企业提高利润水平的重要途径。以成本为依据确定关键绩效指标是与企业经营目的联系最密切，也是企业最常用的方法。

1. 成本考核的定义

成本考核是指定期通过成本指标的对比分析，对目标成本的实现情况和成本计划指标的完成情况进行全面的审核和评价。

2. 成本考核指标的分类

（1）从使用价值和价值角度分类。从使用价值和价值角度来看，成本考核指标可以划分为实物指标和价值指标。实物指标是从使用价值角度来看，按照物品的自然单位表示；而价值指标是以货币为统一尺度表示的指标。在成本考核指标中，实物指标是基础，价值指标是一种综合性指标。

（2）从数据基础分类。以考核指标的数据基础为准，成本考核指标可以划分为数量指标和质量指标。数量指标是反映企业在一定时间内某一工作数量的指标，如生产成本、生产费用、产量等；质量指标是反映企业在一定时间内的工作水平或质量的指标，如单位成本、生产成本降低率等。

（3）从指标范围分类。根据指标的范围，成本考核指标可以划分为单项指标和综合指标。单项指标是反映成本变化中某一个侧面的指标，如某一产品的单位成本；综合指标是整体反映成本的指标，如总成本、总费用等。

3. 以成本为依据进行考核的步骤

（1）编制和修订各部门或各岗位的责任成本预算。责任成本预算是在企业发展战略条件下，根据预定的生产量、生产消耗标准和成本标准，运用弹性预算法、历史成本推测法和期望法等方法编制的各部门或各岗位的预定责任成本。

当企业的内外部环境发生变化时，管理者应不断地修订产品生产消耗的成本标准和各部门或各岗位的责任成本，以适应环境的变化。

（2）确定成本考核的指标。以成本为依据确定的关键绩效指标主要集中于目标成本完成情况，包括目标成本降低额和目标成本降低率两个指标，其公式如下：

$$目标成本降低额 = 预算成本 - 实际成本$$

$$目标成本降低率 = 目标成本降低额 / 目标成本 \times 100\%$$

目标成本降低额和目标成本降低率是相辅相成的，因此绩效考核时必须综合考核两个指标的结果。

（3）业绩评价。成本通常可以分为可控成本和不可控成本，其中可控成本是指成本部门知道并能有效预测将发生什么性质的耗费，成本部门有办法计量该项耗费，并能够控制和调节该项耗费。不符合这3项条件的成本即为不可控成本。

对于可控成本，绩效考核者还应将其划分为固定成本与变动成本两部分分别进行考核。成本考核应以可控成本作为重点，相关部门负责编制绩效考核报告，据此使各部门负责人全面了解与其有关的成本。

（二）以环节为依据确定

以环节为依据确定关键绩效指标，可以从两个层面理解。

1. 依据企业管理的各个环节确定关键绩效指标

（1）从管理学角度分析，管理包括计划、组织、领导、控制4个部分。

计划职能是对未来活动进行的一种预先的谋划，其内容包括研究活动、条件决策、编制计划等。

组织职能是为实现组织目标，确定每个组织成员在工作中的合理的分工协作关系的过程，其内容包括设计组织结构、人员配备、组织运行、组织监督等。

领导职能是管理者利用组织所赋予的权力指挥影响和激励组织成员为实现组织目标而努力工作的过程，其内容包括指挥职能、协调职能、激励职能等。

控制职能是保证组织各部门各环节按预定要求运作从而实现组织目标的一项管理活动，其内容包括拟订标准、寻找偏差、下达纠偏指令等。

也就是说，根据管理的各个环节确定的关键绩效指标包括计划能力、组织能力、领导能力（指挥能力、协调能力），以及控制能力等重要指标。

（2）根据企业管理的层级确定关键绩效指标。企业管理的层级包括高管级别、部门经理级别、主管级别及员工级别，可根据各个级别管理的内容确定关键绩效指标。

2. 依据企业业务流程环节确定关键绩效指标

企业业务流程包括技术研发管理流程、人力资源管理流程、市场营销管理流程、销售工作流程等，各项业务又有不同的工作环节，企业可以结合各业务流程及其不同工作环节确定关键绩效指标。如企业人力资源管理业务，包括人力资源规划、招聘、培训、绩效考核、薪酬管理及员工关系管理6个环节，企业对人力资源部门关键绩效指标的提取就可以依据这6个环节进行。

（三）以价值为依据确定

企业价值链是由企业的基本活动和支持性活动构成的。企业的基本活动包括生产、销售、进料后勤、发货后勤、售后服务等，涉及人力资源、财务、计划、研究与开发、采购等支持性活动。企业价值链上并不是每项活动都能够产生价值，只有个别活动才会真正产生价值。所以，通过价值确定企业的关键绩效指标必然也是根据价值链上能够创造价值的活动进行分析的。

对于企业来讲，价值的重点就是利润，能够创造更多利润的活动才是有价值的。因此，以价值为依据确定的关键绩效指标主要就是利润、成本、销售总额等财务指标。

（四）以危害为依据确定

以危害为依据确定关键绩效指标主要适用于生产制造行业、环保行业等。例如，在生产制造行业中，有些企业会对周围环境造成严重的影响，如空气污染、水资源污染等，因此必须将环境危害情况列入企业的绩效当中。

二、关键绩效指标确定原则

企业选择关键绩效指标时应当遵循5项原则，即整体性与增值性原则、结果性与行为性原则、关联性与可控性原则、定量化与定性化原则、SMART原则。

（一）整体性与增值性原则

企业在选择关键绩效指标时，应特别注意整体性与增值性原则，这是因为关键绩效指标是通过对企业整体价值创造以及工作业务流程的分析得到的，而且关键绩效指标在设计和实施过程中需要找出影响程度较大、具有增值性的若干指标。

1. 整体性

关键绩效指标必须是一个完整的用于管理被考核者绩效的定量化、行为化的指标和标准体系。

关键绩效指标作为绩效考核的指标与标准的结合体，它必须是可以定量化的，如果关键绩效指标难以定量，那它也应该是行为化的。如果定量化和行为化这两个特征都不具备，那么就无法对组织或员工个人的绩效进行评价。

2. 增值性

关键绩效指标作为一个完整的指标和标准体系，其对企业的发展具有举足轻重的作用，能对企业整体价值和业务重点产生重要的影响，使组织目标不断增值。

同时，关键绩效指标还是个体绩效与组织绩效的一个连接体。关键绩效指标是针对给组织目标增值的工作产出而设定的指标，基于关键绩效指标对绩效进行管理，就可以保证员工个人的良好行为受到鼓励，对组织的贡献受到褒奖。

（二）结果性与行为性原则

关键绩效指标应当是结果性与行为性的结合，在设计时应考虑被考核者的工作过程和工作结果。

1. 结果性

一般来说，结果性的关键绩效指标体系首先是设定一个衡量工作成果的标准，然后将考核结果与考核标准进行对照。关键绩效指标采用结果性的效标，注重的是员工或组织的产出和贡献，即工作业绩。

2. 行为性

关键绩效指标体系采用行为性的效标，重点考核员工的工作方式和工作行为。关键绩效指标的行为性适用于对管理性、事务性的工作进行考核，特别是对人际交往频繁的工作岗位尤其重要。

（三）关联性与可控性原则

关键绩效指标是针对员工或组织内团队工作流程中产生的职责要项或者关键节点而选择的指标。关键绩效指标体系中每个指标都具有一定的关联性或可控性，企业在选择关键绩效指标时，应注意把握关联性与可控性原则。

1. 关联性

关键绩效指标体系中的指标之间在时间和空间上具有相互依存性，不但有利于组织和员工个人绩效目标的确定、实施、监控和评估，也有利于各级主管与下属员工围绕工作期望、工作表现、工作成果和未来发展等方面的问题进行沟通，促进组织和员工绩效水平的不断提高。

2. 可控性

关键绩效指标体系的结构和内容，不但应当在相关岗位人员可以控制的范围之内，而且指标的先进与落后，其数值的大小或高低，也都应当限定在员工通过积极努力、认真工作可以达到的水平上。如果关键绩效指标的指标标准体系设置过高或不合理，就会失去绩效考核在激励鞭策员工方面的真正意义。

（四）定量化与定性化原则

企业在选择关键绩效指标时，应注意遵循定量指标和定性指标相结合的原则。同时，企业合理的关键绩效指标考核体系也是定量指标和定性指标的有效结合。

关键绩效指标考核的是某项工作活动的过程和结果，如果工作过程和工作结果可以用数量来衡量，就可以选用定量指标。为确保定量考核结果的客观、公正，企业在实施绩效考核工作时，应尽量采取民主的方式确定量化考核指标，并根据客观情况的变化，对考核指标不断地修改和完善。

如果工作过程和工作结果难以衡量或获取成本很高时，应考虑考核工作过程中的关键行为，这样的指标一般是定性指标。为确保定性考核结果的准确、客观，企业应尽量将绩效考核指标细化为多个考核维度，并针对考核维度，制定明确的考核标准。

（五）SMART原则

关键绩效指标的确立有一个很重要的原则，即SMART原则，其具体内容如下。

1. 明确的、具体的

明确的、具体的原则是指绩效指标要切中特定的工作目标，不是笼统的，而应当适度细化，并且随情境变化而发生变化。

2. 可度量的

可度量的原则是指绩效指标或者是数量化的，或者是行为化的，同时需验证这些绩效指标的数据或信息是可以获得的。

3. 可实现的

可实现的原则是指绩效指标在付出努力的情况下可以实现，主要是为了避免设立过高或过低的目标，从而失去了设立该考核指标的意义。

4. 现实的

现实的原则是指绩效指标是实实在在的，可以通过证明和观察得到，而并非假设的。

5. 有时限的

有时限的原则是指在绩效指标中要使用一定的时间单位，即设定完成这些绩效指标的期限，这也是关注效率的一种表现。

三、关键绩效指标提取方法

关键绩效指标的提取要通过对组织架构与部门职能的理解，对企业战略总目标进行分解。在分解的同时要注意根据各个部门的职能对分解的指标进行调整补充，并兼顾其与部门分管上级的指标关联度。

下面具体介绍标杆基准法、关键成功因素法、鱼骨图分析法与头脑风暴法4种提取关键绩效指标的方法。

（一）标杆基准法

1. 标杆基准法的内涵

标杆基准法，又称为标杆法、标杆分析法、基准分析法、水平对比法等，是一种不断选择强有力的竞争对手或者某一方面最优的企业，以其产品的性能、质量管理、售后服务等各方面作为标杆，通过收集资料、分析比较、跟踪学习等一系列规范化程序，采取改进措施，提高竞争力，从而实现超越标杆企业的良性循环的管理方法，是一种面向实践、面向过程的管理方式。标杆基准法可以迅速准确地抓住行业竞争的关键因素，推动企业进步。

标杆基准法是企业将自身的关键绩效行为，与那些在行业中领先的、最具影响力的或最具竞争力的企业的关键绩效行为进行深入全面的比较研究，探究这些标杆企业绩效形成的原因，在此基础上建立企业可持续发展的关键绩效标准，并提出改进员工绩效的具体程序、步骤和方法。

2. 标杆基准法的应用条件

标杆基准法实施时必须结合企业的当前环境，其应用条件有以下3个方面。

（1）访问成本支持，即需要承担住宿费用、旅行费用、餐饮费用、礼品费用以及损失的劳动成本等。

（2）时间成本支持，即标杆分析团队成员要投入大量时间，研究关联问题以及执行标杆分析。因此，需要有替代人员在项目期间，执行他们的正常工作任务。

（3）信息成本支持，即需要创建并维护一个包含最佳实践以及最佳实践公司信息的数据库。

3. 标杆基准法的应用步骤

企业的内外部环境、发展现状以及各类绩效指标存在不同程度的差异，但在具体应用标杆基准法时，一般都包括以下5个步骤。

（1）确定要进行标杆分析的具体项目，即确定在绩效方面进行标杆分析。

（2）选择绩效标杆。通常以赶超竞争对手和行业领先企业的关键绩效指标作为首选的标杆对象。

（3）收集分析绩效标杆数据，包括本企业的绩效情况和标杆绩效的情况。分析绩效数据必须建立在充分了解企业当前工作绩效状况以及标杆绩效状况的基础之上，绩效数据应具有针对性。

（4）确定实现方案。找到绩效差距之后，确定需要缩小差距的绩效流程与实现方法，以相关的行动目标和行动措施，将系统、行动融合到企业的绩效工作中去。

（5）实施方案并跟踪结果。根据标杆分析确定实现绩效方案，完成方案实施或评估工作。

4. 选择标杆企业的作用和注意事项

选择标杆企业作为对比的基础很有必要，它有利于企业设定目标、明确方向、找出差距、确定重点、改进工作。

但是，在关键绩效指标的具体设计上，除应当考虑选择什么样水平的企业作为参照之外，还应该充分考虑企业所处的发展阶段，以及自身的生产、经营、技术和组织特点。

在行业中居于领先地位、具有很强竞争力的标杆企业，由于它们所处的发展阶段、面临的竞争环境、自身技术业务状况和管理水平等方面的条件各不相同,因而这些标杆企业所设定的关键绩效指标会存在很大的差异,如果一味地模仿,很容易使向其学习的企业误入歧途。

(二)关键成功因素法

1. 关键成功因素法的内涵

关键成功因素法涵盖了绩效,并与企业的日常活动、企业的战略相联系。一般而言,关键成功因素是企业绩效方面的若干重大问题,决定了企业的持续健康发展、生命力和前景。

对企业关键成功因素的认知、沟通和进展评价是企业管理的关键之处。美国学者戴维·帕门特指出了解企业的关键成功因素主要有以下意义。

(1)能够引导企业确定主导性的关键绩效指标。

(2)能够使员工认识工作的有效顺序,使得员工的日常工作与企业的战略联系起来。

(3)与关键成功因素不相关或是对它们产生非重要影响的评价指标往往会被淘汰。

关键成功因素法就是通过多方面信息的采集和处理,寻求一个企业成功的关键点,弄清企业克敌制胜的根本原因,并对企业成功的关键点进行跟踪和监控。

2. 关键成功因素法的基本思想

关键成功因素法的基本思想是:通过分析企业获得成功或取得市场领先地位的关键因素,提炼出导致成功的关键绩效模块,再把关键绩效模块层层分解为关键要素。为了便于对这些要素进行量化评价与分析,还必须将这些要素细分为各项具体的指标,即提炼出关键绩效指标。

实践表明,不论企业的规模多大,它的关键成功因素都应该限制为 5~8 个。如果企业正确地找到关键成功因素,那么就能很轻松地提炼出主导性的关键绩效指标。

运用该方法设立关键绩效指标,首先要分析达成该目标的影响因素,然后选出其中最关键的若干因素,再针对这些影响因素的衡量指标确定关键绩效指标。

3. 关键成功因素法的运用步骤

第一步，分析达成目标的关键成功因素；第二步，寻找评价关键驱动因素的衡量指标；第三步，寻找下一层关键成功因素；第四步，寻找评价下一层关键驱动因素的衡量指标。其中，在寻找关键成功因素时可以通过关系映射的方法，即将所有的成功因素都展示在一个大的白色书写板上，并且画出它们之间的联系，标出哪些成功因素受其他成功因素的影响。需要注意的是，在利用箭头显示向内和向外的关系方向时，应正确地标注箭头的方向。其中，被最多的外向方向箭头标示出来的成功因素是最有影响力的因素，更容易成为关键成功因素。

（三）鱼骨图分析法

鱼骨图分析法是用鱼刺图形的形式分析特定状况以及它产生的可能原因，并把它们按照一定的逻辑层次表示出来的一种管理工具。具体的表现形式是将问题的现象列在右边，产生问题的可能原因分别列在鱼骨刺上。

1. 适用范围

对于工具而言只有适合或不适合，没有好坏之分，每一种工具都有其使用的目的和适用的情况。鱼骨图不是一个人去绘制，而是通过团队的合作完成的。团队的合作是这个工具的基础，也就是说，该工具适用于合作密切的企业。

2. 运用须知

（1）鱼骨图的类型。鱼骨图根据应用的目的不同，分为整理问题型、原因型、对策型3种不同的类型，具体含义见表3-10。

表3-10　　　　　　　　鱼骨图的类型划分

类型划分	具体解释
整理问题型鱼骨图	各要素与特性值间不存在原因关系，而是构成关系，对问题进行结构化整理。绩效目标的设定就属于此类型
原因型鱼骨图	鱼头在右，特性值通常以"为什么……"来表达
对策型鱼骨图	鱼头在左，特性值通常以"如何提高、改善……"来表达

（2）鱼骨图分析法的功能。鱼骨图分析法与其他分析方法相比较，其优势主要体现在以下3个方面。

①鱼骨图分析法要求团队合作，有助于目标达成的一致性，降低了目标执行的障碍。

②采用鱼骨图分析法，整个目标分解过程更加清晰，便于及时查缺补漏。

③鱼骨图分析法要求分解的子目标与业务流程相结合，从而使整个目标的设定过程与企业业务紧密联系在一起，分解的目标也更加切合实际，具有可操作性。

3. 运用程序

鱼骨图分析法的实施分为4个阶段，包括确定组织总体战略目标、分解战略目标为子目标、建立子目标与业务流程的关系及分解主要业务流程的关键绩效指标。

（1）确定组织总体战略目标。鱼骨图分析法的前提条件是在鱼骨图的主骨上标明企业的战略发展目标，以此为主线，作为进一步分析的基础。

（2）分解战略目标为子目标。人力资源管理人员及其他团队成员将企业战略发展目标分解为主要支持性子目标，一般包括市场份额、利润增长、客户服务、成本控制、人员流动等子目标。

（3）建立子目标与业务流程的关系。在组织的主要业务流程与子目标之间建立关联，如与人员流动这一子目标挂钩的业务流程有人员招聘与甄选、员工关系管理、企业文化建设等内容。

（4）分解主要业务流程的关键绩效指标。在企业主要业务流程中再分解出关键绩效指标，如人员招聘与甄选，分解出的关键绩效指标包括电话预约成功率、简历下载数量、入职率等内容。

（四）头脑风暴法

1. 头脑风暴法的内涵

头脑风暴法是最负盛名的促进创造力的技法之一。头脑风暴法又称智力激励法、BS法、自由思考法，是由美国创造学家奥斯本提出的一种创造性思维的方法。

头脑风暴法可分为直接头脑风暴法和质疑头脑风暴法。直接头脑风暴法是在专家群体决策时尽可能激发与会者的创造性，产生尽可能多的设想的方法；质疑头脑风暴法则是对直接头脑风暴法中提出的设想、方案逐一进行质疑，分析其可行性的方法。

头脑风暴法是寻求新的解决自己所面临问题的途径和方法。这种方法就是要克服群体压力，抑制不同意见，鼓励创造性思维的工作方法。

2. 头脑风暴法的原则

头脑风暴法既然是鼓励创新的方法，在其运用的过程中就要遵从以下原则。

（1）自由奔放思考的原则。即要求与会者尽可能解放思想，无拘无束地思考问题并畅所欲言，不必顾虑自己的想法或说法是否"离经叛道""天马行空"或"荒唐可笑"，不准与会者私下交流，以免打断别人正常的思维活动。该原则体现了"创意"需要科学的自由精神和质疑精神。

（2）延迟评判的原则。在提出设想的阶段，只专心提出设想，禁止与会者在会上对他人的设想"评头论足"。至于对设想的评判，留在会后进行。该原则为"创意"的产生提供了一个有利的环境。

（3）以量求质的原则。鼓励与会者尽可能多地提出设想，这样才能从众多的设想方案或主意中，选择最佳方案，或者得到创造性的启发。该原则体现了"创意"的低概率本质，也体现了得到认证的创意的价值。

（4）组合改善原则。该原则鼓励与会者积极进行智力互补，善于利用别人的思想开拓自己的思路，在增加自己的设想的同时，注意思考如何把两个或更多设想组合成另一个更完善的设想。该原则体现了"创意"的继承性和社会性。

3. 头脑风暴法参会人员选取原则

参会人员的选取是头脑风暴法实施的重要环节之一，具体应按照以下3个原则进行选取。

（1）如果参加者相互认识，要从同一职位（职称或级别）的人员中选取。领导人员不应参加，否则可能对参加者造成某种压力。

（2）如果参加者互不认识，可从不同职位（职称或级别）的人员中选取。这时不应宣布参加人员职称或级别，不论成员的职称或级别的高低，都应同等对待。

（3）参加者的专业应力求与所论及的决策问题相一致，专家中最好包括一些学识渊博，对所论及问题有较深理解的其他领域的专家。

第六节 绩效指标量化方法

一、数字量化法

数字量化法是指用数据或百分比指标来量化员工的工作业绩和工作技能。企业可根据自身的特点设计合理的数字量化考核指标体系，实现对员工绩效的动态监管和可视化管理。用数字量化绩效考核指标有两种方式，具体见表3-11。

表3-11　　　　　　　用数字量化绩效考核指标的方式

分类	方法	具体内容
数字量化方式一	数量额	如销售额、利润额、生产产量、产值
	百分比	如计划完成率、达成率、差错率
	频率	如次数、周转速度
数字量化方式二	工作量	如销售额、产量、计划完成率、次数
	工作质量	如合格率、优良率、完好率、通过率、差错率、满意度
	工作效率	如劳动生产率、及时率
	业务管理	如达成率、完成率
	员工管理	如投诉率、出勤率、持证上岗率

数字量化法会涉及计量单位的问题，企业在进行绩效数字量化时，一定要注意计量单位使用的准确性，确保绩效考核的严谨和细致。根据数字指标所反映现象的性质，其计量单位一般有实物单位、价值单位和

劳动单位 3 种。

实物单位是根据事物的外部特征或物理属性而采用的单位，如吨、张、件、米/时等。价值单位也叫货币单位，它是以货币作为价值尺度来计量财产和劳动成果，如销售收入、利润额中的美元、欧元、人民币等货币单位。劳动单位主要用于企业内部计量工业产品的数量，它是用生产工业产品所必需的劳动时间来计量生产工人的劳动成果。

二、质量量化法

质量量化法主要衡量企业各项任务成果及工作实施过程的精确性、优越性和创造性，主要是对包括结构指标、比例指标、平均指标和标志变异指标在内的质量指标进行量化。

（一）结构指标量化

结构指标是各种考核指标的不同搭配和组合。如对企业销售人员的考核，不仅要考核销售收入，更要考核应收账款的比例，如果应收账款比例过高，必然会造成企业成本高，流动资金缺乏。

（二）比例指标量化

比例指标是总体内部不同部分数量对比的相对指标，用以分析总体范围内各个局部、各个分组之间的比例关系和协调平衡状态。它是同一总体中某一部分数值与另一部分数值静态对比的结果。比例指标与结构指标的区别在于，比例指标是同一总体中不同部分的指标数值的对比，而结构指标是同一总体中各组总量与总体总量的对比。

（三）平均指标量化

平均指标便于对同类现象在不同时间、不同空间上进行比较分析，可以综合测定工作质量和工作效率。同时，平均指标可用来估算其他指标。

（四）标志变异指标量化

标志变异指标又称为标志变动度，是反映总体各单位标志值之间差异程度大小的综合指标。标志变异指标说明的是变量的离中趋势，用来研究被考核者绩效的稳定性和均衡性，反映其在不同绩效考核周期内绩效的变化程度。

三、成本量化法

成本量化法是指从成本的角度，细化量化考核工作，落实成本管理责任。这有助于加强组织的成本管理，增强全员成本管理责任意识。

用成本量化的考核指标包括成本节约率、费用控制率、投资回报率、折旧率等。企业在采用成本量化考核指标时，还可以对其进行更进一步的细分，如采购成本中的采购成本节约率，生产成本中的单位生产成本、生产成本下降率，质量成本中的预防成本、鉴定成本、内部损失成本、外部损失成本，物流成本中的配送成本、运输成本、仓储成本等。

四、时间量化法

时间量化法是指企业可从时间维度（即时效性）实现考核指标量化，如完成时间、批准时间、开始时间，最早开始时间、最迟开始时间、最早结束时间，以及最迟结束时间、期限天数、及时性、进度、周期等考核指标。时间量化的主要方法是进度量化。进度量化是指在完成任务过程中对事态发展（时间阶段）进行控制的一种计算方法，通过计算特定时间与行为之间的因果关系，给出结果的分值。

研发型与知识型员工的工作，有一部分绩效是可以用时间进行量化的，如新产品开发周期、服务响应时间、天数、完成期限（如办公设备出现故障必须在规定的时间内予以排除）等，用时间量化考核指标有助于企业对其阶段工作进行有效的控制。

五、结果量化法

结果量化法是指通过一些关键性数字指标对员工工作的"质"和"量"进行全面、客观、公正的综合评价,从而得出考核评价,以此衡量员工工作绩效,并作为确定工资奖金收入、选优评先、职务升降等的直接依据。

对结果的考核,需要事先分析考核指标的目的,了解实现此考核指标最终期望的结果,得到结果表现的细分量化考核指标。用结果量化的考核指标方式,有助于激励员工的工作热情,可有效促进员工主动从"要我干"向"我要干"转变。

六、行动量化法

行动量化法是指从分析完成某项结果出发,明确需要采取的行动,并对各项需要采取的行动设置考核指标的方法。用行动量化考核方法常用于没有具体、明确业务指标的基础管理和业务支持等事务性工作。

用行动量化考核指标的示例如下。

档案资料传递归档及时性

1. 指标界定

该指标考核各种凭证、表单、报告以及合同档案、账簿等公司档案处理传递工作的情况。

2. 考核标准

该项指标满分为10分。

(1) 相关资料未能及时传递到有关岗位,扣减_____分。

(2) 有关资料处理存在疏漏或错误现象,根据实际情况扣减_____~_____分。

(3) 给公司带来损失,该项指标得0分。

另外，对有些工作的考核还需要采用数字、时间、行动量化等组合的方式来进行。例如，信息反馈的有效性，其绩效目标可设定为：在＿＿＿＿分钟内，准确地提供信息；若客户反映的问题不属于自己职责范围内的，应向客户解释说明，并将问题移至相关人员处。

七、标准量化法

标准量化法是指按照国际标准、国家标准、行业标准进行量化考核的过程。

（一）国际标准

国际标准是指国际标准化组织（ISO）、国际电工委员会（IEC）和国际电信联盟（ITU）所制定的标准及其他国际组织制定的标准。

ISO 成立于 1947 年，其宗旨是促进全球范围内的标准化及其相关活动的发展，以便于商品和服务的国际交换，在智力、科学、技术和经济领域开展合作。ISO 通过其下属的技术机构开展技术活动，主要涉及各行各业各种产品（包括服务产品、知识产品等）的技术规范。

（二）国家标准

国家标准是由国家标准化主管机构批准发布，在全国范围内统一使用的技术要求。我国国家标准的制定和修订等工作由国务院标准化行政主管部门统一管理。国家标准的年限一般为 5 年，过了年限后，国家标准就要被修订或重新制定。

（三）行业标准

行业标准由国务院有关行政主管部门制定，报国务院标准化行政主管部门备案。对没有推荐性国家标准、需要在全国某个行业范围内统一的技术要求，可以制定行业标准，如化工、冶金等行业都有行业标准。

第七节　绩效指标库的建设

一、绩效指标库的建设步骤

企业若想建立一套科学、实用、合理且符合企业实际的绩效指标体系，那么绩效指标库是必不可少的。

在建设企业绩效指标库时，企业可参照以下步骤开展各项工作。

（一）确定关键成功因素

在制定考核指标前，企业应首先根据部门的主要职能及岗位人员的主要职责找到关键业绩领域或关键成功因素。

选择关键业绩领域或关键成功因素的标准通常是选择对企业利润影响较大的，或该关键业绩领域波动较大、潜力较大的，或与同行业、同级部门相比绩效差距较大的。

（二）确定指标名称

在找到关键业绩领域或关键成功因素后，企业可以从时间、数量、质量、成本4个方面确定考核指标名称。

在从上述4个方面确定考核指标名称时，企业应注意兼顾这4个方面，寻求一种平衡，以免出现考核指标设定不科学的情况。

（三）定义考核指标

在定义定性指标时，企业应重点定义该定性指标具体考核的行为标准，如果是定量指标，企业需要确定该定量指标的具体计算方式和方法等。

（四）确定考核周期

考核周期需要视考核工作的具体内容而定。如果是经常性的工作，可按月度实施考核；如果是临时组建的项目，可按项目的周期确定考核周期；如果是基层岗位，可实施月度考核，以保证各项工作反馈的及时性；如果是高层岗位，由于其工作成果形成需要较长的周期，需要按季度或年度实施考核。

（五）分级设定考核目标值

设定考核目标值时，企业首先需要对考核指标进行分级设定，如可将目标值设定为基本目标、理想目标和挑战目标，并对各目标值赋予相对应的考核分数，这样可以减少企业员工为完成考核指标而产生的心理压力，同时在一定程度上还可减少考核目标确定过程中的矛盾。

（六）确定业绩考核计算公式

在确定业绩考核计算公式时，对于那些处于不同阶段且难易程度也不同的考核指标，企业可采用分段函数的计算方法计算各部门及岗位的工作业绩，以保证计算结果的公正性及科学性。而对于那些不同阶段难易程度一样的考核指标，企业可采用一个公式计算所有阶段的工作业绩。

（七）标明考核数据来源

考核指标选取设定后，企业还需要确定每个考核指标的来源部门及相关文件，以便于实施绩效考核时向对口部门索取数据。

在绩效考核的管理实践中，许多企业并未建立自己的绩效指标库，有的企业即使建立了自己的指标库，但指标库中的考核指标却不能使用。为此，要建立一套合理的、实用性较强的指标库，企业必须同时对指标库的监督过程进行管理和控制，以确保指标库的实用性。

二、基于胜任力的绩效指标库

哈佛大学教授麦克利兰最早提出了胜任素质的概念。麦克利兰的冰山素质模型对岗位胜任素质的构成要素进行了形象的描述，如图3-1所示。

"冰山水平面"以上部分包括基本的知识、技能,是外在表象,是容易感知、判断、测量与培养的部分,但它不能预测或决定个人是否在工作中会有突出表现。"冰山水平面"以下部分包括价值观、态度、社会角色,自我认知,品质,动机,是人内在的部分(潜能),它与高绩效是相关的。

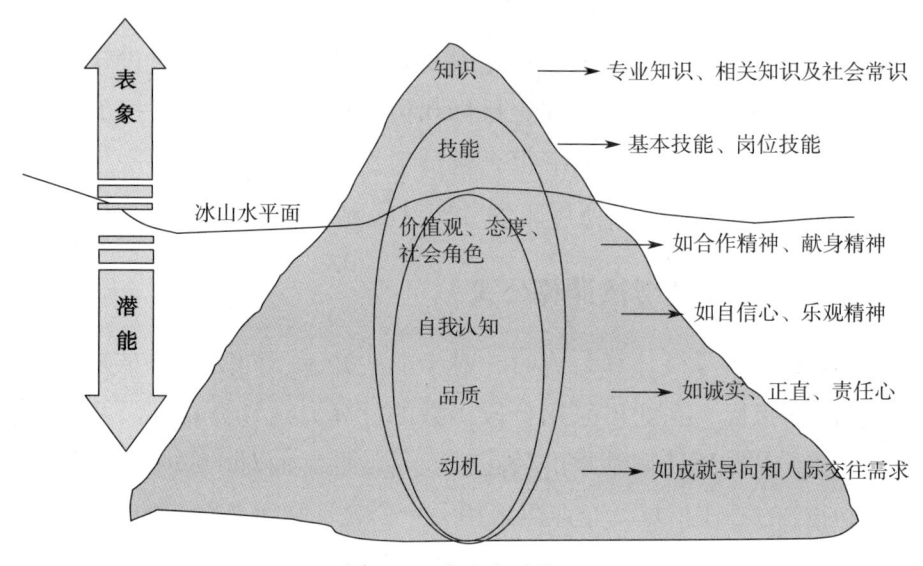

图 3-1 冰山素质模型

根据麦克利兰的冰山素质模型构建的基于胜任力的绩效指标库见表 3-12。

表 3-12　　　　　　　基于胜任力的绩效指标库

指标名称		指标定义
知识	业务专业知识	掌握本专业知识,能够很好地将其运用到工作中,并能通过自身专业性为部门提供可行性建议
	业务相关知识	积极主动获取与本岗位工作相关的知识与信息,并能够将其转化为专业技能
	社会常识	主动了解与本职工作相关的及与企业发展方向相关的社会常识,如宏观经济政策等
技能	基本技能	具有符合岗位要求或超出岗位要求的计算机操作能力、办公软件操作能力、文字编辑能力、信息检索能力等

续表

指标名称		指标定义
技能	岗位技能	熟练掌握并能够应用岗位所要求的技术,且不断寻求技能上的提升
价值观、态度、社会角色	价值观	树立与企业价值观一致的个人价值观
	态度	热爱本行业,工作总是认真负责,积极主动与人配合,全身心投入工作,有献身精神和强烈大局意识
	社会角色	敢于承担自己所担任社会角色的责任和义务,并努力去完成相关任务和使命
自我认知	自我认识	能够客观、全面地评价自己,主动发现自己的不足并努力提升或改正
	自我体验	具有自信心,不自卑、不自傲、不自满
	自我监控	经常自我检查,调整自己的行为,使行为符合群体规范,符合社会道德要求,提高工作效率
品质	思想政治品德	遵守国家法律法规,拥护党的政策、方针和路线
	道德素质	诚实、正直、守信,富有责任心
动机	职业发展目标	具有明确的职业发展目标,并努力提高综合素质以实现职业发展目标

三、基于工作态度的绩效指标库

工作态度是工作能力向工作业绩转换的"媒介",能力虽强但工作态度不端正,也不一定会取得好的业绩。与工作态度相关的指标主要有对工作的负责程度、认真度、努力程度等。具体来讲,基于工作态度的绩效指标库见表3-13。

表 3-13　　　　基于工作态度的绩效指标库

指标名称	指标定义
纪律性	遵守企业各项规章制度,不迟到、不早退,认同、支持和维护组织目标
主动性	即使没有指示和安排,也能主动做好本职工作,并取得一定效果
积极性	即使是困难的工作,也主动承担,积极寻求解决问题的方案,并且完成效果较好

续表

指标名称	指标定义
执行力	快速反应、不折不扣，确保上级领导安排的工作准确无误地执行，服从性较好
敬业精神	以企业大局为重，爱岗敬业，始终保持饱满的工作热情，主动承担上级领导交办的临时任务，积极解决工作中的问题，任劳任怨、勤勤恳恳
责任心	坚决履行自己的职责，敢于承担责任，从不推卸责任，诚实守信，出现问题时明确、合理地落实到相关责任人
约束力	遵守法律法规、社会公德和社会道德规范；尊重他人，随时保持良好职业形象
团队合作	善于与他人合作，并相互支持，充分发挥各自的优势，营造良好的团队工作氛围
客户服务意识	一直关注客户需求的变化，积极进行客户服务创新
协调沟通	重视并乐于人际沟通，愿意与他人建立联系。在遇到沟通障碍时，能够以积极的心态和不懈的努力对待冲突和矛盾

四、基于工作能力的绩效指标库

工作能力是达成或超越预期绩效水平的关键因素，一般常以领导能力、决策能力和沟通能力等指标进行评价。基于工作能力的绩效指标库具体见表3-14。

表3-14　　　　　　　基于工作能力的绩效指标库

指标名称	指标定义
领导能力	善于分配工作与权力并能积极传授工作知识，引导下属完成任务
领导能力	了解他人需求，灵活运用奖励和表彰等方式提高下属积极性，激励下属主动工作
领导能力	能够充分和下属沟通，督导下属的工作进展并及时进行反馈和培训
决策能力	善于收集内外有关信息，决策信息充分，决策依据可靠，决策力强，工作效果显著
决策能力	能透过现象看本质，把握组织面临的挑战和机会，兼顾企业短期和长远目标

续表

指标名称	指标定义
决策能力	善于确定决策时机,提出可行方案,合理权衡,优化选择,决策果断得当
沟通能力	具有出色的谈话技巧,简明扼要,易于理解
沟通能力	能够很好地倾听别人的意见,很快明白其想法和要求
沟通能力	书面表达清晰、简洁,易于理解,能自如地应对不同的读者和不同工作的要求,灵活采用不同的书面表达方式
战略规划能力	具有广阔的视野、敏锐的洞察力和卓越的预见能力,能够洞悉行业的发展趋势,对企业的资源和能力也了如指掌,总能为企业的发展指明正确的方向
创新能力	能从独特的角度看问题,对疑难问题能够提出富于想象力又切实可行的解决办法
创新能力	工作中总是不断地提出新想法、新措施,善于学习,锐意求新,并注意规避风险,而且创新成果的实施效果良好
应变能力	对于突发事件处理得当,能够迅速扭转不利局面
计划和执行能力	具有极强的制订计划的能力,计划周密详细、可操作性强
计划和执行能力	能够按照计划严格执行,对可能出现的问题提前采取预防措施,工作推进顺利
计划和执行能力	时间和资源的利用达到最佳状态,工作效率高,完成任务速度快、质量高、效益好
组织协调能力	完成任务过程中,资源的分配和调动能够做到及时、合理和高效
组织协调能力	保持同各方面的融洽关系,能够成功解决实施过程中出现的冲突或矛盾
分析判断能力	能够对复杂事物做出全面、客观和透彻的分析,切中要害,对问题产生的原因做出判断或预测可能出现的趋势,并总是能够提出切合实际的解决方案
问题解决能力	能够以创造性的方式解决工作中非常复杂的问题
问题解决能力	能够挖掘出问题产生的根本原因,并采取相应的措施以防止同样的问题再次发生,或者能够预见到可能出现的问题,并采取相应的预防措施

五、基于工作成果的绩效指标库

工作成果是对员工执行岗位工作的结果进行的描述，其构成要素主要包括工作质量、工作数量、任务完成度及成本费用等。基于工作成果的绩效指标库具体见表 3-15。

表 3-15　　　　　　　　基于工作成果的绩效指标库

指标名称	指标定义
工作质量	严格按照企业的业务流程进行操作，操作过程中无错误出现
	工作结果达到了标准，且有效、值得信赖
	产品质量符合客户要求，不合格产品率控制在要求的范围之内
工作数量	在规定时间内，业务处理量或数额达到标准或计划内要求的水平
	在一定任务量下，能够准确把握工作速度和时效，或者提前完成工作任务
任务完成度	按照企业战略方针，依照计划目标完成业务，并且成果的质与量均达到要求
成本费用	严格按照预算要求完成既定任务
	在任务执行过程中，能严格把控预算，各阶段费用支出比例分配合理
业务开拓与维持	积极开拓新业务并带来效益
	维持和强化已有业务的成绩，使已有业务能够继续提高企业效益
工作的改进与完善	立足于现实，采用独到合理的方式改进工作

本章自测题

1. 绩效指标设计时应遵循哪些原则？
2. 在设计绩效指标时易陷入哪些误区？
3. 定性指标和定量指标该如何提取？
4. 关键绩效指标的提取方法有哪些？
5. 简述绩效指标库的建设步骤。

第四章　绩效考核标准制定

 学习目标

➢ 了解绩效考核标准的要素和特征
➢ 知晓绩效考核标准的类型
➢ 掌握绩效考核标准制定的要求
➢ 知晓绩效考核标准的表现形式
➢ 掌握绩效考核标准等级划分方法
➢ 了解不同指标绩效考核标准制定方法
➢ 了解绩效考核指标得分标准制定方法

 引导案例

B公司是一家高科技创新型企业，是国内领先的无人机行业应用智能解决方案供应商，以计算机视觉为核心技术。公司最近推行了新的绩效考核制度，但遇到了一些困难。

李某是B公司的一名研发人员，双学位的学历背景，且拥有较高的专业技术水平。但是李某比较散漫，是公司各种规章制度

实施的"困难户"。

在此次推行的绩效考核中,李某再一次"撞到枪口上"了。公司将工资划分岗位工资、绩效工资和效益工资3个部分,新的绩效考核制度是根据员工月度工时和工作完成情况对其进行考核,考核结果与工资中的岗位工资和绩效工资挂钩。员工月度工时是根据员工每天在信息系统上填写的工作安排和其直接上级对员工工作安排工时的核定来累计的,员工的工作完成度也是直接上级对员工本月任务完成情况的客观反应。上个月月末,公司人力资源部绩效专员朱某根据信息系统提供的数据,发现李某上个月的工时离标准工时差距很大且其工作完成度也偏低,经过计算后,对李某上个月工资中的岗位工资和绩效工资扣减几百元。

李某收到工资之后,查看工资明细发现数额减少,很不理解,提出了几点质疑:

1. 工作安排不是自己的错误,是直系领导没有及时发布任务;

2. 没有完成相关的经济目标责任不应全部由他承担,这和整个公司的团队实力有关;

3. 自己的工作成绩和同岗位的同事相比要好,但是收到的工资却比同事少,这不公平。

带着一身怨气的李某直接去了公司总经理办公室,找总经理赵某进行沟通。经过沟通之后,赵某了解了整个事情的来龙去脉。

李某认为考核不公平。他的这一看法产生于考核过程中的责任归属问题,对于考核结果横向比较的内容公平性感到不满,他认为他的上级有不可推卸的责任。

朱某认为新推出的考核方案让管理部门的工作人员感到有压力。朱某对李某一直都有"惜才"的心理,对于李某平时的一些表现，也仅仅是"点到为止"。对于根据系统计算出的考核结果，朱某也非常吃惊，并且面对这样的结果感到很大的压力。

赵某则认为考核本应公正严明。面对考核结果，应该公正严明地处理，不能因为任何一个员工而违背考核的原则，考核的意义是让员工更好地工作，考核的关键是考核的过程而不是考核的结果。

请思考：

1. 此案例中，3个当事人分别存在什么样的问题？
2. 假如你是总经理赵某，最终将如何处理？

第一节 绩效考核标准概述

一、绩效考核标准的要素和特征

标准是衡量事物的依据和准则。绩效考核标准是指对员工绩效进行考量评定分级分等的尺度。本书第三章阐述了绩效考核指标体系，但是它仅仅解决了考核评价的具体项目和内容，只是"质化"，还没有"量化"，绩效考核标准就是"量化"。

绩效考核标准是针对岗位本身而言的，是以岗位工作为基础而制定的一类客观标准。绩效考核标准明确员工在工作中应达到的各种基本要求，反映岗位本身对员工的要求，该标准与岗位对应的人无关。应注意的是，绩效考核标准对于一定时期内员工的努力方向和积极性有重要的影响，应慎重对待。

（一）绩效考核标准的要素

绩效考核标准一般由3个要素构成，即标准强度和频率、标号、标度。各构成要素的具体内涵如下。

1. 标准强度和频率

它是考核标准的内容，也就是各种规范行为或对象的程度或相对次数。

2. 标号

标号是指不同强度和频率的标记符号，通常用字母（如 A、B、C、D 等）、汉字（如甲、乙、丙、丁等）或数字来表示。标号没有独立的意义，只有赋予它某种意义时才具有意义。

3. 标度

它是测量的单位标准，可以是定量的，也可以是定性的。标度是绩效考核标准的基础部分，同考核的计量体系有密切的关系。

（二）绩效考核标准的特征

绩效考核标准应衡量可靠、内容有效、定义具体、非重叠、全面易懂等，其特征可归纳为以下 6 点。

1. 绩效考核标准是针对岗位本身而言的

绩效考核标准针对岗位本身，是以岗位工作为基础设定的。绩效考核标准应只有一套，而不是针对每个员工各制定一套。对岗位上的员工可设定不同的绩效目标，因为绩效目标是为个人而不是为工作制定的，这些目标会根据个人的经验、技术等有所不同。

2. 绩效考核标准最好是能够衡量的

绩效考核标准最好是能够衡量的，即一个好的考核标准是可以度量的、有形。而属于现象或态度的部分，因为抽象而无法客观衡量比较。如果在衡量时遇到实在无法量化的目标，则可以用"优、良、中、合格、不合格"等标准来衡量。

3. 绩效考核标准是可以达到和改变的

绩效考核的目标是在部门或员工个人的控制范围内，通过部门或个人的努力可以达成的。此外，绩效考核标准须经同意后施行，有必要时应定期评估并予以改变。也就是说，绩效考核标准可以因新方法的引进，或新设备的添置，或其他工作要素有了变化而变动。

4. 绩效考核标准是经过协商而制定且员工能清楚了解的

主管和员工应该协商制定绩效考核标准，这有利于激励员工。员工会认为这是自己参与制定的标准，自己有责任遵循该标准工作，达不到标准而受相应的惩戒时也不会有诸多抱怨。此外，主管与员工都应该清楚明了绩效考核标准，如果员工对考核标准概念不清，则事先不能确定努力方向，而如果主管不清楚绩效考核标准，则无从衡量员工的表现。

5. 绩效考核标准是有时效性、独立性和简明性的

绩效考核标准的时效性是指对于绩效考核资料必须能够定期迅速而且方便取得，否则某些评估因失去时效性而没有多大的价值了。

绩效考核标准的独立性是指考核标准在同一层次上应独立，没有交叉。绩效考核标准体系是多个层次构成的，独立性要求在同一层次上的标准不能重叠和存在因果关系。

绩效考核标准简明性的意义是指，在实际操作中，最简单的考核标准往往是最有效的。

6. 绩效考核标准必须是有意义的

绩效考核标准是配合企业的目标来制定的，所使用的资料也应该是一般例行工作中可以取得的，而不应该是特别准备的。

二、绩效考核标准的类型

绩效考核标准可分为基本标准、卓越标准、描述性指标标准、量化指标标准4类。

（一）基本标准

基本标准是每个被考核者经过努力都能够达到的水平。对一定的职位来说，基本标准应当是可以有限度地描述出来的。基本标准设计的目的是判断被考核者是否达到基本的要求，绩效考核结果主要用于决定基本绩效工资、是否留任等非激励性的待遇。

比如，排版员的基本标准是打字速度不低于100字/分钟，销售代表的基本标准是向顾客正确介绍产品或服务，达到承诺的销售目标。

（二）卓越标准

卓越标准即高于基本标准的标准。卓越标准设定的水平只有一小部分被考核者能达到。卓越标准通常是没有上限的，不能够有限度地描述出来。因为卓越标准不是每个员工都能达到，所以它的目的主要是识别、树立角色榜样。它的评估结果可以作为一些激励性政策的依据，如额外的奖金、分红、晋升、培训等。

比如，排版员的卓越标准是版式、字体符合公司的要求，版面设计美观，节省纸张，主动纠正原文中出现的错别字等。销售代表的卓越标准是回款及时，能对客户的个性、偏好做详细记录，为市场部门提供客户需求信息，维持长期稳定的客户群等。

在设定时应注意，即使是一个最普通的职位也应有许多卓越表现的标准。通过卓越标准的设定，会使被考核者愿意设立更高的努力目标。卓越标准代表着组织所鼓励的行为，对做出这些行为的员工，组织会给予相应的奖励。

（三）描述性指标标准

描述性指标标准指的是用文字、等级等办法来描述绩效水平的尺度，通常用于质量指标。它可以是针对某一特定要素的分要素标准，也可以是针对整体职责的整体性标准。

例如，将员工工作表现分为"优秀、称职、不称职"3级，并对每一级的表现进行描述，是整体性标准，如果将管理者的控制职能分成5级，并详细描述每一级的要求，则是分要素的标准。

（四）量化指标标准

量化指标标准指的是用数字、百分比或等级差距来精确描述绩效水平的尺度，通常用于数量指标。量化指标标准必须考虑基准点的位置和业绩标准等级差距两个问题。

（1）基准点的位置。基准点是预期的业绩标准，一般处于衡量尺度的中间。如果员工绩效水平达到基准点，就是称职。

（2）业绩标准等级差距包括尺度本身的差距和每一尺度相应的绩效差距。等级差距可以是等距的，也可以不等距。例如，"净利润，以目标规定数为4级，每增加3%，提升一个等级，每减少2%，降低一个等级"，这说明基准点是4级，4级以上的等距为3%，4级以下的等距为2%。

第二节 绩效考核标准制定要求与方法

一、绩效考核标准制定要求

和绩效考核指标的设计一样，绩效考核标准制定也应慎重对待，具体的要求包括以下4点。

（一）定量准确

考核标准的定量要准确，需要做到以下3个方面。

（1）各考核标准的起止水平应合理地确定。

（2）各标准的含义、差距应是明确合理的，评分尽可能采用等距式量表。

（3）选择的等级档次数量应合理，不能太多或太少，一般控制在3~9个等级。

比如，将企业销售人员的销售额指标分为3个档次，如图4-1所示，A的标准比B的标准更容易进行考量评定，使考核者容易掌握。

又如，一般来说，"工作态度"的绩效考核标准等级为3个，见表4-1。

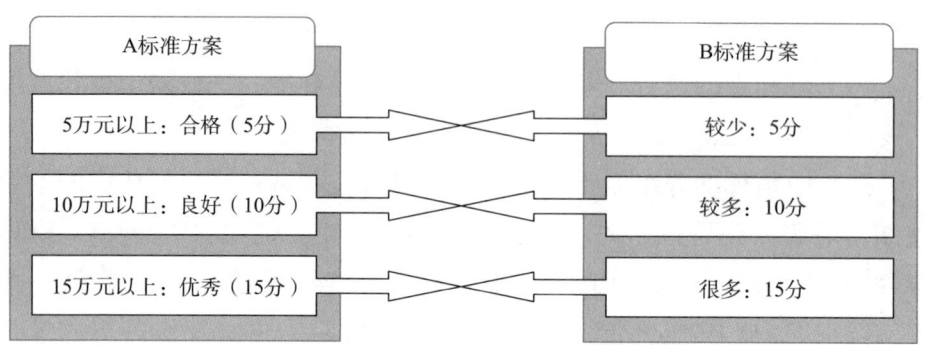

图 4-1　某企业销售人员销售额的绩效考核标准

表 4-1　　　　　　　　　工作态度的绩效考核标准

维度	要素	绩效考核标准
工作态度	责任感	（1）必须完成所有工作的态度 （2）哪怕有延迟也要完成工作的态度 （3）往往会忘记或有回避的态度
	积极性	（1）常常自发地协助工作或提出意见 （2）偶尔自发地协助工作或提出意见 （3）回避自己任务范围以外的工作
	工作联络	（1）经常进行事前、事后的报告和联络，必要时能迅速地传达信息 （2）偶尔进行事前、事后的报告和联络，传达必要的内容 （3）在上级询问时才报告，不利的信息往往不传
	接待	（1）常常站在顾客的角度考虑，对顾客服务周到 （2）对顾客比较礼貌，给顾客以好感 （3）经常对顾客态度冷淡或恶劣
	集体主义观	（1）主动关注企业利益，能够起到榜样的作用 （2）能够遵从企业利益原则，对他人有积极影响 （3）工作偶尔有失误，但不损害企业利益

（二）先进合理

先进是指考核标准不但要反映企业的生产技术和管理水平，还应当具有一定的超前性。合理是指绩效考核标准水平应当是企业在正常的生产技术组织条件下，员工中小部分人可以超过，大部分人（70%～80%）

经过努力可以接近或达到，极少数人可能达不到的水平。

（三）突出特点

绩效考核标准要突出各类工作岗位的性质和特点。在设计考核标准时，应针对不同的岗位，以及承担本岗位工作的所有被考核者的素质结构特点而制定。比如，对出勤率指标的绩效考核标准的确定，当然不能要求推销员或某些经常出差的人员的出勤率为95%以上，但是对于保安、门卫等人员要求的出勤率不能低于98%，迟到和早退都是不能允许的。

（四）简明扼要

各项绩效考核标准含义、计算公式和说明，应尽量使用大众化语言和词汇，表达简明扼要，避免使用专业性强的术语和模棱两可的词语。

二、绩效考核标准表现形式

绩效考核标准通常有数量、概括性描述、设问提示式3种表现形式。

（一）数量表现形式

绩效考核标准的数量表现形式可以通过加减分法和规定范围法来确定。

1. 用加减分法确定绩效考核标准的表现形式

采用加减分法确定绩效考核标准，通常适用于目标任务比较明确，任务完成比较稳定，同时鼓励员工在一定范围内做出更多贡献的情况。使用加减分法计算得分时，一般情况下最大值不能超过权重规定数值，最小值不应出现负数。其具体形式见表4-2。

表4-2　　　用加减分法确定绩效考核标准的表现形式

绩效考核指标	指标定义	绩效考核标准
销售收入	当年销售收入＝当年销售单价×当年销售数量	该项指标满分为10分，起始值为8分。销售收入等于目标值时为8分；每减少1个百分点，扣2分；每超出1个百分点，加1分。该指标最高分为10分，最低分为0分

2. 用规定范围法确定绩效考核标准的表现形式

规定范围法是设计绩效考核标准的另外一种方法，经过数据分析和测算后，考核双方对标准达成的范围进行评估。在某些情况下，规定范围法是比较科学、合理的，因为用加减分法设计绩效考核标准，一般都是线性函数，而在某些情况下，可能需要不同的激励效应函数，因此考核标准设计为指标在不同区间对应不同分数更具有合理性。其具体形式见表 4-3。

表 4-3　　　　用规定范围法确定绩效考核标准的表现形式

绩效考核指标	销售收入完成情况			
指标定义	销售收入完成情况 = 实际销售收入 / 年初销售收入绩效目标			
绩效考核标准	90%≤完成率≤100%	80%≤完成率<90%	60%≤完成率<80%	完成率<60%
得分	10~9 分	8~7 分	6~5 分	4~0 分

（二）概括性描述表现形式

对绩效考核标准进行概括性描述时，可以从质量、数量、成本、时效 4 个方面出发，根据考核对象和考核目的确定选用其中的一个或多个方面。其具体形式见表 4-4。

表 4-4　　　　概括性描述表现形式

绩效考核指标	指标定义	绩效考核标准
财务报告	月度、季度、年度财务报告及相关文字分析资料	每季度末至次月 15 日前将内容完整、准确的财务报告装订并提交

（三）设问提示式表现形式

设问提示式表现形式是将绩效考核标准的内涵和外延等诸方面的特征采用一定的表述方式进行提问，考核者可以根据提问的内容做出具体的判断。其具体形式见表 4-5。

表 4-5　　　　　　　　　设问提示式表现形式

绩效考核指标	指标定义	绩效考核标准	等级			
工作态度	对待工作的个人态度	（1）合作意识怎么样 （2）对待工作是否尽心尽责、任劳任怨 （3）遇到困难是否机敏、沉着	优	良	中	差

三、绩效考核标准制定注意事项

企业在设计绩效考核标准时，要注意以下 4 个方面事项。

（一）标准的制定须具体

制定的标准必须具体，不能模棱两可，如软文发表数量不少于 3 篇（包含 3 篇）、人均培训成本控制在 3 000 元以内。

（二）制定的标准应适度

标准既不要过高，也不要太低。标准太低，考核也就失去意义和作用；反之，如果标准太高，组织成员无论怎么努力，都不能达到，考核同样会没有效果。因此，绩效考核标准应该在个人或组织控制的范围内，是经过努力可以达到的，这样才会有激励作用。

（三）标准应当是可以改变的

绩效考核标准制定出来以后，并不是一成不变的，在必要的时候应做好评估并略加改变。

（四）标准应当有时间的限制

标准应该是针对某一时段内的表现和要求而制定的，这也为获取比较准确的绩效考核信息提供便利。

四、绩效考核标准等级划分方法

针对绩效考核标准等级的划分，归纳起来有以下 4 种方法。

（一）习惯划分法

这是一种依据绩效考核实践中人们对考核对象区分的心理习惯而划定标准等级的一种方法，常见的等级一般是 3~9 级。等级过少便于考核者操作区分，但考核对象差异区分不明显且评判结果相对集中；等级过多可以展示不同绩效考核对象的差异，评判结果相对分散，但考核者不便把握与操作。

（二）两级划分法

所谓两级划分法，是根据考核对象在每个考核标准上正反两种极端的表征，把每个指标划分为 2~3 个等级。这种划分法便于操作，但中间状态不好评判，因此又有人在两级划分基础上增设中间一档，成为三级标度。

（三）统计划分法

统计划分法是指考核标准的等级划分并不是事先主观规定的，而是根据考核对象在每个绩效考核标准上的实际表现进行统计，从而来确定等级的一种方法。

（四）随意标度法

随意标度法是指在每个指标内容中，绩效考核标准是考核对象最佳状态或最优水平的描述，此标准实际上是一种最高级的标准特征表述，考核者在考评时可以根据考核对象与这一标准的差异程度给以不同的分数或等级。

五、不同指标绩效考核标准制定方法

指标通常划分为定量指标和定性指标，针对定量指标和定性指标会采用不同的方法制定绩效考核标准。

(一) 定量指标绩效考核标准制定方法

定量指标绩效考核标准常采用加减分法、规定范围法制定。

(1) 加减分法是根据指标是相对量还是绝对量以及其他因素，灵活设计标准，不同情况下绩效考核标准的设计应各有不同。

(2) 规定范围法是通过数据分析和测算后对绩效考核标准的达成范围进行评估，据此划分不同的区间范围。

(二) 定性指标绩效考核标准制定方法

定性指标绩效考核标准一般采用等级描述法、预期描述法和关键事件法制定。

(1) 等级描述法，即对被考核者的工作成果或工作履行情况用数据或事实进行分级定义。

(2) 预期描述法，即对被考核者的工作要达到的预期标准进行明确的界定。

(3) 关键事件法，即根据被考核者工作中的关键事件制定相应的指标标准。

六、绩效考核指标得分标准制定方法

目前较多采用单一要素计分法和多种要素综合计分法来计算考核得分。

(一) 单一要素计分法

1. 自然数法

自然数法包括每个等级只设定一个自然数及每个等级有多个自然数可供选择。多个自然数的选择可以是百分制，也可以采用非百分制。

2. 系数法

系数法包括函数法和常数法两种计分方法。函数法是借用模糊数学中隶属度函数的概念按考核标准进行计分。如等级 H（1.0~0.9）、A（0.8~0.7）、B（0.6~0.5）、C（0.4~0.3）、D（0.2~0.1）。

常数法是在考核要素分值（x）之前设定常数（a），将其乘积作为考核结果（ax）。

采用上述计分方法时，可直接计分或间接计分。直接计分就是由考核者直接打分，间接计分是考核者只判断等级，分值最后统一由专门人员进行汇总，以减少个人因素的干扰。系数计分法同自然数计分法的根本区别在于自然数法是一次性获得测评的绝对数值，而系数法获得的只是相对数值，还需要同指派给该要素的分值相乘，才能得到绝对数值，因此也称为相乘法。

（二）多种要素综合计分法

1. 简单相加法
它是将单一要素的自然数分值相加计分的方法。

2. 系数相乘法
它是将单一要素的系数与指派的分值相乘，然后合计出总分的方法。

3. 连乘积法
它是在单一要素计分的基础上，将各要素分值连乘，最后得到总分。因此，又可称为连续相乘法。其计算公式是：

$$E = X_1 X_2 X_3 \cdots X_n$$

式中，X_n 表示第 n 指标得分。

4. 百分比系数法
它是从系数法中派生出来的计分方法，以百分数表示考核要素的总体结构及每个要素。计分时，先将各构成要素的指标得分同对应的百分比系数相乘，合计出本要素的得分；然后再将各要素得分，与总体结构百分比系数相乘，累计得出绩效考核总分。其总体得分公式是：

$$E = \sum P_i X_i, \quad Q = \sum E_n X_n \quad (i = 1, 2, \cdots, n)$$

式中，E 是单项考核项目得分，Q 是总体得分，P_i 是指第 i 项要素对应的得分，X_i 是指第 i 项要素对应的百分比系数，n 的最大值是考核项目的数量。

多种要素综合计分法是建立在测评尺度为等距水平或假设具有等距水平基础之上的。

本章自测题

1. 简述绩效考核标准的要素和特征。
2. 绩效考核标准的类型有哪些？
3. 绩效考核标准制定的要求是什么？
4. 绩效考核标准的表现形式有哪些？
5. 简述绩效考核标准等级的划分方法。

第五章　绩效考核方法

 学习目标

- 掌握目标管理考核法的含义、特点、优缺点和实施程序
- 掌握关键绩效指标考核法的特点和实施程序
- 掌握平衡计分卡考核法的内涵、特点、优缺点和实施程序
- 掌握360度考核法的定义、优缺点、主体和实施程序
- 掌握目标与关键成果考核法的定义、原则、优缺点和实施程序

 引导案例

小卢和小吴同一年进入当地的一家汽车制造公司，小卢主管设计部，小吴主管生产部。他们的直接上级老张平时很少过问他们的工作，因为他觉得这两名员工很优秀，工作上的事情交给他们做，他完全放心。虽说小卢和小吴这二人的工作方式、风格不一，他们平时也有不少的摩擦，老张对此有耳闻但并没太在意。

某天刚一上班，小卢、小吴便来到老张的办公室，小卢说：

> "前段时间,我对即将生产的一款新车设计了一个装置配件,并将图纸交给了小吴,由他负责完成试制。可等我出差回来后,发现成品中有几处瑕疵因而需要重做,这样不仅提高了成本,而且耽误了进程。"小吴说道:"这是设计的图纸出了差错,我们生产时完全依据设计部提供的设计图纸。"小卢辩解道:"我出差之前特意对小吴说过,因为时间的关系来不及校对图纸。如果小吴细心一些,发现问题后与我及时沟通,就不会出现现在的问题了。"
>
> 请思考:出现这个问题的原因是什么?

第一节 目标管理考核法

一、目标管理考核法概述

目标管理于 20 世纪 50 年代中期在美国出现以后,被越来越多的企业所应用,被称为"管理中的管理"。目标管理考核法是以泰勒的科学管理理论为基础,后经德鲁克进一步发展而成的完整的绩效考核体系,被广泛应用于绩效评估中,是一种将企业目标分解到部门与个人进行评估的方法。

目标管理考核法是企业最高管理者根据企业所面临的内外部形势需要,制定出一定时期内企业经营活动所要达到的总目标,然后由企业内各部门和员工根据总目标确定各自的分目标及保证措施,形成一个目标体系,并将目标完成情况作为考核依据的管理模式。其核心是强调企业群体共同参与制定具体的、可行的而且能够客观衡量的目标。企业通过一种专门设计的过程使得目标具有可操作性,一级接一级地将目标分解到企业的各个组织之中。

（一）目标管理考核法的内涵

目标管理考核法是一个程序化、流程化的管理过程，强调以结果为导向，要求上级与下级协商确定企业目标，然后再分解到部门和个人，并且定期检查目标的完成情况，以目标的完成情况作为考核的依据。

具体而言，目标管理考核法的含义主要包括以下4个方面。

1. 目标管理考核法首先要有目标

目标是具有层次性和多样性的，首先是战略性总目标，这是目标管理的起点，然后由战略性总目标分解成部门目标和个人目标。目标是动态性的，目标的确定要随着环境的变化而调整，但不能变动太频繁，否则不仅表明目标的确定不够慎重，而且会导致员工无所适从。

2. 目标管理考核法要有为完成目标而制订的计划

该计划包括目标实施的指导思想和宗旨、原则、方法及程序。

3. 目标管理考核法要求全员参与

在目标制定和目标分解过程中，需要所有员工都发表建议和意见。因此，为确保目标管理考核法的顺利开展，应当要求员工积极参与到目标管理中来。

4. 完善的考核体系是目标管理考核法实施的关键环节

目标管理考核法必须有有效的考核体系与之配合，否则，目标管理考核法就会缺乏激励措施，也难以达到其应有的效果，最终影响目标的实现。

（二）目标管理考核法的特点

目标管理考核法作为一种绩效考核方法，其特点主要表现在下述4个方面。

1. 方向清晰

制定目标在企业和员工心中的地位逐渐提高。树立明确的目标会给企业和员工带来更高的业绩，而且高质量的工作和方向清晰的目标紧密相关。

2. 决策共制

目标管理考核法的目标设定，是采取共同参与的方法来决定的。在企业里，部门和员工一同参与选择各种层级的目标，通过上下商讨，逐级制定企业的整体发展目标、部门目标直至个人目标。因此，目标管理考核法的目标转化过程是双向进行的，即"由上而下"和"由下而上"同时具备。

3. 时间限制

目标管理考核法对于时间要求很严格，制定的每一个目标都规定明确的时间期限，如季度、年度。一般情况下，目标的期限与企业年度预算或重大项目期限一致，但也要根据实际情况来定，一些目标应安排在短期内完成，另外一些目标安排的期限则较长。

4. 实时反馈

目标管理考核法就是不断地将目标实施的进展情况反馈给员工，便于员工在工作中及时调整。员工需要承担为自己制定绩效目标的责任，同时也具有和他们的上级领导一起检查目标的责任。这样使得每个员工对部门的贡献更加明确。需要特别注意的是，管理层需要引导员工按照预先设立的目标来评价业绩，积极参与评价过程，用自我评价和自我发展的方法，提高员工对工作的投入度，创建积极向上的工作环境。

（三）对目标管理考核法理解的误区

在实际的考核工作中，对目标管理考核法的理解会存在以下误区。

1. 目标管理等于万能方法

目标管理考核法的最大特点是侧重目标，而不是方法。目标管理考核法的实质是通过有难度且明确的目标激发员工的主观能动性。但是，不能把目标管理考核法当成一个管理平台，用它来处理工作流程中的问题。因此，不应高估目标管理考核法的作用。

2. 目标管理等于量化任务

目标管理考核法并不只是任务的量化。任务量化的做法只适用于决策权力弱、不可控因素少的员工，对于研发、管理人员或不可控因素多的工作，就难以奏效了。总之，目标管理考核法可以针对不同员工，且给予他们不同的目标。一味地追求量化任务，这并不是目标管理考核法的全部意义。

3. 目标管理等于监督工具

这是对目标管理考核法的另一种误解。目标管理考核法的目的是帮助员工提高效率和满意度，而不是增加负担和产生压抑感；不是简单地将工作任务定为主要目标，而是通过目标管理考核法实现彼此协调，减少资源浪费。目标管理考核法强调自我控制和自我突破，但并非放弃管理，而是用双向沟通代替专制管理，以保证组织目标的实现。

二、目标管理考核法的优缺点

（一）目标管理考核法的优点

目标管理的最大优点在于它能使人们用自我控制的管理来代替受他人支配的管理，激发人们发挥最大的能力把事情做好。目标管理考核法的优点主要表现在以下7个方面。

1. 权力责任明确

目标管理考核法通过自上而下或自下而上层层制定目标，在企业内部建立起纵横连接的完整的目标体系，把企业中各个部门以及各类人员都能严密地组织在目标体系之中，明确职责，划清关系，使每个员工的工作直接或间接地同企业战略总目标联系起来，可以更有效地集中全体员工的力量和才能，提高企业工作效率。

2. 强调员工参与

目标管理考核法非常重视上下级之间的协商、共同讨论和意见交流，通过上下级协商，能够加深对目标的理解，进而消除彼此之间的意见分歧，取得上下目标的统一。目标管理考核法改变了自上而下摊派工作任务的传统做法，调动了员工的主动性、积极性和创造性。

3. 注重结果

目标管理考核法所追求的目标，就是企业和每个员工在一定时期内所应实现的工作成果。目标管理考核法不以行动表现为目的，而以实现成果为目的。工作成果对于目标管理考核法来说，既是评定目标完成情况的依据，又是奖惩的主要根据。

4. 吸纳了任务管理法和人本管理法的优点

任务管理法规定了工作任务和完成任务的方法，而且任务和方法都有标准化的要求，员工按照标准化的要求进行培训，按照标准化的要求进行操作，工作积极性和创造性会受到极大限制；人本管理法过于强调领导对员工的信任，放手让员工自主去工作，这又难以保证任务的完成情况。目标管理考核法将两者有效结合，即企业规定总目标，各部门依据总目标规定部门目标，把部门目标分解落实到人，至于如何达到目标则放手让员工自主完成。

5. 成本较低

目标管理考核法操作起来比较简单，减少了一些不必要的环节。

6. 比较公平

目标管理考核法是在员工与管理人员就绩效目标达成一致意见的基础上开展考核，考核之前就存在一个客观的标准，这样就增强了员工的公平感。

7. 符合绩效管理的目的

目标管理考核法可以强化员工对于实现工作成果的愿望，使员工更好地完成工作任务。

（二）目标管理考核法的缺点

尽管目标管理考核法存在上述优点，但其缺点也很明显，主要表现在以下 3 个方面。

1. 重结果而轻过程

目标管理考核法是以结果为导向的，缺乏对执行过程的监督，这就导致很多员工在工作中过于追求结果，甚至一些员工采用不正当途径达到目标。

2. 目标定位不准确

企业在制定目标过程中，往往会出现目标定位不准确的现象，不是定得过高就是定得太低。如果目标定得太高，势必打击员工的工作积极性；如果目标定得过低，又失去了目标管理考核法的本意。

3. 短期效应

由于目标管理考核法的时效性很强，因而目标设定的时限通常很短。一般情况下，以季度和月度目标为主，这就导致了一些短期效应的出现，不利于企业长期目标的达成。

三、目标管理考核法的实施

（一）目标管理考核法的实施程序

目标管理考核法是一个循环管理过程，包括设定绩效目标、分解目标、实施业绩评价及设定新绩效目标4个程序。

1. 设定绩效目标

正如德鲁克所说，每一项工作必须为达到总目标而展开。也就是说，绩效目标的设定是目标管理的开始，也是统领全局的一步。因此，在目标设定中要做到以基本目标为主，同时要重点考核卓越目标，即目标在设定过程中要坚持操作性和挑战性相结合的原则。具体来讲，目标设定要做到以下两个方面。

（1）遵循SMART原则。即具体性、可衡量性、可实现性、相关性、时限性，这也是实现目标可操作性的前提。

（2）富有挑战性。在管理学上有一个著名的原理是"不值得定律"，其意思是不值得做的事情，就不值得做好。这个定律反映出人们的一种心理，一个人如果从事的是一份自认为不值得做的事情，往往会采取冷嘲热讽、敷衍了事的态度，因此成功率小，即使成功，也不会觉得有多大的成就感。根据这个原理可以了解人们大多数的心理是期望接受一项具有难度的工作，所以，设定的目标要具有挑战性，否则就很难起到引人向上的激励作用。

2. 分解目标

目标管理考核法中的目标包括企业战略目标、年度经营目标、部门目标和个人目标，在目标分解过程中，主要是对4个层次目标的横向和纵向分解。

3. 实施业绩评价

目标分解完毕后的一项重要工作是明确如何以该目标衡量工作业绩。在明确业绩衡量标准时，应当从确定指标单位、明确指标评价尺度及制定具体奖惩办法出发。具体要求如下：

（1）目标名称、成果计量单位、计量的方法应与目标体系一致。

（2）考评周期应与目标计划周期一致。

（3）评价尺度要明确。

（4）奖惩的办法要具体。

实施业绩评价，将实际达到的绩效水平与预先设定的绩效目标相比较，找出二者之间的差距，这既有助于确定培训的需求，又能帮助确定下一绩效周期的绩效目标。

4. 设定新绩效目标

目标不是一成不变的，要根据发展形势的变化进行调整。目标的调整也要求绩效评价方式和指标进行相应的变化，但所遵循的要求和步骤一般不会变动。如果企业需要增加或减少多个目标，意味着企业目标要发生重大变化和调整，此时应当首先对前期目标进行正式的总结和员工绩效的评价，然后停止前期目标的实施，展开新一轮的绩效目标设定工作。

（二）目标管理考核法实施应注意的问题

在目标管理考核法的实施过程中，企业应该注意以下两个问题。

1. 目标执行与修正

企业设定的目标要落实到各个目标执行部门和员工身上，由目标执行人具体执行。

当企业的目标不能达成时，企业应当对设定的目标进行修正。如遇到以下情况，企业需要进行目标修正。

（1）外部市场情况变化。

（2）企业内部因素变化，如资金或利润方面有明显的好转或恶化。

（3）人员发生变动。当发生调动、辞职等事项而使人员有所变动时，需要对目标进行调整。

2. 目标追踪

企业各级目标确定后，必须对目标实施的情况进行追踪，借以发现目标的执行情况与预定目标之间的差异，并及时协商确定改进办法。

第二节　关键绩效指标考核法

一、关键绩效指标的概述

（一）关键绩效指标的定义

关键绩效指标是用来衡量某一职位工作人员工作绩效表现的量化指标，它来自对企业总体战略目标的分解，反映最能有效影响企业价值创造的关键驱动因素。

关键绩效指标是绩效考核体系设计的基础，对它的理解可以围绕以下 3 个方面。

（1）关键绩效指标是用于考核和管理被考核者绩效的可量化或行为化的标准体系。

（2）关键绩效指标体现为对组织战略目标有增值作用的指标。

（3）员工和管理人员可通过在关键绩效指标上达成的承诺对员工工作进行展望，对员工现在及未来的发展进行沟通。

（二）关键绩效指标考核法的特点

一般来说，关键绩效指标考核法的特点可以归纳为如下 4 点。

1. 关键绩效指标源于企业战略目标

首先，关键绩效指标是衡量各岗位工作绩效的指标，它的衡量内容最终取决于企业的战略目标。当关键绩效指标构成企业战略目标的有效组成部分或支持体系时，它所衡量的岗位便以实现企业战略目标的相关内容为自身的主要职责。

其次，关键绩效指标是对企业战略目标的进一步细化和发展，是对驱动企业战略目标实现的具体因素的发掘，是企业战略对每个岗位工作绩效要求的体现。

最后，关键绩效指标是随着企业战略目标的发展而调整的。随着企业战略重点的转移，应修正关键绩效指标以反映企业战略的内容。

2. 关键绩效指标考核法的可操作性强

关键绩效指标考核法的可操作性指关键绩效指标有明确的定义和计算方法，因此，容易取得可靠和公正的初始数据，能有效地进行量化和比较。

3. 考核指标的关键性

考核指标的关键性指选取的指标都是对企业价值、利润的影响程度很大，对企业战略目标的实现起重要作用的。

4. 关键绩效指标考核法的系统性

关键绩效指标考核法的系统性是指其是一个完整的系统，在这个系统中，决策者、管理者、员工全部参与进来，通过沟通确定企业的战略、岗位的职责、管理方式手段和绩效目标等基本内容，最终使各级人员共同完成绩效目标，实现企业的战略目标。

（三）关键绩效指标体系与传统绩效体系的区别

关键绩效指标体系区别于传统绩效体系，二者的不同主要表现为前提假设不同、考核目的不同、指标产生不同、指标来源不同和指标构成不同。

1. 前提假设不同

关键绩效指标体系的前提假设是人们会采取一切必要的行动达到事先确定的目标。传统绩效体系的前提假设包括人们不会主动采取行动以实现目标，人们不清楚采取什么行动以实现目标，制定与实施战略与一般员工无关，以控制为中心。

2. 考核目的不同

关键绩效指标体系考核的目的是以战略为中心，指标体系的设计与运用都是为战略目标服务的。传统绩效体系考核的目的是以控制为中心，指标体系的设计与运用主要来源于控制的意图。

3. 指标产生不同

关键绩效指标是在组织内部自上而下地对企业战略目标进行层层分解产生的。传统绩效体系的绩效指标是自下而上地根据个人以往的绩效产生的。传统绩效指标较之关键绩效指标更笼统一些，关键绩效指标是从企业总体战略目标、部门发展目标、岗位发展目标层面上进行的细分。

4. 指标来源不同

关键绩效指标来源于组织的战略目标与竞争的需要。传统绩效体系指标来源于特定的程序，是对过去行为与绩效的修正，与个人绩效的好坏密切相关。

5. 指标构成不同

关键绩效指标是由财务性指标与非财务性的指标结合构成的，体现出企业关注短期效益，兼顾长期发展的原则；指标本身不仅传达了结果，也传递了产生结果的过程。传统绩效体系的指标以财务指标为主，非财务指标为辅，注重对过去绩效的评价，并且指导绩效改进的出发点是过去绩效存在的问题，绩效改进行动与战略需要脱钩。

二、关键绩效指标考核法的实施

（一）关键绩效指标考核法的实施程序

关键绩效指标考核法的实施程序主要包括如下 7 个方面内容。

1. 建立关键绩效指标体系

关键绩效指标体系是对企业宏观目标进行层层分解后，产生的具有可操作性的一系列关键绩效指标。企业关键绩效指标体系的建立通常有 3 种方式。

（1）依据组织结构建立。依据组织结构而建立的关键绩效指标体系，主要强调把组织目标落实到部门。

（2）依据职类、职种建立。依据职类、职种建立的关键绩效指标体系，主要突出对组织具体策略目标的响应。

（3）依据平衡计分卡建立。依据平衡计分卡建立的关键绩效指标体主要突出的是财务、内部流程、客户及学习与发展4个维度。

2. 选择关键绩效指标

通常情况下，企业中能够运用的绩效考核指标很多，其涵盖的范围也比较广，因此确定和挑选企业重点关注的关键绩效指标就显得尤为重要。关键绩效指标确定的原则和方法已在本书第三章第五节中详细介绍。

3. 确定指标所占权重

企业在选定关键绩效指标之后，需确定各指标所占权重。指标权重的确定需要在分析的基础上进行，做到有理有据，避免绩效考核的偏差或失效。绩效指标权重确定的步骤及内容如下。

（1）确定分类权重。直接业务单位和部门财务类指标权重要稍大一些，职能部门财务类权重稍小一些，否决类指标不给权重。

（2）评定各关键绩效指标对经济效益的影响（主要针对指标分解）。

（3）评定各关键绩效指标的可控性。

（4）评定各关键绩效指标的可测性。

（5）评定综合得分。按对经济效益影响权重60%、可控性权重25%、可测性权重15%，对各指标3个方面评估结果进行加权得出总分。

（6）根据（1）与（5）初步确定权重。按得分在该指标中所占比例分配分类权重，通常权重最小不小于5%，最大不超过30%（$5\% \leq X \leq 30\%$）。

（7）初步权重调整。为简化计算，权重通常用5的倍数表示，同时根据（3）、（6）对所有权重结果进行调整。

4. 关键绩效指标审核要点

在确定关键绩效指标后，应对其进行审核，以确定这些指标能够全面、客观地反映被考核者的工作绩效。

5. 确定关键绩效指标考核标准

关键绩效指标审核确定后，应根据企业所在行业、所处的发展阶段、经济实力状况以及经营状况等确定关键绩效指标考核标准。确定步骤如下。

（1）标准的导入。绩效管理相关人员应明确：什么是标准，它有什么作用；建立的标准应该具有哪些特征；考核指标的标准应该由谁来制定，不同类型的指标标准由谁制定最权威。

（2）标准内容的确定。标准内容的描述要客观明确，以企业、岗位为依据；标准的内容要合理；标准的内容项目设立不可过多。

（3）准确衡量标准。明确标准所衡量的人员层级、岗位职责，针对其特点确定要求；明确定义标准的含义及不同层级的区别要求；确定标准的等级及赋分标准。

（4）简洁、清晰地表达考核标准。将不同性质的绩效指标及评价等级、标准等简洁、清晰地表达出来并列在绩效考核说明资料或考核表中，方便考核者和被考核者了解、查看。

（5）审核、确定标准。绩效考核指标的标准，需要经过各部门负责人、人力资源部及相关领导的审核后，才能最终确定，进而确定指标标准的权威性和可执行性。

6. 实施关键绩效指标考核

做好实施关键绩效指标考核前的指导工作，为关键绩效指标考核的顺利实施创造良好的环境。

7. 奖惩和沟通

及时将考核结果反馈给被考核者，并与之沟通，根据考核的结果和考核奖惩制度进行奖惩。

（二）关键绩效指标考核结果的运用

关键绩效指标考核结果的运用主要体现在关键绩效指标考核管理与人力资源管理其他子系统之间的关系。具体来说，关键绩效指标考核结果主要运用于工资分配、奖金分配、员工晋升、职位置换、教育培训等方面。

1. 考核结果运用于工资分配

关键绩效指标考核结果运用于工资分配主要表现在两个方面：一是年度工资额的调整，如考核结果为C、D等级的，扣减其半年度工资的5%、8%；二是工资的定期调级，即依据年度的考核结果，决定工资是否调级以及调级的幅度。

2. 考核结果运用于奖金分配

许多企业的薪酬制度体系除设定员工基本工资外，还设定了绩效奖金。绩效奖金的发放，是直接与员工的个人业绩考核结果挂钩的。

考核结果运用于奖金分配，体现在奖金应与超额完成工作业绩的状况挂钩。在现有关键绩效指标考核体系中，年度工作业绩的考核结果，为年终奖金的确定提供了很好的依据。但应注意这并不是充分依据，还必须结合企业全年度工作业绩的总体水平。

3. 考核结果运用于员工晋升

考核结果运用于员工晋升体现在连续的关键绩效指标考核结果记录为职务晋升和企业管理人员的选拔提供依据，图5-1体现了关键绩效指标考核结果与员工晋升的关系，其中Ⅰ、Ⅱ、Ⅲ、Ⅳ分别为企业的4名员工关键绩效指标考核结果的曲线。

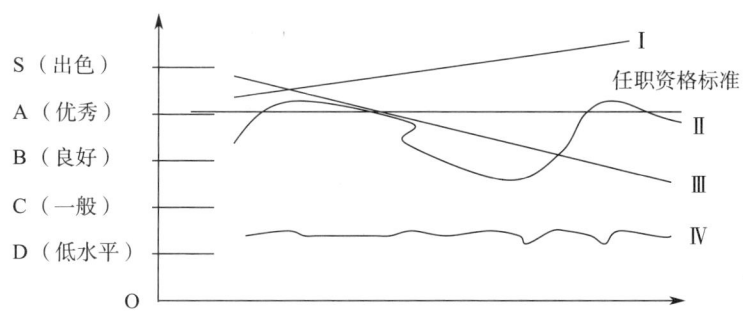

图5-1 关键绩效指标考核结果与员工晋升的关系体现

上图中曲线Ⅰ表示该员工的工作表现一直在任职资格标准线以上，且呈上升趋势，说明其工作能力较强且具有一定的潜力，是可用之才；曲线Ⅱ表示员工工作表现不稳定，暂不宜大用；曲线Ⅲ表示员工工作表现呈下降走势，应分析原因促其改进，暂不宜晋升职务；曲线Ⅳ表示员工表现一般，不能晋升。

4. 考核结果运用于职位置换

企业人力资源管理的一项重要任务就是将合适的人员放在合适的岗位上，员工绩效考核的结果就是员工职位置换的重要依据。企业进行员工职位置换主要有升迁、横向职位置换、降职3种形式。

企业通过分析考核结果的记录，发现员工工作表现与其职位不相适应的问题，查找原因并及时进行职位的置换。通常情况下，职位置换主要有两个方面的实现途径。

（1）企业针对能力水平较高但未能充分发挥或能力水平较低的员工，可参照员工个人的选择，有组织、有计划地将其置换至新的岗位，真正做到"人适其岗""岗得其人"。

（2）企业有计划地将一批优秀的人才在各个岗位之间进行定期轮换交流，以培养其成为企业的"多面手"。

5. 考核结果运用于教育培训

有效地开发企业现有的人力资源，最大限度地发挥人力资源的整体效能，这是企业人力资源管理工作的中心任务。关键绩效指标考核提供了全体员工动态、连续和完整的考核记录，通过对这些记录进行分析可以发现员工及企业方面存在的问题。

可以说，关键绩效指标考核为评价员工个人的优缺点和提高工作绩效提供了一个反馈的渠道。通过分析关键绩效指标考核结果的记录，能够帮助企业发现员工个体或群体与企业的差距，从而及时组织相关的教育培训活动。

根据员工不同的绩效考核结果，企业应有针对性地对各类员工进行培训。对态度不端正的员工，应组织其参加企业适应性的再培训，让其到一线部门接受企业文化教育；对能力欠缺的员工，应组织其参加有针对性的培训活动，进而达到开发其潜力、提高其工作能力的目的；对能力较强的员工，应进一步开发其能力，落实"爱一行，干一行；干一行，专一行"的人才政策。

第三节　平衡计分卡考核法

一、平衡计分卡考核法概述

（一）平衡计分卡的诞生

在平衡计分卡产生之前，各国的大企业都发现，采用传统的以财务为单一衡量指标考核企业和个人经营绩效的方法已经不能适应现代社会日益剧烈的竞争环境变化与战略要求的需要，传统的财务指标不能再向企业高层提供切实可靠的信息。20世纪末，企业面对的是全球性的竞争，顾客的要求也变得复杂多样，这就要求企业关注需求分析、产品创新设计、生产制造、市场营销、售后服务等方方面面的问题。在这样的形势下，客观环境要求企业去寻找更好的考核方式，即用一种新的比单一财务指标更有效的方法去考核企业和个人绩效。

哈佛商学院教授卡普兰和复兴全球战略集团创始人兼总裁诺顿用了一年的时间，在对绩效测评方面处于领先地位的12家公司研究后，于1992年发明了平衡计分卡考核法。平衡计分卡考核法是一种将传统的财务指标与非财务指标相结合来评价组织绩效的方法，因此提供给管理人员更广泛、更丰富的管理和决策信息，它实际上是一种战略管理工具。

《财富》杂志2022年公布的世界500强的企业及大多数跨国公司基本上都开发了平衡计分卡考核系统。大多数管理咨询公司在指导各类组织的战略实施及绩效提升的过程中，也普遍使用平衡计分卡考核法的理论及分析框架。

（二）平衡计分卡考核法的内涵

平衡计分卡是把对企业业绩的评价划分为财务、内部流程、客户及学习与发展4个维度，它不仅是一个指标评价系统，而且还是一个战略管理系统，是企业战略执行与监控的有效工具。

平衡计分卡考核法始终把战略和远景放在其变化和管理过程中的核心地位，构建"以战略为核心的开放型闭环组织结构"，使财务、客户、内部流程和学习与发展4个维度互动互联、浑然一体。这4个维度的具体呈现形式如图5-2所示。

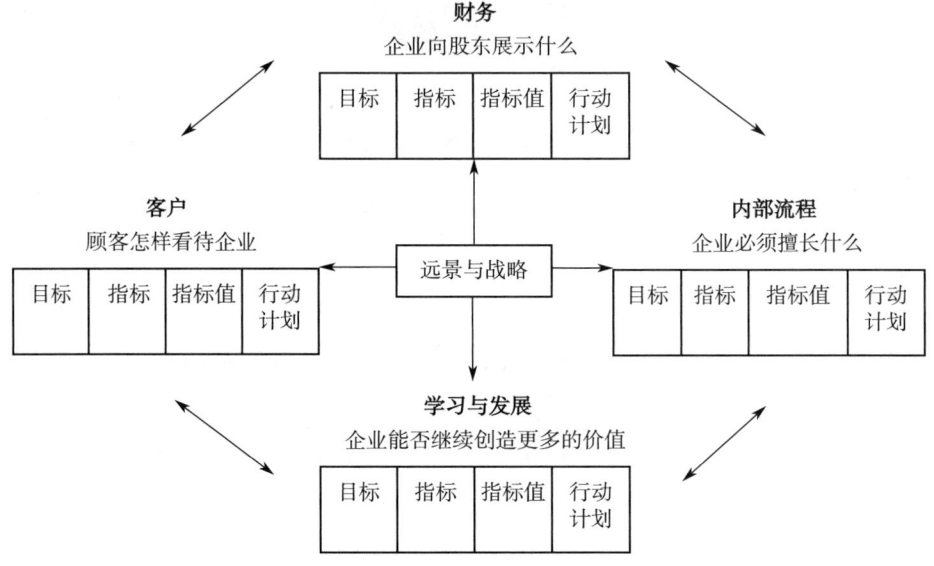

图5-2　平衡计分卡考核法4个维度具体呈现形式

1. 财务维度

企业向股东展示什么？企业经营的最终目的是盈利，只有盈利才能够使企业生存和发展。股东评价企业盈利状况的工具就是企业的财务状况，因此，平衡计分卡考核法将财务维度作为焦点。

2. 客户维度

顾客怎样看待企业？企业要想在市场立足并不断扩大市场份额，就必须获得客户的认同，创造出满足客户需求的产品。

3. 内部流程维度

企业必须擅长什么？内部流程维度突破了传统考核仅仅针对企业生存的局限，更强调企业的独特竞争优势，使自己与其他竞争者区别开来。

4. 学习与发展维度

企业能否继续创造更多的价值？学习与发展维度强调的是企业的可持续发展能力，避免企业发展的短视行为。

与传统的绩效考核工具相比，平衡计分卡考核法强调实现以下4个方面的平衡。

（1）财务与非财务的平衡：要求既从财务又从非财务的角度去思考企业战略目标及考核指标。

（2）短期与长期的平衡：要求既关注短期战略目标和绩效指标，也关注长期战略目标与绩效指标。

（3）前置与滞后的平衡：平衡计分卡提供了一个从上而下的时间思考维度，既关注那些反映过去绩效的滞后指标，也关注能反映、预测未来绩效的前置指标。

（4）内部与外部的平衡：关注企业内外部的相关利益方，有效实现外部（如客户和股东）与内部（如流程与员工）之间的平衡。

通过绩效考核4个方面指标之间的因果驱动关系共同描绘组织战略的实际轨迹，并且通过绩效考核的计划、实施、管理过程契合组织战略的制定、实施、修正过程，绩效考核与战略管理实现统一与一致。平衡计分卡考核法中的每一项指标都是一系列因果关系中的一环，通过他们把相关部门的目标同组织的战略联系在一起；而"驱动关系"则反映了各方面指标所代表的业绩结果与业绩驱动因素的双重含义，也就是通过指标之间的前馈控制和后馈控制关系，实施战略管理。

（三）平衡计分卡考核法与关键绩效指标考核法的关系

1. 两者的比较

平衡计分卡考核法与关键绩效指标考核法两者之间的关系可以从管理趋势、行为方法和结果特征3个方面来比较体现，见表5-1。

表 5-1　平衡计分卡考核法和关键业绩指标考核法的比较

对比要素		平衡计分卡考核法	关键绩效指标考核法
管理趋势	管理思想	全方位、立体测评	若干关键成功因素测评
	对应对象	战略、企业、部门、岗位	战略、企业、部门、岗位
	应用业务	越大越复杂，就越有作为	范围相对独立
	对业务的影响	调整战略目标与业务指标，促进部门合作，改进业务流程与绩效	重点突出、方向明确
行为方法	实施思路	战略目标，分层单独制定	从战略目标起，由上而下
	测评指标数	每个组织 15～20 个	每个组织 5～8 个
	操作难易	难	难
	实施方法	战略目标—分多个角度—关键指标	鱼骨图列出关键成功因素、关键绩效指标等
结果特征	对企业的影响	对管理体系、方向有影响	对关键流程环节有影响
	时间特性	指出方向、向前看	支持部分特征，向前看
	可比性	自身不同期次部分可比	纵向、部分横向可比
	副作用	影响到管理系统	容易让工作不全面
	对绩效的影响	保持长远绩效，不偏倚	在工作的主要方面有进展

2. 两者的结合

平衡计分卡考核法与关键绩效指标考核法的相互结合是根据企业战略，让企业战略目标与各部门绩效指标之间存在关联性和牵引性，最后再将战略目标分解到每个部门和岗位上，将平衡计分卡考核法和关键绩效指标考核法完美地结合起来，以实现企业绩效管理效用的最大化。

（1）平衡计分卡考核法与关键绩效指标考核法的关联。两者的关联性主要体现为 5 个方面，具体如图 5-3 所示。

平衡计分卡考核法将经营绩效模型通过一步步的逻辑推导，把企业战略目标转化为可操作的行动目标，它是对关键绩效指标考核法的进一步细化。图 5-4 较好地说明了这个问题。

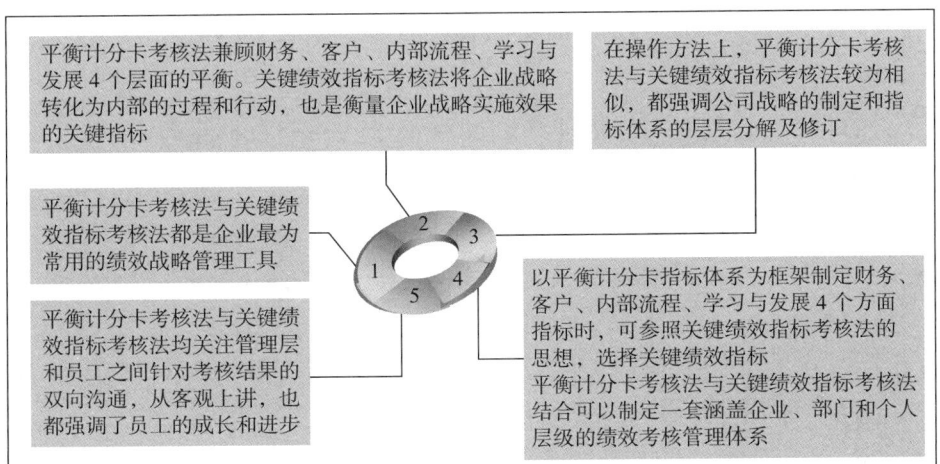

图 5-3　平衡计分卡考核法与关键绩效指标考核法的关联

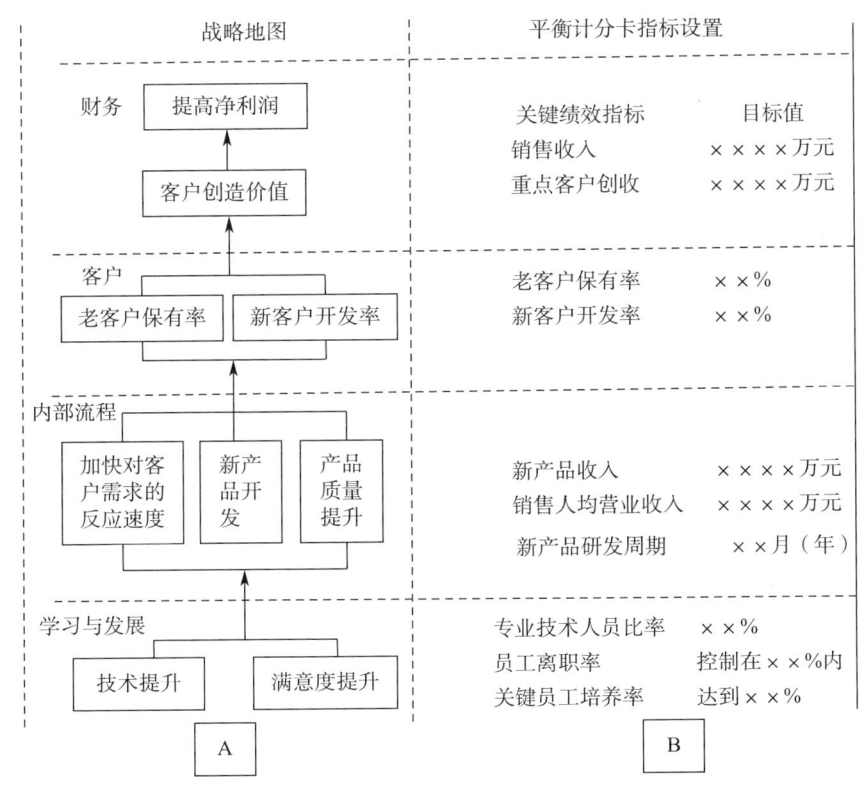

图 5-4　平衡计分卡考核法 4 个维度之间关系示意图

（2）平衡计分卡考核法与关键绩效指标考核法结合运用的程序。首先，梳理企业战略确定阶段性目标。其次，绘制战略地图，从财务、客户、内部流程、学习与发展4个维度对企业的战略目标进行分解，寻找实现战略目标的关键经济利益价值驱动因素，通过对关键经济利益价值驱动因素分解，得出企业的关键成功要素，如销售增长率、现金利润率增长、固定资产收益增长等因素。再次，提取企业的关键绩效指标，对关键成功因素进一步分解，获得中高层管理者的关键绩效指标。最后，从纵向和横向上将企业层面的平衡计分卡指标和关键绩效指标逐级分解到各岗位，形成部门、团队、员工的平衡计分卡，以确保关键绩效指标对战略目标的支持。

二、平衡计分卡考核法的特点和优缺点

（一）平衡计分卡考核法的特点

1. 平衡计分卡考核法是依托理论数据构建的管理系统

平衡计分卡考核法是企业核心战略管理与执行的一项工具，在企业总体发展战略确定后，将其4个方面的目标、方向和初始方案有效地结合在一起。它的目的是将企业发展战略细化为具体行动，提高企业竞争实力。

2. 平衡计分卡考核法是衡量绩效的一种工具

平衡计分卡考核法将企业的战略分成4个不同方面的运行目标，并依据4个方面制定了相应的绩效衡量指标。因此，它克服了信息的复杂性和不对称性的困难，给企业提供了各种正常运营的必需信息，而且因为企业的这些指标都是可量化、可评估、可测度的，有利于企业进行全面的监控，进一步促进企业战略目标的实现。

3. 平衡计分卡考核法是一种沟通工具

平衡计分卡考核法是整个绩效管理系统中最基础和最强大的。绩效指标经过精心设计，有效且清晰，让员工更加了解企业发展战略，使抽象的战略目标具体且易懂。

（二）平衡计分卡考核法的优缺点

平衡计分卡考核法的优点主要有：将企业抽象的战略目标进行分解，分成了具体、易懂的指标；综合考虑到很多因素，包括财务和非财务、内部和外部客户以及短期和长期利益。

平衡计分卡考核法的缺点主要有：实施难度较大，工作量较多，初始操作和推动困难比较多；对企业实施人员的职业素养要求偏高；系统庞大，需要长期实施才能推动企业战略的发展。

三、平衡计分卡考核法的实施

（一）平衡计分卡考核法的实施程序

1. 建立企业愿景和战略任务

通过调查采集企业各种相关信息资料，运用 SWOT 分析、目标市场价值定位分析等方法对企业内外部环境和现状进行系统全面的分析，进而确立企业的愿景和战略任务。

2. 就企业的愿景和战略任务达成共识

与企业的所有员工沟通企业的愿景和战略任务，就企业的愿景和战略任务达成共识。根据企业战略，从财务、客户、内部流程和学习与发展 4 个维度设定具体的绩效考核指标。

3. 量化考核指标的确定

企业为 4 个维度的细化目标找出具体的、可量化的业绩考核指标。

4. 企业内部沟通与教育

加强企业内部沟通，利用各种信息传输的渠道和手段，如刊物、宣传栏、电视、广播、标语、会议等，将企业的愿景规划与战略构想在全员中进行深入的传达和解释，并把绩效目标以及具体的衡量指标逐级落实到各部门，最终落实到每一位员工。

5. 绩效目标值的确定

确定每年、每季、每月的业绩衡量指标的具体数字，并与企业的计划和预算相结合。将企业员工的浮动薪酬与绩效目标值的完成程度挂钩，形成绩效奖惩机制。

6. 绩效考核的实施

为切实保障平衡计分卡考核法的顺利实施，应当不断强化各种管理基础工作，如完善人力资源信息系统、加强定编定岗定员定额、促进员工关系和谐、注重员工培训与开发等。

7. 绩效考核指标的调整

考核结束后，及时汇报企业各个部门的绩效考核结果，听取员工的意见，通过评估与反馈分析，对相关考核指标做出调整。

（二）平衡计分卡考核法实施中存在的问题

平衡计分卡考核法在实施中主要存在以下3个方面的问题。

1. 企业高层领导对平衡计分卡考核法价值认识不足

平衡计分卡考核法具有战略性，同时需要将企业抽象的使命和发展战略转变为清晰的目标，并采用具体的评估手段和指标加以衡量，从而实现战略目标的有效执行。平衡计分卡考核法的操作方式一般是自上而下，需要得到高层领导的持续关注。而现实情况是很多企业一般只将其作为绩效考核的工具，而不是作为战略管理的工具。

2. 宣传、培训、沟通力度不够

培训可以使企业相关人员初步掌握战略管理、平衡计分卡与绩效管理相关基础知识，对于以后平衡计分卡考核法的推行有着很重要的作用。

在实际的操作过程中，一般是企业高层领导对企业的经营战略很清楚，而下属员工却不是很了解，没有将企业战略成功地转化成确保能够实现目标的行动方案，甚至没有发展成衡量员工执行各种方案的绩效指标，从而导致平衡计分卡考核法无法发挥应有的作用。

3. 技术层面的障碍

（1）平衡计分卡考核法在实际应用中样式繁多，没有统一的标准化模式。如何在不同的行业、不同规模的企业中成功引入和实施平衡计分卡考核法仍然具有很大的挑战。

（2）将目标转换成可以计量的业绩指标，对于管理人员来说具有挑战性。这些指标必须是可控的和完整的，即应当抓住业绩的重要方面，而要达到这一点非常不容易。完整性和可控性常常是矛盾的，需要均衡。

（3）绩效考核指标值及其权重的确定是技术层面的主要障碍。例如，销售部门的客户拜访数量这一指标，尽管指标是量化的，可是指标的真伪虚实却很难确认，这就直接关系其权重设置的比例大小，从而进一步影响考核的效果。

第四节　360度考核法

一、360度考核法概述

（一）360度考核法定义

360度考核法又称"全方位考核法"，最初被用于英国军方设立的评价中心，在评价部队战斗能力和选拔士兵等活动中发挥了重要作用。20世纪50年代应用到工商企业，20世纪80年代360度考核法日趋完善。

360度考核法通过不同的考核主体（上级主管、下属、同事、供应商等）对被考核者进行多角度的考核，进而全方位地评估和反馈被考核者的工作行为与工作表现。通过该方法，员工不仅可以从自己、上级、下级、同事甚至顾客处获得多种角度的反馈，也可从这些不同的反馈中清楚地知道自己的不足、长处与发展需求，使以后的职业发展更为顺畅。

（二）360度考核法的优缺点

作为一种全方位的绩效考核方法，360度考核法的优势非常明显，具体包括：①突破了传统的绩效考核制度，可以避免"个人主观偏见"等对考核结果的影响。②反映出的员工在不同角度的工作状态等信息较为真实可靠。③防止被考核者急功近利的行为。④有助于员工根据考核结果提升多方面的能力。⑤可以强化以客户为中心的理念。⑥增加了员工的自主性和对工作的控制。

360 度考核法的缺点有：①考核成本高。当一个人要对多个同事进行考核时会耗费工作时间，当多人共同考核时就会导致考核成本的提升，甚至超过考核价值。②个别员工可能在考核中发泄个人情绪，影响考核结果的真实性。③360 度考核是一种全方位的考核方式，因此需要对全体员工进行绩效考核培训，增加了考核实施的难度。④评估效率低，不适合大规模考核。

（三）360 度考核法的作用

360 度考核法如此盛行，就在于它集中了多角度的考核信息，综合性强，收集到的信息质量可靠，它通过强调团队（上级、下级、同级）和客户（顾客和供应商），推动企业的全面质量管理。360 度考核法的作用归纳为以下 3 个方面。

（1）360 度考核法有助于员工的个人发展，提高员工自我洞察力，通过反馈评价与个人发展计划相结合，明确自己的优势和需要改进的地方，激发其积极向上的动力，进而制订符合自身要求的能力发展计划。

（2）360 度考核法有助于员工的培训，可以帮助企业完成培训需求分析，制订适宜的培训计划，能够有效地验证培训效果，从而为企业人力资源开发提供有力支持。

（3）360 度考核法可以多角度、全方位考核企业所有员工的绩效水平。

二、360 度考核法的考核主体选择

根据 360 度考核法的定义及被考核者的信息来源，360 度考核法的考核主体应该是被考核者的上级、同事、下级、客户及自我。

（一）上级考核

上级考核是由被考核者的上级对其工作目标完成情况、工作中的行为表现、工作态度等方面进行的考核。上级考核受个人主观影响明显。特别是在大企业中，由于上级事务繁忙，无法时时观察员工的工作情况，

所以上级考核应该和其他方面的考核相结合。

（二）同事考核

上级只能观察到员工工作的一小部分，员工大部分的时间是与同事进行协作、沟通、分工进而完成任务的，所以员工的大部分行为是同事、下级或客户比较熟悉的。另外，同事参与评价有助于员工在工作中加强合作意识，而且同事考核有助于预测员工晋升的有效性，对员工晋升后的绩效也有较好的预测性。但同事考核往往会受被考核者与同事的人际关系的影响，比如关系好的就给高分，不好的就给低分，导致考核结果有失公正。

（三）下级考核

被考核者的下级与其直接接触，是被考核者管理能力、执行能力以及领导力的评判者。通过下级考核，可以直接反映出被考核者在管理方面的一些问题。此外，下级对上级进行考核还有利于企业民主作风的培养和企业员工凝聚力的提高。但是也时常会出现下级报复上级的情况或者下级顾忌上级，不敢真实地反映情况，影响考核结果的公正性。

（四）客户考核

客户考核可以分为顾客考核和供应商考核。很多企业注重客户的评价，如餐饮企业、旅游企业等，它们会定期收集客户的意见，这有助于企业就服务、产品等方面加强改进，增强员工积极服务的意识。但是客户评价主观性很强，如果是以牺牲企业利益为前提满足客户需求来获取客户的积极评价，显然是违背考核初衷的。

（五）自我考核

自我考核是被考核者本人对自己的工作表现进行评价的一种考核方式。它一方面有助于员工提高自我意识，使员工能够更好地认识到自己的优缺点；另一方面让员工进行自我考核，也是对绩效考核工作的配合与支持。但员工往往会对自己的评价偏高，而且当自我考核与其他主体考核的结果差异偏大时，容易造成双方矛盾。

不同考核主体具有不同的特点，具体见表 5-2。

表 5-2　360 度考核法的不同考核主体优缺点

考核主体	优点	缺点
上级	（1）考核结果可以与晋升、加薪、奖惩等相结合 （2）有机会与下属更好地沟通，了解下属的需求和想法，发现下属的潜力	（1）被考核者心理负担较重 （2）可能存在一定的心理误区，如近因效应、晕轮效应等
同事	（1）比较了解被考核者的真实工作情况 （2）促使同事之间互帮互学，有利于全面提高企业绩效	（1）可能会造成激烈竞争的局面或出现因其他原因扭曲事实的局面 （2）因顾及"朋友关系"或"同事交情"等，影响考核结果的客观性
下级	（1）对上级产生一定程度上的权力制衡效果 （2）帮助上级提高其管理才能	（1）下级员工因顾虑上级的态度及反应而无法真实反映上级的不足之处 （2）下级对上级的工作不可能全部了解，容易产生片面的看法
客户	（1）有助于完善信息系统，对企业的发展起到促进作用 （2）提供更为详细的外部资源信息，使内部考核和外部考核更好地结合	考核成本高，使用范围受限制
自我	（1）员工心理压力相对于前几种较轻 （2）可以使上级深入了解员工的具体情况，调动员工自我管理的积极性	可能会对自己评价过高，与上级或同事做出的评价差距较大

三、360 度考核法的实施程序

360 度考核法的具体实施程序分为 4 个阶段。包括考核的准备阶段、设计阶段、实施阶段、评估与反馈阶段，各个阶段的具体工作事项如下。

（一）考核的准备阶段

1. 获得领导的支持

获得高层领导的支持是 360 度考核法实施的前提。一方面，企业的高层领导是考核评估中重要的考核者之一；另一方面，他们从宏观上决定了绩效考核的政策，指引着绩效考核的方向，也是绩效考核得以顺利推进的强大动力。

2. 成立考核小组

考核小组由人力资源部负责组织，由被考核者的上级、下属、同事及客户组成考核团队，最后考核结果由人力资源部整理、汇总、分析并反馈。

3. 工作的宣传

通过360度考核工作的宣传，让被考核者扫除心理障碍，避免防御和抵制情绪的产生；让考核者正确认识自己的角色及360度考核的作用，从而尽可能地提供客观真实的信息；让员工真正地认识到绩效考核对他们的益处，消除他们对绩效考核工作的顾虑，提高他们参与绩效考核工作的积极性，从而增强评估的效果。360度考核工作的宣传方式可以是集体会议、公司文件传达等。

（二）考核的设计阶段

360度考核法的设计阶段主要包括确定考核周期、考核人选、考核对象、考核内容以及设计调查工具等内容。360度考核法因为实施和组织成本较大，因此一般是每年一次，时间通常定在每年度末，考核对象是中高层领导者，考核内容会涉及被考核者的任务绩效、管理绩效、周边绩效、态度和能力等方面。下面重点介绍考核设计阶段的3项内容。

1. 确定考核周期

严格说来，绩效考核的周期并没有唯一的标准，一般的考核周期为月、季、半年或一年，还可以选择在一项特殊任务或项目完成之后进行。

在考核频率的选择上，频率不宜太高，否则一方面浪费一定的精力和时间，另一方面造成员工的心理负担。同时，考核周期也不宜太长，这样不仅减弱考核的效果，还不利于员工绩效的改进。

2. 确定考核人选

360度考核法的实施主体一般由多人组成：被考核者的上级领导、同事、下级、被考核者本人及其他工作关系密切的人员，但并不是所有的上级、同事、下级及其他相关人员都是被考核者的考核人选，而是其中那些与被考核者在工作上接触较多，比较了解其工作表现的人才能作为考核者的人选。

另外，也并不是所有的考核者对被考核者的所有考核内容进行评价，例如，评价被考核者的服务意识，选择由其服务的对象来评价则更为合适。

3. 设计调查工具

360度考核法的重要工具之一是调查问卷。调查问卷的设计关系到绩效考核的效果和效度。因此，设计好调查问卷是考核设计阶段一项很重要的工作。

调查问卷的形式分为两种。一种是给考核者提供5分等级或者7分等级的量表（称为等级量表），让考核者选择相应的分值；另一种是考核者写出自己的评价意见（称为开放式问题）。这两种方法也可以综合采用。从问卷的内容来看，可以是与被考核者的工作情景密切相关的行为，也可以是比较共性的行为，或者是二者的综合。

调查问卷设计时应注意如下的问题。

（1）确定科学的绩效考核指标体系。一套科学有效的考核指标体系应根据企业的组织目标、价值观及工作分析等各方面的因素而确定。在制定指标时，应尽可能地量化。

另外，当岗位对任职者的某一项或几项素质有特殊的要求时，可以给每个考核指标赋予一定的权重，以示其重要性的区别。例如，人力资源经理这一职位，要求岗位任职者具有较好的人际沟通能力、较强的协调能力和观察能力等，这方面必须超出一般的水平。因此，在进行问卷设计时，可赋予这几项指标较高的权重。

（2）调查问卷设计的差异化。不同的工作岗位，其工作内容、工作职责、工作技能要求等各方面是不一样的，这就要求在设计问卷时，针对不同的被考核者，在考核指标和考核内容上应当是有所差别的。

（3）要考虑不同考核者对考核内容的侧重点。不同层面的考核者从不同角度对被考核者的工作行为进行考评，上级考核者主要注重考核被考核者的领导能力、计划决策能力、创新力等。同级考核者主要考核被考核者的协作力，包括部门合作、同事协作，发挥团队优势，创造和维护良好的工作氛围等。下级考核者主要考核被考核者的领导水平，以及驾驭局面的能力、业务能力，并关注其对员工的培养等。客户考核者主要考核被考核者的服务态度、服务水平、服务质量、服务效果等。

即使是同等上级考核，对不同被考核者的着重点也不一样，例如，对业务部门总经理考核的是其业务能力、经营管理能力、沟通谈判能力等方面，而对职能部门负责人考核的主要是其组织协调能力、部门人员管理能力等。

（三）考核的实施阶段

1. 问卷发放及填写

对问卷的开封、发放要实施标准化的管理。问卷填写采用匿名的方式，整个问卷填写时间不宜过长，以 15~30 分钟为宜。

2. 问卷回收

问卷的收卷和加封保密要严格，有相关人员监督执行，避免遭到篡改。

3. 统计并报告结果

360 度考核数据统计分析一般采用社会科学统计软件包（SPSS）工具。评估报告要用数据说话，客观呈现数据结构，内容表述简明易懂。一般情况下，360 度考核评估报告应当包括维度的定义和描述、被考核者核心能力的确定、不同来源评价观点的比较、被考核者的能力综述及最高和最低的得分项目等内容。

（四）考核的评估与反馈阶段

360 度考核的评估与反馈阶段非常重要，意味着 360 度考核的落实。360 度考核的评估与反馈是一个双向反馈过程，主管领导应积极地将 360 度考核统计结果反馈给被考核者，并与被考核者进行面对面的交流，向被考核者解释每一项评价内容的含义，并协助被考核者制订个人发展计划。

第五节 目标与关键成果考核法

一、目标与关键成果考核法概述

(一)目标与关键成果考核法的定义

目标与关键成果考核法是一套定义和跟踪重点目标及其完成情况的管理工具和方法。它要求企业、部门、团队和员工不但要设置目标,而且要明确完成目标的具体行动。对目标与关键成果设定的基本要求如图 5-5 所示。

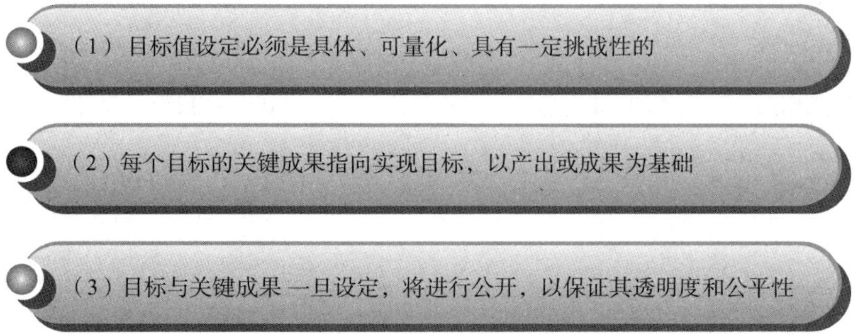

- (1)目标值设定必须是具体、可量化、具有一定挑战性的
- (2)每个目标的关键成果指向实现目标,以产出或成果为基础
- (3)目标与关键成果一旦设定,将进行公开,以保证其透明度和公平性

图 5-5 目标与关键成果设定的基本要求

(二)目标与关键成果考核法的基本方法和原则

1. 目标与关键成果考核法的基本方法

目标与关键成果考核最基本的方法是:先制定一个"目标";然后根据这个目标,设定几个可量化的"关键结果",用来帮助员工实现目标。

2. 目标与关键成果考核法的原则

(1)关键结果是要可量化的,包括时间和数量上的限制。

(2)设定的目标具有一定的难度,对于自身有一定的挑战性,这样才能督促员工为目标不断努力、进步。

（3）企业所有员工的目标与关键成果需要公开透明，包括内容和评分记录。

（三）目标与关键成果考核法的特点

1. 简单

每个目标设置的关键成果不超过 4 个，过多的关键成果会造成目标不清晰、操作易混乱。

2. 直接

每个关键成果都是直接对应目标，需要员工独立完成的。

3. 透明

企业、部门、团队以及员工制定的所有目标和关键成果乃至最终评分都实行公开制度，这样既能体现公平公正，又能帮助员工互相学习、进步。

（四）目标与关键成果考核法的优缺点

目标与关键成果考核法的优点主要是有利于抓住核心重点，有利于信息的传递流通，易激发员工的工作激情。但其缺点也很明显，主要表现有：每个人只对自己的部分负责，缺少整体意识；人的主观能动性受限；最终结果非常依赖管理者的指示。

（五）目标与关键成果考核法的适用范围

实施目标与关键成果考核法的前提是，员工具有主观能动性、自我意识强大，且职业素养较高以及具备突出的专业技术能力，能够积极主动地承担职责。因为目标与关键成果考核法下的目标，是由个人提出然后由领导、企业确定的，这和常规考核法不同，所以对员工和企业的要求较高。

一般情况下，目标与关键成果考核法适用于以下 3 类企业。

（1）创业型企业：战略目标还未确定、需要进行摸索来确认企业的战略，在这个基础之上，目标与关键成果考核法是有用的。

（2）高科技型企业：员工职业素质与专业能力均很高，自我主动性强，自我管理意识强，企业发展方向不断地在调整。

（3）创新型企业：企业组织结构扁平化，需要提高基层员工的决策与自主能力。

无论哪类企业，目标与关键成果考核法的适用都需要和绩效文化相契合，且员工需要具备较高的职业素养。目标与关键成果考核法是一种有效的管理方法，但国内大多数企业不适宜用该种绩效管理方法。想要实施目标与关键成果考核法，公司高层和管理人员需要先深入学习和了解目标与关键成果的含义、特点和实操变化，才能根据企业的实际情况进行相应调整，针对不同的部门可以实施不同的目标制定策略。

二、目标与关键成果考核法实施程序

目标与关键成果考核法是依据项目进展进行考核的一种方法，主要的目的是更有效率地完成目标任务。其实施程序如下。

（一）设定目标并明确每个目标的关键成果

1. 设定目标

目标与关键成果考核法实施的第一步，是从企业战略发展状况来确定年度、季度目标，并且目标制定的顺序是从上到下，从企业到部门再到团队最后到员工个人。每个员工设定的目标一般不会完全相同，员工可以根据部门和上级领导的目标，在自己想挑战的目标内找到对企业目标有利的部分，和上级领导商讨后再确立目标。

关于目标的设置，一次最多设置5个，每个目标最多设置4个关键成果，且60%的目标要源于基层员工，倾听他们的心声，这样员工工作的积极性会大幅度提高。在完成目标时，所有人都必须齐心协力，不能有任何命令的语气和形式。

在目标设定阶段，需要注意以下3个方面问题。

（1）目标要具体明确、可量化的。

（2）设定的目标不能过于简单，需要有一定的挑战性。

（3）设定的目标，需要管理人员和员工进行充分的沟通后达成共识。

2. 明确每个目标的关键成果

关键成果是目标的具体分解，是为了达到这个目标所要做的事情，所以关键成果必须具备以下特点：

（1）必须是可以实现目标的。

（2）必须具备创新精神。

（3）以结果为导向，必须是可量化的，要设定评分标准。

（4）每个目标分解的关键成果最多为4个。

（5）有时间限制。

目标可分解为年度关键成果和季度关键成果。一般而言，年度关键成果可根据实际情况及时调整，并不是一成不变的；而季度关键成果一旦确定则不能改变。

在此过程中，需要注意的是，关键成果可以调整，但是目标不能调整，只有措施和方法可以不断调整、完善。

（二）执行及评分

确定了关键成果后，就要围绕这个具体的目标进一步分解任务。所以，每项关键成果就会衍生出一系列具体的任务，并将其分配给不同的员工。每项关键成果负责人就是该项目的项目经理，负责掌握项目的进程，组织协调整个项目团队。

每个季度，员工需要自行回顾，给自己的关键成果完成情况和质量进行打分，分值为 0~10 分，理想状态下的分值是 6~7 分。如果打分为满分，那就说明目标定得过低，容易完成；如果分值低于 4 分，说明该项目存在问题，需要重新规划。

（三）有效反馈及复盘

复盘所有员工过去完成的绩效，并且企业内所有人复盘的内容、达成的成就及级别都是公开共享的，一方面可以做到更为公平和透明，另一方面也给每位员工提供了学习和成长的样本，激励大家挑战更高的目标，更严格地要求自己。

三、目标与关键成果考核法和关键绩效指标考核法的区别

（一）管理的发起方向不同

目标与关键成果考核法是从下往上管控，关键绩效指标考核法更多地是从上往下管理。前者并不强调达到目标的分解参数和分析，更在意的是员工从下而上的驱动力、创造力，有积极的自驱力去完成目标。而后者更多的是使用在可以量化的部门或者目标上，需要靠管理者不停地监督、管理员工按照企业规章制度开展工作。

（二）追求的结果不同

目标与关键成果考核法需要达到的是创意的结果，关键绩效指标考核法需要达到的是指定的结果。

（三）适应范围不同

目标与关键成果考核法更适合创意性团队或部门，关键绩效指标考核法更适合与财务相关的可分解的市场运营团队。

本章自测题

1. 简述目标管理考核法的优缺点。
2. 关键绩效指标考核法在实施过程中会遇到哪些困难？
3. 谈谈平衡计分卡考核法与关键绩效指标考核法的关系。
4. 360度考核法的考核主体有哪些？
5. 简述目标与关键成果考核法的实施程序。

第六章　绩效考核实施管理

 学习目标

- 知晓绩效考核内容和考核主体的确定
- 了解绩效考核方法的选择
- 知晓绩效考核团队构成的影响因素
- 掌握绩效考核团队组建的步骤和团队成员职责权限
- 了解绩效考核周期确定的影响因素
- 了解绩效考核指标的确定依据
- 掌握绩效考核标准的确定过程
- 掌握绩效信息收集分析的方法与过程
- 理解绩效考核争议产生的原因，掌握绩效申诉的处理过程
- 掌握绩效面谈的内容、方法与步骤

 引导案例

　　R公司下属生产技术部在2022年招聘了两名来自名校的大学毕业生小林和小张。他们两个是同班同学，彼此很熟悉，都入职

电气工程师岗位，只不过小林主要负责工程设计图，而小张负责电气程序的修改和设计。

转眼过去了半年，这半年里小林和小张都表现优异。小林工作兢兢业业，仔细认真，经常加班，部门领导对他赞赏有加；小张也得到了部门领导的赏识，经常被派去参加外部培训，学到了很多新知识。到了年底，R公司开始进行年终绩效考核，小林和小张都对自己的表现很有信心，可是考核结果一出来，小林却是十分失望。原来小张的绩效考核结果是A+，职位等级从T3升到了T4，而小林的绩效考核结果是A，职位等级维持T3不变。

小林对公司的管理制度及考核制度非常不满，觉得平时自己比小林工作更忙，加班加点也属常态，而小张不仅工作时间少，还经常因外出培训耽误工作。可是他这样的不满却无从表达，多次向上反映也不了了之。从此，小林工作没有原来上心了，加班的频率大大减少，工作质量也大幅降低。

这样的状态又过了半年，小林私下更新了自己的简历。某位猎头捕捉到了这一动态，经过电话确认后，猎头给小林推荐了另外一家待遇好、离家近的公司。小林很快便跳槽了。

请思考：为什么小林和小张的绩效考核结果会有如此大的偏差？你认为R公司的绩效考核可能出现了哪些问题？

第一节　绩效考核内容与考核主体确定

一、绩效考核内容的确定

通过本书前面的内容我们已经知道，绩效分为3个层次，即组织绩效、团队绩效与个人绩效，对应到企业中即为企业绩效、部门绩效与员工绩效。由于本书所讲的绩效考核主要针对员工个人而言，所以这里就以对员工的绩效考核为例，说明考核内容的确定。

（一）对工作能力与工作态度的考核

判断员工的绩效水平是根据员工的工作能力、工作态度和工作业绩进行的，因此绩效考核的内容应该包括工作能力、工作态度和工作业绩。其中，工作能力和工作态度主要是通过胜任素质来考核，即建立胜任素质模型。

胜任素质模型是指为完成岗位工作、达成某一绩效目标，要求任职者具备的一系列不同素质要素的组合，其中包括不同的动机表现、个性与品质要求、自我形象与社会角色特征以及知识与技能水平等。这些行为和技能必须是可衡量、可观察、可指导的，并能对员工的个人绩效表现以及企业的经营生产产生关键影响。

基于胜任素质模型的绩效管理，是以结果为导向的，关注员工的短期绩效转向能力。一方面，通过胜任素质模型，能够对员工未来的绩效进行合理且有效的预测，为企业的人力资源管理实践提供精确的指导，包括晋升调配、培训开发等。另一方面，胜任素质模型的引入对企业各级管理者的管理风格提出了新的要求。即管理者不仅要关注下属在达到绩效过程中的不足与问题，包括知识与技能的差距，行为方式的规范与改善等，还要帮助下属关注自己的潜能，即"最擅长什么""潜能将如何影响未来的绩效"等。

在企业实际运作中，对员工工作能力与工作态度的考核往往针对中高层管理者，且这些内容不能被很好地量化，具有特殊性，而胜任素质模型也无法独立使用，企业往往会花费较大精力定制特别的绩效考核方案，因此不具有普遍性。

（二）对工作业绩的考核

所谓工作业绩，也就是员工工作的直接结果表现。这种结果表现其实在某种程度上也直接体现了员工的工作能力和工作态度，对员工的工作业绩进行考核，能够更加直观地展示员工工作任务的完成情况。更重要的是，工作业绩其实可以看作一种信号的传递，它揭示了员工可能存在的问题和需要提高和改进的地方。

一般而言，可以从数量、质量和效率3个方面来衡量员工的业绩，具体就是设计绩效考核指标和绩效标准，选择合适的考核方法，详细内容将在后文中展示。需要特别说明的是，不同类型的岗位，其工作业绩的体现形式也有所不同，例如业务人员和办公室文员这两种岗位，其工作业绩显然不能套用同一套指标和标准来进行衡量。因此，在设计绩效考核指标和标准时，需要针对不同的岗位设计合适的考核指标与标准，以便更加科学、有效地对不同岗位的工作业绩进行考核。而其核心就是要将需要进行绩效考核的内容尽可能量化，对于实在不能量化的内容，也要建立统一的标准，尽可能客观具体。

二、绩效考核主体的确定

绩效考核主体即对员工的绩效实施考核的人员。在一个企业中，岗位是多样的，不同部门之间的工作内容也差距很大，仅凭借一个人的观察（例如人力资源部经理）和评价很难对所有员工做出全面的绩效考核，即便完成绩效考核，其结果也往往是不具体、不全面的。为了确保绩效考核的全面、有效、科学，在实际操作中，绩效考核主体并不是某一个人，而是能够为此负责的一系列人员，主要包括下列6个方面的人员。

（一）人力资源部

这是最容易被想到的绩效考核主体，人们往往会认为绩效考核是人力资源部的基本职能，因此理所应当由人力资源部作为绩效考核的主体，但其实这种看法是片面的。人力资源部确实可以作为绩效考核的主体，但是由于企业岗位数量多，不同岗位的工作内容也差距较大，人力资源部成员不可能精通所有业务，仅以人力资源部作为绩效考核的主体，所得到的考核结果注定是不准确、不全面的。

（二）被考核者上级

被考核者的上级或被考核者所在部门主要负责人，对被考核者进行直接的管理，他们通常最了解被考核者的工作内容与工作情况，被考核者的工作态度与工作能力也在日常中能直接观察到。以被考核者上级作为绩效考核主体，获得第一手考核信息，保证考核结果的权威。但也存在被考核者上级事务繁多导致没有足够的时间来全面观察员工的情况，且假若单以被考核者上级作为绩效考核主体，会导致绩效考核信息来源单一，容易受到该上级个人的作风以及对下属员工的偏好等因素的影响，导致可能产生个人偏见。

（三）被考核者平级

平级，抑或说同事，他们和被考核者在一起工作，因此他们对被考核者的工作情况也比较了解，并且平级员工一般不止一人，因此可以对被考核者进行全方位的评价，能有效地避免个人偏见。此外，利用平级员工作为绩效考核主体，有利于促使员工在工作中互相配合。平级员工作为绩效考核主体的缺点是人际关系的因素会影响考核的公正性，且可能出现员工之间协商一致，相互给高分，还有可能造成员工之间相互猜疑、戒备，这会影响员工之间的关系，不利于形成良好的工作氛围。

（四）被考核者下级

以被考核者下级作为绩效考核的主体，优点是可以促使上级更加关心下级的工作，使员工之间的关系更融洽。由于下级是被管理的对象，因此最了解上级的领导管理能力，能够发现上级在这方面存在的问题。缺点是由于顾及上级的反应，可能不敢真实地反映情况，同时，也可能会削弱上级管理的权威性，造成上级对下级的迁就等。

（五）被考核者本人

在被考核者本人思想道德过关的情况下，被考核者本人无疑是最清楚自身工作情况的，可将其作为绩效考核主体。这样做的优点是能够增强被考核者的参与感，强化自我开发意识和自我管理意识，得到的绩效考核结果也更容易被接受。缺点是被考核者对自己的评价往往偏高，并且当被考核者自我考核与其他主体考核的考核结果差异较大时，常常会引起矛盾。

（六）被考核者的客户

将客户作为绩效考核的主体，是指由被考核者的服务对象来对他们的绩效进行考核。这里的客户，是较为广义的概念，不仅包括企业外部的客户，还包括内部客户。通过客户对被考核者进行绩效考核，有利于被考核者更加关注自己的工作成果，提高工作质量与工作效率。将客户作为绩效考核主体的缺点是，客户往往只看重工作结果，不会用心对被考核者进行全面的评级，且即便客户的概念扩展到企业内部客户，仍存在有些岗位的客户难以确定的情况。因此，将客户作为绩效考核主体只是一种理论可能，实际操作中，很少有企业使用这种方法。

上面列举了常见的绩效考核主体，由于不同的考核主体获取考核信息的方式不同，对员工绩效的看法也会不同，为了保证绩效考核的客观公正，应当根据考核指标的性质来选择考核主体。因此，有必要组建绩效考核团队。

第二节 绩效考核方法选择

一、绩效考核方法选择的维度

在选择绩效考核方法时，应从信度和效度两方面选择适合企业的考核方法。

（一）信度

信度即考核结果的可靠程度。企业在选择绩效考核方法时，要能准确测算出各考核方法取得结果的前后一致性。

如果企业在同一绩效考核周期对同一员工开展两次考核,且两次考核结果一致,则说明该考核方法的信度很高;反之,则说明该考核方法的信度很低。若发现绩效考核方法的信度很低,企业需要分析影响考核结果的原因,是考核者个人态度、动机、情景等个人人格因素的影响,还是考核方法所采用的考核量表的影响。如果是绩效考核方法的问题,就需要重新选择其他方法。

(二)效度

效度即绩效考核结果的有效性。企业在选择绩效考核方法时,需要按照效度的侧重面,即内容效度、结构效度、效标关联效度3个方面对所采用考核方法得出的考核结果的效度进行检验。

二、绩效考核方法的对比选择

绩效考核是绩效管理的关键环节,企业在实施绩效考核时,可选用的绩效考核方法有目标管理考核法、关键绩效指标考核法、平衡计分卡考核法、360度考核法和目标与关键成果考核法等。表6-1是上述绩效考核方法的效度与信度说明。

表6-1　　　　各种绩效考核方法的信度、效度说明表

考核方法	方法说明	效度	信度
目标管理考核法	让企业员工参与到工作目标的制定中,以便在实际工作中实行"自我控制"	低	高
关键绩效指标考核法	通过衡量员工的关键可量化的绩效考核指标对员工实施绩效考核	高	高
平衡计分卡考核法	根据企业的战略要求设计绩效指标体系	低	低
360度考核法	适用于对企业中层及以上的人员进行绩效考核	高	高
目标与关键成果考核法	对被考核者的工作行为事件进行观察、记录、分析,然后判断其内在素质	低	高

除了采用效度和信度两个重要维度,企业在选择绩效考核方法时,

还需要考虑被考核者所在的部门、岗位的工作职责及工作内容等相关事项，以保证能够准确反映员工的考核成绩。

第三节 绩效考核团队组建与考核周期确定

一、绩效考核团队的组建

（一）绩效考核团队成员要求

为保证绩效考核结果的客观性、公正性，企业在甄选和确定考核团队时，必须满足以下要求。

（1）考核团队成员人数一般为单数。

（2）考核团队成员选择必须具有代表性，能够代表大多数成员的看法。

（3）考核团队成员能够理解考核目标和考核指标，并确保其评价结果能够真实反映被考核者的绩效水平。

（二）影响绩效考核团队构成的因素

通常来说，一个优良的绩效考核团队应由企业总经理及分管副总经理、人力资源部经理、各部门经理以及专业的绩效指导顾问组成，如果因特殊原因导致个别部门无法安排部门人员进入考核团队时，人力资源部可安排相关人员暂替该部门履行考核的职责。

绩效考核团队构成受考核目标设定、考核方法选择、被考核者的层级、考核周期长短等因素的影响。

1. 绩效考核目标设定影响

绩效考核目标设定不同，其考核团队构成也不尽相同。以生产人员考核为例，如目标是考核生产质量，其考核团队应以质检人员为主；如目标是考核生产任务量，其考核团队应以车间（班组）管理人员为主。

2. 绩效考核方法选择影响

绩效考核方法对考核团队构成具有直接影响。以高层管理者为例，如果选择360度考核法，考核团队至少应包括其上级、下级、同级、客户等；如果选择关键绩效指标考核法，考核团队则可由其上级、同级构成。

3. 被考核者层级影响

被考核者层级主要影响绩效考核团队成员级别。一般情况下，中高层管理人员的绩效考核工作通常由中高层管理人员组成的考核委员会承担，基层人员的绩效考核工作通常由其直接上级、同级完成。

4. 绩效考核周期长短影响

绩效考核周期长短主要对考核团队成员数量产生一定影响。通常情况下，绩效考核周期越长，考核情况越复杂，所需考核团队成员数量也越多。

（三）组建绩效考核团队的步骤

高效率、高素质的绩效考核团队，要求在考核期间，考核团队成员有良好的合作沟通品质，并能在良好的外部环境支持下、优秀领导的引导下，高效率地朝着目标运转。组建绩效考核团队的具体步骤如下。

1. 分析绩效考核工作特点与工作性质

通过对绩效考核工作特点与工作性质的分析，明确绩效考核团队应该挑选何种人才，各人才在团队中的能力及经验应具有互补性。

2. 确定团队成员的挑选标准

在确定挑选标准时，应综合分析以往年度绩效考核团队在组建与运营过程中存在的相关问题，然后根据问题设定挑选标准，以达到团队成员在各方面的平衡与稳定。

3. 确立候选人，分析候选人的各方面能力

对候选人进行分析时，除了分析候选人的工作业绩，还应重点分析候选人的工作能力、工作态度、职业道德、责任心及人际沟通能力等，以免因考核团队的问题影响企业整体绩效管理水平。

4. 公布候选人

绩效考核团队组建部门（一般为人力资源部）将候选结果告知各部

门员工，接收来自各部门的监督和反馈。

5. 上报成员名单进行审核

确立绩效考核团队成员后，人力资源部应将绩效考核团队的成员名单报告上级领导进行审核，待审核通过后，人力资源部组织运营绩效考核团队。

（四）划分绩效考核团队成员职责权限

绩效考核工作需要企业全体员工的参与，按照考核工作的组织、实施、评价的具体顺序，参与考核的相关人员的职责权限可参考表6-2。

表6-2　　　　　　　绩效考核团队成员职责权限说明表

团队成员	担任职务	职责说明	权限
总经理	绩效考核小组组长	组织成立绩效考核小组，确定合适的考核团队人员，组织制订各部门及各类岗位员工的绩效考核计划等	审批绩效考核结果及申诉处理决定等
分管副总经理	绩效考核小组副组长	监督绩效考核各项工作的具体落实情况，审议绩效考核方案等并监督方案的落实情况	审核绩效考核方案及考核标准
人力资源部经理	执行干事	根据各部门岗位说明书，确定各岗位的绩效考核方案及考核标准并监督执行，处理绩效考核申诉事宜	审核绩效考核结果
人力资源主管	成员	收集绩效考核信息，对绩效考核过程进行管理和控制，计算、分级、公布考核结果，受理绩效考核申诉事宜	对部门成员进行绩效考核，并协助其他团队成员对各部门进行绩效考核
各部门员工	成员	组织对部门同事实施绩效考核，并与之进行考核沟通	对部门员工进行绩效考核

（五）开展绩效考核团队培训

组建绩效考核团队后，人力资源部应及时开展对绩效考核团队的培训，提高绩效考核团队成员的各项考核技能，以保证企业可以取得良好的绩效管理成果。

1. 绩效考核团队培训的内容

企业对绩效考核团队的培训内容包含以下 3 项。

（1）讲解企业人力资源管理制度。对企业整个人力资源管理制度的结构和内容做出说明，对人力资源管理制度的运行状况以及未来发展方向和模式做出阐述。

（2）讲解绩效考核所需基本知识。主要包括如何确定绩效考核项目、如何制定考核标准、如何设计考核量表、如何选择考核方法、如何处理考核实施过程中的问题。

（3）分析绩效考核可能存在的误区。分析"光环效应""首因效应"等误区，以及如何避免这些错误，使考核者做出正确的评价。

2. 绩效考核团队培训的目的

考核团队培训的目的主要包括以下 4 个方面。

（1）明确各考核主体在绩效考核工作中的角色定位，提高相关人员对考核的认识。

（2）确保各部门的绩效考核重点保持一致，以保证考核结果的公平性。

（3）提高绩效考核团队的水平，使被考核者产生信赖感。

（4）帮助绩效考核团队正确地把握工作方向。

3. 绩效考核团队培训的注意事项

为保证培训效果，在绩效考核团队培训过程中，应注意以下关键事项。

（1）确保培训人员数量适中，以避免因人数过多导致培训人员参与意识减弱，或因人数过少导致人均培训成本过高。

（2）设定合理的培训时间，以避免因培训时间过短导致培训人员学习、交流时间不足，或因培训时间过长导致培训费用支出过高。

（3）选择适当的培训方式，尽量将课堂讲授法、多媒体教学法、案例分析法等有机结合，规避单一的培训方式。

二、绩效考核周期的确定

（一）影响绩效考核周期确定的因素

绩效考核周期是指多长时间对员工进行一次绩效考核。

绩效考核周期的确定除受到考核目的、工作性质等因素的影响外，还受到以下因素的影响。

1. 薪酬的发放周期

绩效考核的周期可以与绩效奖金发放的时间相对应。

2. 绩效目标的完成周期

对于项目管理来说，要根据项目的完成周期进行评价。

3. 员工的职务类型

对于操作类员工，他们的绩效考核结果有时当天就可以看到，所以绩效考核周期相对要短一些；对于管理类和技术类的员工，他们出成果的周期相对长一些，所以绩效考核周期也应相对长一些。

4. 绩效考核的工作量

绩效考核的工作量大，其周期就应该相对长一些，以保证质量；反之，绩效考核的工作量小，其周期就可以相对短一些。

5. 分散式绩效考核

当每位员工在本部门满一个绩效考核周期时，即可以对他进行考核，员工的绩效考核可以分散到部门主管平时的工作中。

绩效考核周期的确定除了考虑以上因素，主要还应当根据企业自身的实际情况确定。对于规模较大、人员结构层次复杂的企业，绩效考核周期可以按照不同标准进行设计；规模较小的企业，则在每月度或季度末进行一次绩效考核即可。

（二）合理设定绩效考核周期

绩效考核周期需要视具体情况设定，一般有以下几种情况。

1. 按职位层级设定绩效考核周期

不同的员工层级对应不同的绩效考核周期，通常，高层管理职位的绩效考核周期是半年或一年，中层管理人员的绩效考核周期是一个季度，职能部门员工的绩效考核周期是一个月。

2. 按职系设定绩效考核周期

不同职系的绩效考核周期要结合职系特点设定，如研发职系，要结合研发周期设定；生产职系，要结合生产流程设定；销售职系，要结合销售周期设定。

此外，人力资源、行政、财务、后勤等职系的人员一般以月度或季度为周期进行绩效考核。

3. 按成果的达成周期设定绩效考核周期

对于规模大、周期长的项目，可以切分出多个"里程碑"，用项目管理的"里程碑"作为绩效考核周期。

第四节　绩效考核指标与标准确定

一、绩效考核指标的确定

（一）明确绩效考核指标确定依据

人力资源管理人员需对以下 3 项内容进行分析，并以分析结果为依据，确定绩效考核指标。

（1）对企业各岗位的工作内容、性质及完成岗位工作所需具备的条件进行分析，明确岗位工作事项及岗位工作目标，并据此提取关键绩效指标，以充分体现岗位工作目标要求及岗位关键职责。

（2）对各岗位的工作流程进行梳理，确定关键流程事项，并据此提取绩效考核指标，以体现出岗位在工作流程体系中的角色、责任及工作关系。

（3）对各岗位工作的绩效特征进行分析，明确相关工作事项的绩效考核程度，并结合考核需求，提取考核指标，以保证考核指标的有效性。

（二）确定绩效考核指标

企业需根据绩效考核的实际需要及自身实际情况，结合指标设计的原则和指标确定依据，选择合适的方法确定绩效考核指标。确定的绩效考核指标需具有以下特点。

（1）指标种类的选择需以考核目的为依据，能够反映出绩效考核的目的。

（2）绩效考核指标数量需适中，不宜过多或过少，一般要求每一类的指标数目为4~8个，以保证考核的全面性、准确性，同时提高考核效率，并有效控制考核成本。

（3）绩效考核指标确定后，人力资源管理人员需同被考核者或其上级进行沟通，询问相关意见并进行调整，同时使被考核者或其上级了解考核内容，进而配合或支持考核工作展开。

二、绩效考核标准的确定

（一）绩效考核标准等级划分

绩效考核标准等级划分主要是对绩效指标的范围、强度或频率进行规定。就实际情况来说，被考核者在每个标准上的变化状态与差异状态都是无限多的，但在这无限多种状态中有实质性差异的却是有限的几种。绩效考核人员把这少数几种的状态类型与差异类型予以确定的过程即是绩效考核标准等级划分的流程。

（二）指标标准制定步骤

1. 指标目标值制定

指标目标值是指企业对部门或岗位工作所期望达到的考核标准值。指标目标值一般包括基本目标值和卓越目标值，基本目标值是指员工通过努力均可以达到的标准值，卓越目标值是指只有少部分人才能实现的标准值。目标值的确定一般是根据批准的年度计划、财务预算及职位工作计划，由企业提出指导性意见，各级领导和员工共同商量确认。

目标值制定是绩效考核标准设计的重要内容。目标值制定得合理与否不仅会影响企业经营目标的达成，还会直接影响到员工的心情及工作积极性。因此企业在进行目标值制定时一定要采用科学的方法，确保目标值的有效性。为实现以上目的，企业在制定目标值时，应重点关注以下3个问题。

（1）被考核者的实际工作能力如何，较往年有什么变化？

（2）企业总体经营环境、经营趋势较往年存在什么样的变化？

（3）企业领导提供的资源条件较往年有什么变化，目标达成后的激励政策怎样？

为了使企业设计出比较科学、合理、可行的绩效管理目标，使用较多的办法有历史数据法、杠杆比较法、竞争承诺法、上级职位目标分解法4种。

每种目标值的确定方法实际上都存在一定的优缺点及操作的复杂程度，企业无论采用哪种方法，都需要事先给目标制定找到依据。在企业实际运营过程中，所有目标值的制定都应该是上下级充分讨论、协商的结果，其实质就是一个博弈的过程。

2. 指标评价得分

评价得分问题是指绩效考核结果根据考核标准如何进行计算，进而获得评价得分。绩效考核结果评价得分的常用方法有自然数法、系数法、简单相加法、系数相乘法、连乘积法和百分比法。

评价得分环节是绩效考核实施的末尾环节，对评分结果操作的科学性及合理性也在很大程度上影响着考核双方的关系，决定着绩效考核运行的顺利与否。因此，企业在进行绩效考核结果评价时不能单凭主观好恶和临时表现，需要针对现实问题采用科学合理的方法据实计算。关于评价得分应重点关注评价得分应采用哪种方法计算和评价得分计算方法如何操作的问题。

(三)绩效考核标准核查

对绩效考核标准的核查应当从其整体、数量和内容上依次进行。

1. 绩效考核标准的整体性核查

从整体上核查绩效考核标准即检验考核标准的完整性、协调性和比例性。

完整性就是各种标准相互补充,扬长避短,共同构成一个整体,反映了标准体系的配套性特征;协调性是指各种标准之间在相关的质的规定方面的衔接,相互一致协调发展,反映了标准体系的统一性与和谐性;比例性是指各种标准之间存在一定的数量比例关系,反映了标准体系的统一性和配比性。

2. 绩效考核标准的数量核查

根据企业管理的特点和实际情况,一般将绩效考核标准划分为重要任务、日常工作和工作态度三大类。其中,重要任务是被考核者的关键工作,日常工作一般是以岗位职责的内容为准,工作态度的考核可选取对工作能够产生影响的个人态度。通常情况下,日常工作和工作态度等的考核标准项目分别为5~8项即可,重要任务的考核标准项目相对要多一些。

3. 绩效考核标准的内容核查

(1)绩效考核标准的内容要客观明确。每个项目的考核重点不会产生歧义。

(2)绩效考核标准的内容要先进合理。考核标准要反映企业的科学技术水平、管理水平,同时考核标准不必要求得太严格,应以多数员工都能达到的水平为准。

(3)绩效考核标准的内容要精确无误。一般从以下3个方面来判断。

①数量和时间一般不作为单独的绩效考核标准。在非量化的指标中,数量和时间一般不作为单独的绩效考核标准。所谓非量化是指追求的工作质量,而非数量。很多人在制定绩效考核标准的时候常表述为"某项目在某月底完成",其实这是错误的绩效考核标准内容描述。这容易导

致员工只追求完成工作的速度，而忽视完成工作的效果，实际上准确率、返工率等都是很好的衡量标准。

②考核标准尽可能量化。在绩效考核表中，常出现"完善制度""及时传达"这样的字眼，带有这些字眼的绩效考核标准都是很难评价的。例如，作为一个办公室文员，其绩效考核标准可以是"普通文档8小时内送到，加急文档3小时内送到"，这样量化以后才能很好地评判办公室文员工作是不是及时的。

③绩效考核标准要符合3个数据。即上级期望、历史数据和同行数据。上级期望是指上级对员工所能达成绩效的期望。历史数据是指上月、上季度或者上一年度的标准。一般情况下，本月所做的标准不能低于上月，至少要和上月齐平。符合同行数据就是要根据同行的标准，来制定自己的标准。

（四）绩效考核标准审核

绩效考核标准在制定后，还需要经过最后的审核阶段，以确保其权威性和可执行性。审核一般分为以下4个步骤。

（1）员工仔细阅读本人所在岗位的绩效考核标准，如有异议，向部门经理提出。

（2）各部门经理对绩效考核标准进行审核，审核后，要对员工提出的异议及时回应，并递交人力资源部。

（3）人力资源部提出修改意见后将绩效考核标准返回各部门进行修改。

（4）人力资源部把修改的绩效考核标准设定填写在相应表单内。

第五节 绩效信息收集分析和绩效考核结果公示

一、绩效信息的收集

在绩效实施与管理阶段，进行绩效信息的收集可以为绩效考核提供事实依据，便于找出员工绩效中存在的问题，为改进绩效提供有力依据等。

(一) 绩效信息收集内容

在绩效信息收集中，不可能将员工所有的绩效表现都记录下来，必须有选择地进行信息收集。通常情况下绩效信息收集的内容有以下 4 个方面。

（1）工作目标或工作任务的完成情况。
（2）来自客户的积极的和消极的反馈信息。
（3）工作绩效中的突出行为。
（4）绩效中有问题的行为表现。

(二) 绩效信息收集方法

绩效信息收集方法包括生产记录法、定期抽查法、项目评定法、关键事件法、减分搜集法、他人反馈法等，具体内容见表 6-3。

表 6-3　　　　　　　　常用的绩效信息收集方法

收集方法	具体内容
生产记录法	按规定填写生产、加工、销售、运输、服务的数量、质量、成本等原始记录
定期抽查法	定期抽查生产、加工、服务质量，用以考核员工的表现
项目评定法	采取问卷调查的形式对员工表现进行逐项评定
关键事件法	对员工工作中特别突出或异常失误的情况进行记录
减分搜集法	按照员工职位要求制定违反规定的扣分方法，定期进行考察和登记
他人反馈法	管理者通过他人对被考核员工工作情况的汇报和反映来了解员工的工作情况

(三) 绩效信息收集注意事项

为确保绩效信息收集的真实性、准确性，企业相关工作人员在收集绩效信息时，应注意以下 4 个方面的事项。

1. 收集信息的目的须明确

明确收集信息的目的，并根据目的有选择地收集信息，重点关注结果信息和那些对绩效管理非常有必要的信息。

2. 员工应参与信息收集

一方面可由员工自己收集信息，上报管理者抽查审核；另一方面可由管理者发现并掌握信息，并将这些信息向相关员工进行通报。

3. 将事实与推测区别开来

收集的信息应该是客观记录事实的绩效信息，而不应该是记录对事实的推测。

4. 做好信息的核对工作

为避免虚假信息出现，可通过抽查等方式核对收集到的信息，以避免虚假信息。

二、绩效信息的分析

绩效信息分析既包括横向对比分析，又包括纵向对比分析。绩效信息分析的方法不同，其分析的内容也存在一定差异。

（一）绩效信息的分析方法

1. 横向对比分析

绩效信息横向对比分析是指以绩效考核部门、人员、类别等客体为变化量，对同一考核期的考核结果所进行的比较分析。横向对比分析主要应用于3个方面，如图6-1所示。

2. 纵向对比分析

纵向对比分析是指以企业、部门、人员等客体为变量对不同绩效考核期的同一考核指标所进行的比较分析。纵向对比分析主要应用于3个方面，如图6-2所示。

（二）绩效信息比较分析的限制条件

无论是横向比较分析还是纵向比较分析，为保证分析结果的客观、公正，必须考虑以下3项条件的限制。

（1）绩效考核结果的计算方法应保持一致。

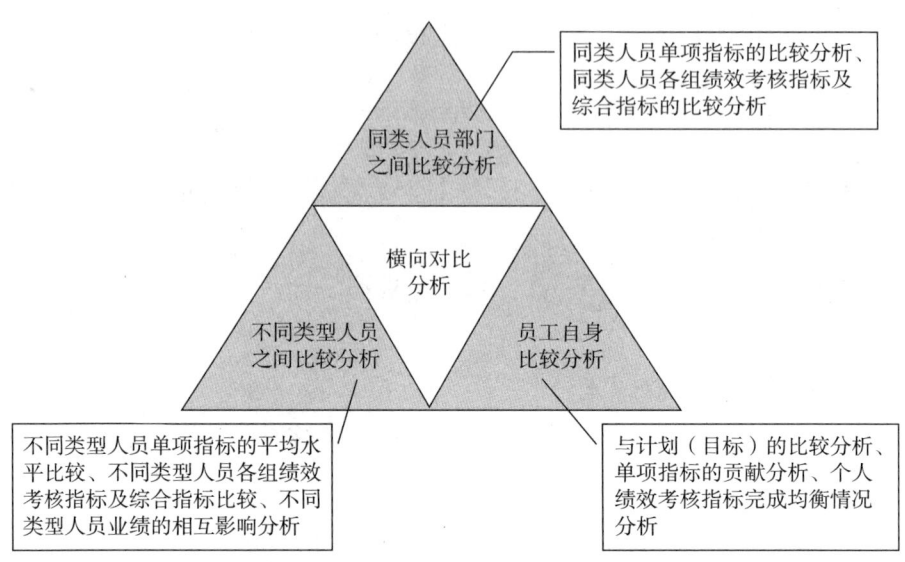

图 6-1 绩效信息横向对比分析应用

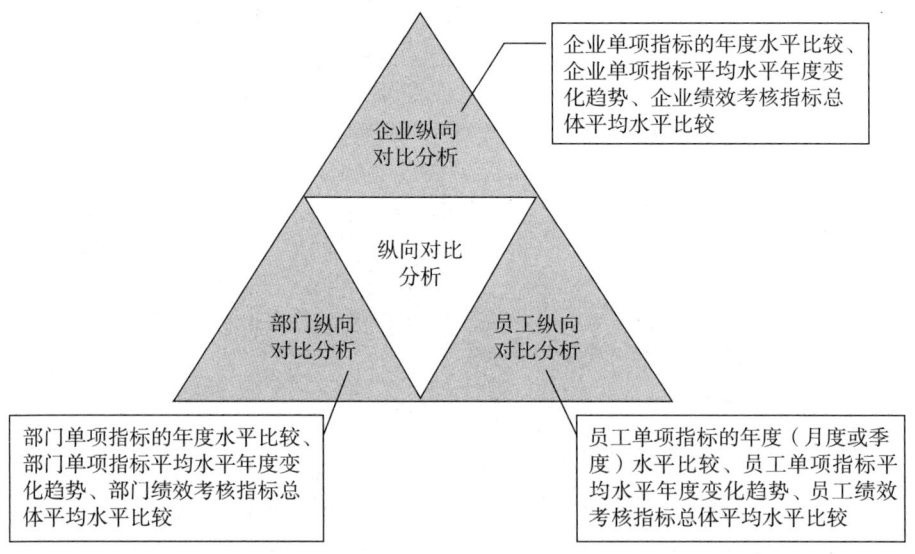

图 6-2 绩效信息纵向对比分析应用

(2) 绩效考核的权重体系应保持不变。

(3) 单项指标的相关得分对照量应保持不变。

如果上述条件发生变化,则需要对绩效考核结果进行必要调整,以确保各项指标具有可比性。同时,也应不断提高分析人员的工作能力和责任心，有效防止或减少绩效考核结果分析中的误差。

（三）绩效考核结果分析的内容

绩效考核结果分析的内容主要包括绩效考核结果的信度与效度、绩效考核结果的总体分布情况、绩效差距及绩效考核结果的应用情况。

1. 分析绩效考核结果的信度与效度

对数据质量进行检测，明确绩效考核数据的有效性、信度和效度。

2. 分析绩效考核结果的总体分布情况

（1）通过绩效考核意见和结果的收集、整理，分析考核工作是否得到了较好的执行，评估考核结果得分的真实性、客观性。

（2）抽样调查是否进行过绩效面谈，员工是否知道自己的考核结果。

（3）抽样调查员工的反映情况，是否有不公平的绩效考核现象，是否存在考核误区，是否有申诉的机会和途径等。

3. 分析绩效差距

（1）统计结果如果分布不规律，则要分析是哪方面出了问题，是绩效考核人员没有正确理解考核规则还是企业的考核体系本身存在问题。

（2）分别从员工的工龄、职位、部门机构与绩效等级挂钩的程度，来分析绩效差距的表现，并挖掘背后的原因，提供帮助及专业建议。

4. 分析绩效考核结果的应用情况

研究更有效地使用绩效考核结果的方法，研究绩效考核结果如何为员工培训、薪酬调整、劳动合同解除等服务，为企业人力资源决策提供依据，为人力资源发展等战略提供参考。

（四）绩效信息的分析步骤

1. 明确绩效结果分析的责任人

责任人应从熟悉、掌握员工工作情况的人员中产生，切忌人力资源部门"一把抓"。

2. 收集、整理绩效信息

收集、整理绩效考核指标、权重、标准、执行计划等信息，尽量多地掌握考核过程情况。

3. 挑选和培训分析人员

严格地挑选和培训分析人员,确保分析人员能通过书面材料找到事件的本质,提高分析的准确性。

之所以要挑选和培训分析人员,是因为无论是部门主管、人力资源部门人员,还是分析的专家,都在经验及对实际情况的了解方面存在不足。通过对分析人员进行选用和培训,可指导分析人员正确地运用分析方法,通过对比得出客观的分析结果,防止或减少由于分析误差给企业人力、物力等带来的浪费。

4. 分析原因提出改进措施

分析人员对绩效考核结果进行分析,找出差距,并提出改进措施。

三、绩效考核结果公示

为及时发现绩效考核中存在的问题,确保考核结果的客观公正性,企业通常会在考核结果分析后,将考核结果进行公示。

(一)绩效考核结果公示的内容

绩效考核结果公示的可选项目包括姓名、职位、所属部门、考核得分、考核等级、综合评价、奖惩标准、绩效改进项目等。企业相关业务部门可根据绩效考核需要,从可选项目中选择其中几项进行自由组合,公示绩效考核结果。

(二)绩效考核结果公示期限设定

绩效考核结果公示期限的设定一般与考核周期相关。一般绩效考核周期越长,考核资料收集难度越大,被考核者认定考核结果所需时间越长,考核公示期限也应该越长,如年度考核的公示期限一般高于月度考核的公示期限。对于普通企业而言,年度绩效考核公示期限通常设为7天,月度考核的公示期限通常设为3天。

(三) 绩效考核结果公示注意事项

为规范绩效考核结果公示管理，企业相关工作人员在考核结果公示过程中，应注意以下事项。

（1）必须设定明确的绩效考核公示期限。

（2）公示信息必须经过严格审核，确保准确无误。

（3）应公开绩效考核管理部门、联系电话，以及对考核结果持有异议的申诉办法。

第六节　绩效申诉

一、绩效申诉概述

(一) 绩效考核争议及其产生原因

绩效考核争议是指被考核者或被考核者所在部门对考核结果持有异议而引发的争议。绩效考核争议处理是任何企业在考核实施过程中都无法回避的问题。

通常情况下，绩效考核争议产生的原因主要包括以下 4 个方面。

（1）考核者和被考核者对绩效考核项目内涵存在不同的理解。

（2）被考核者认为考核者存在以权谋私、滥用职权等违法乱纪的行为。

（3）被考核者对绩效考核结果持有异议，认为存在重大不公正。

（4）企业绩效奖惩违反国家、地方相关规定，或危害被考核者合法权益。

(二) 处理绩效申诉的关键事项

为确保绩效申诉得到及时有效处理，企业相关工作人员在处理绩效申诉时，还应注意以下 3 个关键事项。

（1）企业应重视绩效申诉问题，并在绩效申诉的处理过程中时刻体现出尊重被考核者的原则。

（2）为公平起见，考核者一般不参加绩效申诉的评审工作。

（3）企业应制定严格的奖惩规定，对绩效考核实施及争议处理中的不当行为予以处理。

二、绩效申诉的步骤

（一）提出申诉

发生绩效考核争议后，被考核者可向企业人力资源部、工会等部门递交绩效考核申诉材料，详细写明申诉的原因、事由、争议问题的内容、争议的原因等。

为了保证申诉处理的时效性，便于对绩效考核结果进行重新审理，申诉人应按以下要求编写绩效考核申诉表材料。

（1）标题。标题形式为"××部门申诉书"或"申诉书"，格式居中。

（2）正文。①正文应详细说明对考核结果不满意的理由或相关意见。②正文内容应具有针对性，即针对考核结果中与工作事实不相符的那部分内容提出。

（3）异议。①提出异议时，对考核结果有重要影响的关键问题应详细阐述，次要问题可简要或不予陈述。②提出申诉时应提交相应的人证和物证，以便于绩效考核结果的审核。

（4）结尾。结尾应主要写申诉人对绩效考核结果处理的希望和要求，通常是要求人力资源部对绩效考核结果中出现的问题予以认真核实，做出正确的考核结论。

申诉材料提交后，企业应在规定时间内做出"受理"或"不受理"的决定。受理申诉后，企业需在规定时间内做出申诉的处理决定，申诉人对申诉处理决定不满意可提请"二次申诉"。表6-4是4种绩效申诉处理决定的具体说明。

表 6-4　　　　　　　　　绩效申诉处理决定说明表

序号	绩效申诉处理决定	初次申诉处理情况	二次申诉处理情况
1	维持原决定	原绩效考核结果是正确的	原处理决定正确
2	撤销原决定	原绩效考核结果所列事实不存在	原处理决定所列事实不存在
3	重新审核查证	原绩效考核结果适用的法律法规政策不当	原处理决定适用法律法规政策不当
4	调整变更决定	事实不清楚、证据不足或违反规定程序	事实不清楚、证据不足或违反规定程序

（二）绩效申诉面谈

在处理绩效申诉过程中，申诉处理小组人员应做好绩效申诉面谈的准备工作，具体内容如下。

（1）了解绩效申诉员工的情况。主要了解绩效申诉员工所在部门整体业绩情况、员工的工资福利待遇，以及员工的专业技能、工作业绩、工作能力和工作态度等。

（2）准备好与绩效申诉员工面谈的内容。与员工进行绩效申诉面谈的内容包括了解绩效考核存在的主要问题和次要问题，然后针对主要问题及次要问题进行阐释。

（3）准备好绩效申诉员工随时可能提出的问题。面谈人员告知绩效申诉员工相关绩效考核问题时，绩效申诉员工可能还有很多不理解的地方，面谈人员可预先对这部分问题做好准备。

三、绩效申诉处理常见误区

（一）绩效申诉程序不公开

企业未明确绩效申诉程序，导致被考核者对绩效申诉处理过程不明确，从而对绩效申诉的公平性产生怀疑。

（二）绩效申诉期限设定不合理

绩效申诉期限设定过短、绩效申诉部门调查争议问题所需时间不充分以及绩效申诉处理期限设定过长将会影响绩效考核结果的应用。

（三）处理部门中立性、独立性差

绩效申诉处理部门与组织管理部门关系密切或是同一部门，他们难以完全站在第三方的立场上对绩效申诉做出分析判断，更难以保证绩效申诉结果的客观性、公正性。

（四）员工越级申诉

被考核者对直属主管部门不信任，或直属主管部门权力受限，其权力范围内的处理结果难以令被考核者满意，导致被考核者越级申诉。

第七节　绩效面谈

一、绩效面谈概述

（一）绩效面谈的定义

绩效面谈是指考核者对被考核者在本绩效考核周期内的绩效信息（工作业绩、工作态度、工作适应性等）进行分析并公示后，根据绩效考核结果，与被考核者进行面对面的、正式的谈话，双方彼此交换信息、意见的过程。通过面谈将员工的绩效表现和绩效考核结果反馈给员工，让员工对自己的工作表现有一个全面的认识，以便在下一个绩效考核周期内做得更好，达到改善绩效的目的。

（二）绩效面谈的原则

在进行绩效面谈时应坚持以下原则。

1. 开门见山的原则

考核者在绩效面谈开始时，就应采用积极的词汇明确指出此次面谈的内容、目的等。

2. 相互信任的原则

考核者和被考核者之间如果缺乏信任，在面谈过程中双方就会有所保留，难以发现实际存在的问题，这必然会影响到绩效面谈的有效性，导致面谈难以顺利进行。

3. 具体全面的原则

在绩效面谈中，考核者应拿出有力的支持性数据、实例作为依据（如客户投诉率、缺勤率等），向被考核者公布绩效考核结果，并就被考核者的优缺点进行全面反馈。

4. 双向沟通的原则

绩效面谈是一个双向沟通的过程，考核者应学会倾听，应当鼓励被考核者大胆地提出意见或建议，并积极给予回答和反馈。

5. 求同存异的原则

在绩效面谈中，考核者与被考核者的定位和利益不同，面谈内容一般会牵涉被考核者的利益，这难免会使两者的观点出现对立和分歧。考核者在这种情况下要积极向被考核者解释，争取被考核者的理解，同时也要站在被考核者的角度思考和理解问题。

6. 基于工作的原则

绩效面谈的出发点是"事"，面谈中要就事论事，而不要将重点放在个人性格上。虽然一些性格会影响到绩效的完成，但也不能将其作为批判的焦点。只要考核者对被考核者的性格和岗位进行合理的配置后，性格与绩效之间的关联度就不是那么明显了。

7. 分析原因的原则

面谈过程中，考核者不仅要关注"如何做"，还应深入挖掘问题出现的原因，这样才能从根本上解决问题，切忌"头痛医头，脚痛医脚"。

8. 关注未来的原则

面谈内容不仅要集中于过去的工作绩效，还要注重对过去绩效改进和对未来发展有益的方面,并总结出对被考核者和企业将来发展有用的提案。

9. 行动落实的原则

绩效面谈最终目的是落实发展计划,用积极的心态付诸行动,将计划的内容与日常工作结合起来,从而提高工作效率和改进工作方法。

10. 做好记录的原则

做好面谈记录,不仅是对被考核者的尊重,有助于鼓舞其士气,还完成了下一循环的绩效计划,为下一循环的评价积累数据和信息。

(三)绩效面谈的意义

绩效面谈可以帮助被考核者对上一个绩效考核周期的表现进行检讨,为绩效改进计划的制订提供依据,有利于被考核者未来考核周期内的绩效改进,其意义主要体现在以下5个方面。

1. 促使考核者和被考核者就绩效考核结果达成一致看法

由于考核者和被考核者所处的立场和角度不同,双方的认知能力、理解能力、价值观及对工作的把握程度等存在差异,这会使双方对绩效考核结果存在一些分歧。因此,绩效面谈的一个重要目的是通过有效沟通达成对绩效考核结果的一致看法,这也是绩效面谈能够继续进行的前提。

2. 让被考核者认识到自己的优势

考核者在面谈中应客观地对被考核者的优点进行表扬,这有助于营造良好的面谈氛围,也能够使被考核者积极主动,全身心地投入工作中,使其在已有水平上不断发展,提升工作绩效。

3. 让被考核者了解自己的不足

绩效考核的另外一个主要目的是发现被考核者存在的不足。因此,考核者在绩效面谈时应当以"建设性的批评"告知被考核者还存在哪些不足,哪些地方需要改进。

4. 制订绩效改进计划

绩效面谈中非常重要的工作之一是制订绩效改进计划。在制订计划时，考核者可以主动向被考核者说明企业可以协助提供的资源和支持，被考核者也可以积极提出自己的要求和建议。

5. 确定下一轮绩效考核周期的目标和考核标准

在绩效面谈即将结束时，考核者应积极与被考核者共同商定下一个考核周期的目标和标准。下一个考核周期的目标和标准的制定应当与企业的战略目标相一致，还应参照上一考核周期的目标和标准。

二、绩效面谈的方法

常用的绩效面谈方法有汉堡原理法、BEST 反馈法、单向劝导式面谈法、双向倾听式面谈法、解决问题式面谈法、综合式绩效面谈法等，下面具体介绍这几种方法。

（一）汉堡原理法

汉堡原理法中，汉堡最上面的一层代表对被考核者的表扬、肯定和赞美，中间一层代表对被考核者的批评，最下面一层代表要用肯定和支持的话语结束面谈。

汉堡原理法在实施时，应先对被考核者在绩效考核周期中的优秀表现进行表扬，并给予其真心的赞美和鼓励；然后向被考核者提出需要改进的"特定"的行为表现，并与被考核者共同分析该行为产生的原因；最后与被考核者共同制订绩效改进计划，并表达对被考核者未来发展的期望。

在运用汉堡原理法面谈时，考核者既要关注对绩效结果的评价，还要关注绩效改进计划的制订；既要注意考核者语言的单向流动，还要注意倾听被考核者的看法；既要注重寻找产生不良绩效的原因，还要注重制定解决问题的办法。

> **课程实训**
>
> 面谈人员:"小王,上一绩效周期内,你在培训计划编制、培训工作组织、培训档案管理等方面做得不错,不但按照考核标准完成了工作,而且做了不少创新,比如在××工作中提出了××建议,这些建议对公司的培训管理起到了很大的帮助作用,值得提倡。这些都是你工作中表现好的方面,要继续保持和发扬。"
>
> "另外,我在你的考核中也发现了一些需要改进的地方,比如培训效果评估,有很多培训没有做效果评估,有的培训做了评估,但都停留在表面,这样就容易使培训流于形式,不利于员工素质的提升,我想听听你对这个问题的看法。"
>
> 考核对象小王:"我是这么想的,培训效果评估这一工作……"
>
> 面谈人员:"嗯,不错,我同意你对这个问题的想法,那么我们把它列入你的改进计划,好吗?"

(二) BEST 反馈法

BEST 反馈法是指在考核者指出绩效考核周期中被考核者的问题所在,描述该问题所带来的后果后,考核者应给予被考核者发表自己见解的权利,以聆听者的姿态进行有效倾听,并鼓励其寻求解决问题的办法,最后由考核者进行面谈总结。

其中,B(behavior description)表示描述行为,即描述被考核者在绩效考核周期中的表现;E(express consequence)表示表达后果,即表述相关行为所产生的后果;S(solicit input)表示征求意见,即询问被考核者绩效改进的意见,引导其积极回答,由被考核者提出改进措施;T(talk about positive outcomes)表示着眼未来,即考核者对被考核者的绩效改进思路给予肯定,对其进行鼓励并提出期望。

（三）单向劝导式面谈法

单向劝导式面谈法也被称为单向指导型面谈法，是指考核者根据工作说明书，对被考核者现实工作中的行为表现进行剖析，说明哪些是正确的、有效的行为，哪些是错误的、无效的行为，考核者应尽可能地说服被考核者，并让他们提出新的、更高的工作目标，不断提高被考核者的绩效水平。

单向劝导式面谈法的优势是能够有效改进员工的工作行为和工作表现，且效果十分明显。其劣势是单向的交流模式不利于与被考核者进行沟通和交流，也不利于被考核者反馈考核中存在的问题。

单向劝导式面谈法适用于参与意识不强或意志不坚定的被考核者。单向劝导式面谈法要求考核者具备说服被考核者改变自我的能力，并能够熟练运用多种激励模式和方法激励被考核者。

（四）双向倾听式面谈法

双向倾听式面谈法是指考核者通过对被考核者现实工作中的行为表现进行剖析，说明哪些是正确的、有效的行为，哪些是错误的、无效的行为，被考核者适当地给予回应。在该方法中被考核者还需与考核者共同讨论绩效考核的其他相关问题，共同制定下一考核周期的工作目标，以不断提高被考核者的绩效水平。

双向倾听式面谈法没有严格的程序和章法。在绩效面谈中，首先考核者要求被考核者回顾总结自己在绩效考核周期内的主要工作；其次根据其对工作的自评报告，提出绩效面谈的看法，并做出总体的评估；最后听取被考核者对绩效考核结果的申诉和对考核的建议，并鼓励其勇敢表达自己的真实感受和看法等。

双向倾听式面谈法的优势是可以在被考核者受到挫折时，减少或消除被考核者的不良情绪。其劣势是难以向被考核者立即提出下一步工作改进的具体目标，当被考核者对考评结果感到满意时，其工作的改进程度不会太大。

双向倾听式面谈法在使用时，考核者应具有良好的沟通能力，能够倾听被考核者的不同意见，在被考核者使用过激的言辞时，尽可能地缓解被考核者的抵触情绪。

（五）解决问题式面谈法

解决问题式面谈法也叫综合式绩效面谈法，是以解决被考核者工作中的实际问题为主要宗旨，考核者应倾听被考核者的工作报告，及时关注并解决被考核者遇到的困难、需求等各种问题，从而促进被考核者的不断进步。该方法的实施对于考核者来说具有一定的难度，因此人力资源部应提前为考核者准备相关的面谈培训，以提高考核者的面谈技巧和水平。

采用这种面谈方法时，考核者可以用单向劝导式面谈法评估被考核者绩效计划目标的实现程度，用双向倾听式面谈法倾听被考核者在考核中的问题或疑惑，用解决问题式面谈法促进被考核者潜能的开发和全面发展。

使用该面谈方法时，考核者应做好以下工作事项。

（1）营造良好的、活跃的且能够有效交流的环境和氛围，方便倾听员工的陈述，并及时对员工的感受做出正确的回应。

（2）做好面谈准备，即针对上次面谈以来被考核者在工作中所遇到的困难、需求等各种问题，逐一进行剖析，抓住主要矛盾，提出问题的具体解决措施，并帮助被考核者提出改进工作绩效的计划和目标，以促进被考核者成长和发展。

（3）该面谈法具有一定的难度，考核者应积极参加与绩效面谈相关的培训课程，以提高管理技巧和水平。

（六）综合式绩效面谈法

综合式绩效面谈法要求考核者在面谈中采取灵活变通的方式，从一种面谈方法转换过渡到另一种面谈方法。同时，考核者还需要准备好绩效面谈所需的相应配套措施，如薪酬提升、薪资激励、考核惩罚等，将绩效管理进行到底，促进企业绩效与员工绩效的改进和提高。

三、绩效面谈的内容

绩效面谈的内容主要包括以下 5 点。

（一）向被考核者说明绩效考核结果

考核者客观地向被考核者说明绩效考核结果，客观、全面地描述被考核者在考核周期内的工作业绩（好的方面和差的方面）和行为表现（如工作态度、工作能力）等，以使被考核者了解自己在考核周期内工作上的优点和缺点，为下一考核周期做得更好或改进提供依据。

（二）听取被考核者对结果的看法，共同探讨绩效考核结果

考核者要仔细倾听被考核者对绩效考核结果的看法，如果被考核者对结果有异议，则考核者需要与其一起回顾上一考核周期的绩效计划和绩效标准，并详细地向其介绍绩效考核的理由。

（三）分析被考核者取得该成绩的原因

通过对绩效结果的反馈，总结绩效达成的经验，找出绩效未能有效达成的原因，为以后更好地完成工作打下基础。

（四）告知被考核者将获得何种奖惩

考核者根据绩效管理制度和绩效计划，结合绩效考核结果，告知被考核者将获得的奖惩。

（五）共同制订绩效改进计划和下一周期的绩效目标

绩效管理的最终目的是改善绩效。考核者应与被考核者一起分析绩效不佳的原因，并设法帮助被考核者提出具体的绩效改进措施，同时需形成书面的绩效改进计划。考核者还应结合上一考核周期的绩效计划完成情况，并结合被考核者的新任务，与其一起提出下一考核周期中的工

作目标和工作标准。

四、绩效面谈的准备

在绩效面谈开始前进行适当的准备是十分必要的，下文将重点介绍面谈时间的确定、面谈地点及位置的确定、考核者的准备和被考核者的准备4个方面。

（一）面谈时间的确定

1. 面谈时间应由考核者和被考核者双方协商确定

面谈时间决不能由考核者单方决定，而是应该选择双方都比较空闲的时间进行面谈，这既能表现出对被考核者的尊重，还能照顾到实际情况。

2. 选择高效时间点

面谈时间尽量不要选在刚上班或即将下班时，因为刚上班时被考核者可能还没有进入状态，即将下班时被考核者会比较疲惫而急于休息。所以面谈时间应选择在工作日中间的时段，这不仅有利于实现有效沟通，还有利于达到面谈目的。

3. 面谈时间适度

每次面谈的时间不宜过长，否则双方会产生倦怠情绪；面谈时间也不宜过短，否则双方沟通会不透彻而达不到预期的目的。

（二）面谈地点及位置的确定

1. 面谈地点

面谈应选择在一些舒适、安静、不受干扰的地点，面谈时，考核者不宜接听电话或接待访客，以避免面谈受到不必要的干扰。

2. 面谈位置

考核者要注意安排自己与被考核者的空间距离和位置，尽量营造出舒适的面谈氛围，如图6-3所示。

图6-3a中的被考核者会有受审问的感觉，在面谈中容易产生紧张情

绪；图 6-3b 中的考核者和被考核者的距离拉近了，被考核者会有种亲近感，心情会比较放松；图 6-3c 中双方处于平等地位，被考核者会感到友好、亲密的氛围。

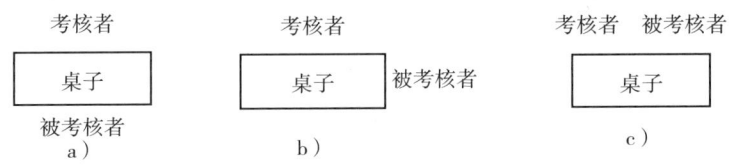

图 6-3 绩效面谈中双方座位示意图

当绩效面谈的时间和地点确定后，面谈组织者应将其告知将要参加面谈的相关人员，以便相关人员有时间做面谈前的准备。

（三）考核者的准备

考核者在与被考核者进行面谈时，需要做以下准备。

1. 准备并分析本绩效考核周期的计划

绩效计划是绩效面谈的依据之一，也是绩效面谈的主要内容，考核者在面谈中所罗列的事实必须来自绩效计划。

2. 准备并分析被考核者的岗位说明书

岗位说明书也是绩效考核时的重要凭据，其中明确规定了岗位职责和工作目标。在绩效面谈前，考核者要认真阅读被考核者的岗位说明书，做到面谈时有理有据。

3. 准备并分析被考核者的绩效考核表

绩效考核表中明确记载了被考核者的绩效完成情况和绩效等级，只有了解了被考核者的绩效情况，才能在面谈时做到有的放矢。

4. 准备并分析被考核者的工作记录

被考核者的工作记录是绩效考核结果的依据之一，考核者只有充分了解被考核者的工作情况，才能理解得到这样的绩效考核结果的原因，在双方对绩效考核结果进行确认时才能有科学依据。

5. 拟定面谈提纲

面谈提纲的内容大致包括向被考核者说明面谈的目的和程序，被考核者简要汇报上一考核周期的工作，考核者根据被考核者的绩效考核结果做出分析，双方商讨被考核者绩效中尚需改进的地方，制订下一阶段的行动计划等。

（四）被考核者的准备

绩效面谈前被考核者需做好如下准备工作。

1. 提前安排好个人的工作

绩效面谈一般会占用一定的工作时间，在面谈的时间段内，被考核者无法进行自己的工作，所以应当提前将手头上较为紧要的工作交接好，千万不能以工作忙为理由而迟到或缺席。

2. 整理绩效面谈中需要的资料

被考核者应该对绩效考核周期内的工作业绩、行为表现等进行回顾，准确收集好与业绩相关的资料证明。同时，应填好自我评估表，并确保内容客观、准确、清晰。

3. 准备问题

被考核者就个人的疑问做好相关准备，个人提出的问题可以包括以下3个方面：一是针对考核结果提出的疑问；二是提供一些证据和资料证明自己未达成绩效标准的不可抗力因素；三是提出工作中遇到的问题等。

4. 草拟发展计划

被考核者主要草拟两份计划：一是根据本周期绩效考核状况，拟订绩效改进计划；二是根据本周期考核状况、个人发展计划、公司发展计划等，拟订下一考核周期的绩效计划。

五、绩效面谈的实施步骤

绩效面谈的实施主要包括以下步骤：营造和谐的面谈氛围、说明面谈的目的和作用、告知绩效考核结果、双向交流沟通、制订改进计划和工作目标、形成面谈记录并确定面谈内容、礼貌地结束面谈、评估面谈效果。

（一）营造和谐的面谈氛围

和谐的面谈气氛可以使被考核者放松紧张的情绪，更容易发挥出真实的水平，有利于双方真诚的沟通和交流；反之，缺乏融洽的气氛则使面谈很难继续进行。表 6-5 是两种不同面谈氛围的比较。

表 6–5　　　　　　　　两种不同面谈氛围的比较

融洽的气氛	缺乏融洽的气氛	融洽的气氛	缺乏融洽的气氛
自在、轻松	恐惧、紧张、急躁	信任	抵触、争辩
友善、温馨	冷峻	倾听、明白	插嘴、糊涂
敢自由开朗地说话	不敢大胆说话	不攻击他人	侮辱、谩骂对方
舒适	不舒服	开放的胸怀	闭塞的胸怀

要营造良好的面谈氛围，首先，面谈场所的安排要安静、舒适，色调要柔和；其次，考核者与被考核者的座位安排要适度，不要产生太大压迫感；再次，考核者要有坦诚的、开放的和轻松的心态；最后，面谈过程中考核者要给予被考核者充分的尊重等。

（二）说明面谈的目的和作用

此阶段主要是让被考核者明白要做什么，消除被考核者心中的疑虑。在说明面谈目的和作用时，考核者应尽量使用积极的语言告知，如"今天面谈的目的是希望大家讨论一下各自的工作成效和工作表现，然后我们要根据面谈情况与绩效评估报告制订下一季度的培训计划"。

（三）告知绩效考核结果

考核者根据绩效考核的具体分值、评分标准，将上一考核周期的考核结果及从其他相关人员那里得到的有关意见，实事求是地告知被考核者。考核者在告知结果时，不要对结果提出评判性的主观意见，而应根据绩效评估报告对结果进行客观的描述。

（四）双向交流沟通

绩效面谈是考核者对工作中的有关问题进行深入了解的机会，在面谈中，采用"说-听"方式的单向劝导式面谈法不能取得良好的面谈效果，而应当采用考核者与被考核者双方共同讨论的模式，让被考核者高度参与。在双向交流沟通的过程中，应注意以下问题。

1. 请被考核者发表意见

绩效面谈是一个双向交流沟通的过程，考核者应给被考核者提供表达自己看法的机会。

当被考核者对绩效考核结果提出不满时，考核者应仔细倾听其意见，而不是强迫他们接受考核结果。如果被考核者的意见是合理的，考核者应灵活地对有关评价做出修正；如果被考核者的意见不能令人信服，则考核者应进一步向其进行必要的说明，通过良好的双向沟通达成共识。

如果被考核者出于某种原因而没有发表意见的意愿，考核者应尽量找出原因所在，并运用鼓励性的语言和行动促使其说出自己的看法。

2. 关注沟通时的细节和反应

考核者在面谈过程中，应用"心"沟通、仔细倾听，合理地运用语言和非语言沟通，营造舒畅的面谈氛围。考核者应把握被考核者的心态、被考核者的自我防卫反应，根据被考核者的不同类型，选择不同的沟通策略。

（五）制订改进计划和工作目标

在绩效面谈中，还应将问题集中在被考核者绩效可改进的地方，制订绩效改进计划。绩效改进计划一般包括双方的期望值、支持性资源的到位时间、员工行为改善时间表、行为改善的过程沟通等内容。另外，双方还应制定下一考核周期的绩效目标和工作方向。

对改进计划和工作目标的讨论确定也需要讲究方式方法，诸如"下一考核周期的目标是……你必须按时完成，否则……"之类的语言表述并不适用。因此在该阶段，考核者应注意面谈方式，因人制宜，如提供资源、创造条件、让被考核者自主寻找原因和解决问题。

（六）形成面谈记录并明确面谈内容

在面谈结束后，一定要和被考核者形成书面面谈记录（见表6-6），双方需要在绩效面谈记录表上签字。而双方对于有异议但没有达成共识的问题，可以约好下次面谈时间后进行二次面谈。

表6-6　　　　　　　　　　绩效面谈记录表

被考核者		部门/岗位	
面谈时间		面谈地点	

面谈内容1：上一阶段工作中成功的地方			
取得的成功	值得借鉴的地方		

面谈内容2：上一阶段工作中需要改进的地方				
改进事项	改进目标	改进措施	改进时间	所需要的支持

面谈内容3：对此次考核有什么意见或建议	
考核指标的科学性	考核流程的合理性
考核者的公平公正性	其他

面谈内容4：你认为本部门员工谁的工作表现最好/最差，并说明原因	
工作表现最好的人员	
工作表现最差的人员	

面谈内容5：下一步的工作目标		
工作事项	工作目标	所需要的支持

备注	

考核者签字：　　　　　被考核者签字：　　　　　信息记录者签字：

（七）礼貌地结束面谈

一般情况下，在双方对绩效考核中的各项内容（绩效考核结果、绩效改进计划、新的绩效目标等）达成一致意见后，就可以结束面谈了。在面谈结束前，双方还应就面谈内容进行回顾，并以积极、鼓励的方式结束面谈。另外，如果双方对某一面谈问题存在争执，且短时间内不能达成一致意见时，双方可以将该问题留至下一次面谈时进行沟通，而不一定非得在本次面谈中得出结论。

（八）评价面谈效果

在绩效面谈结束后，应对面谈过程和面谈效果做出评价，以便总结提高面谈质量的方法。

1. 面谈过程评价

对面谈过程进行评价一般用面谈检查表来进行，一般情况下，面谈检查表主要包括以下内容。

（1）注重结果。绩效面谈的重点是放在工作成果上还是被考核者的个人性格上；如果将面谈重点放在性格上，是否与工作成果相关；考核者的批评是针对人而言的，还是对工作而言的。

（2）注重实例。考核者所提出的意见是否有明确的理由，是否有具体的实例；考核者是否足够坦白。

（3）决定原因。是否找出绩效差距产生的原因；是否找出了多个合理化的原因；是否找到了真正的原因。

（4）双向交流。考核者是否太专制，大部分时间是否都是考核者在说话；面谈双方是否有平等的交换意见的讨论；交流中提出的问题能否激发思考。

（5）建立目标。目标的建立是否符合企业和员工的实际状况；目标是具体的还是概述性的；目标是考核者提出来的还是双方共同提出的。

（6）激励下属。考核者是否对被考核者表现出了关切和尊重；考核者是否激励了被考核者；被考核者是否受到了有效激励，并表示会在未来的工作中有积极的表现。

2. 面谈效果评价

面谈效果评价由考核者和被考核者共同完成，以作为下一次绩效面谈改进的参考，主要包括表6-7所示的内容。

表6-7　　　　　　　绩效面谈效果评价的内容

考核者评价的内容	被考核者评价的内容
（1）此次面谈是否达到预期目标？我是否帮助了被考核者？ （2）如果再次进行面谈，我的面谈方式应有何改进？有哪些无用的讨论应删除？有哪些遗漏的内容需要补充？ （3）此次面谈中，我有哪些受益（面谈技巧、知识性问题等）？ （4）面谈是不是双向沟通？我有没有仔细倾听被考核者的意见或建议？ （5）我是否满意这次面谈？面谈有没有使双方增进理解？ （6）我是否觉得下次面谈会更加有效？	（1）我对面谈过程的整体印象是什么？ （2）面谈的气氛如何？ （3）我有没有机会表达自己的观点？ （4）考核者有没有对我的观点进行合理的反馈？ （5）被问到而觉得很难回答的事项及理由是什么？ （6）在这次面谈中，我有何收获？ （7）在今后的面谈中希望能够实现的事情及应改善的地方是什么？

本章自测题

1. 绩效考核的内容有哪些？
2. 绩效考核的主体有哪些？
3. 简述影响绩效考核团队构成的因素。
4. 简述绩效考核方法选择的维度。
5. 绩效考核标准的制定步骤是怎样的？
6. 进行绩效面谈时要遵守哪些原则？
7. 绩效申诉有哪些常见误区？
8. 如果你是某公司绩效考核团队成员，现在进入绩效考核分析阶段，你打算采用哪些方法进行分析？具体的分析步骤是怎样的？

第七章　绩效过程管控

学习目标

> 了解绩效过程管控的意义
> 知晓绩效过程管控的误区
> 掌握绩效沟通的方法
> 掌握绩效辅导的时机与技巧

引导案例

李某是一家信息技术公司的技术人员，他在这家公司工作已经接近一年时间。在这一年中，公司认为李某的工作基本上令人满意，但是在准确把握顾客需要方面还有待提高，另外在相关分析报告的撰写能力上还需进一步加强。李某工作积极，学习新知识的能力也较强，但是在与其他同事的沟通方面还有所欠缺。根据绩效面谈结果，结合现状，李某在上级主管王某的帮助下制订了如下绩效改进计划。

姓名	李某	职位	技术员	部门	技术一部
上级主管姓名	王某	制订计划时间		××××年×月×日	
有待改进项目	改进原因	目前水平	期望水平	改进措施	评估时间
准确把握客户需要	作为技术人员，开发的产品应满足顾客需要，本人在此方面还有待提高	2分	3.5分	参加顾客需要分析培训，学习有关的理论、方法	××××年×月×日
撰写新技术可行性报告	新技术可行性报告是关于新技术是否能投入使用的报告，关系公司的进一步发展和市场竞争力	2.5分	3.5分	学习他人优秀的新技术可行性报告 安排有经验的员工进行指导	××××年×月×日
沟通技巧	与他人进行有效沟通，提高工作效率十分重要，本人在这方面有所欠缺	2分	3分	参加公司举行的有效沟通培训，在工作中积极主动与他人沟通	××××年×月×日

请思考：

1. 作为公司领导，你认为李某的绩效改进计划怎么样？

2. 如果让你来做李某的上级主管，你会如何与李某进行绩效面谈？

第一节 绩效过程管控概述

一、绩效过程管控的意义

不少企业在实施绩效管理时，只是依据事先制定的考核制度或考核方案，在规定的时间内做绩效考核，而对绩效过程怎么管控、对员工绩效如何辅导等则不管不问。这也是很多企业的绩效管理实施效果不好的重要原因之一。

做好绩效过程管控，对企业的意义主要体现在如下两个方面。

（一）尽可能消除不利因素

由于绩效考核结果的影响因素是多方面的，所以企业管理者需对员工的工作适时地进行引导才能达到预期的目标。

（二）及时发现偏差并纠偏

通过加强管控，能较好地控制员工在绩效实施过程中出现偏差的地方并及时纠偏。

二、绩效过程管控的误区

（一）过于强调近期绩效

企业管理者过分强调某个特定时期的绩效表现，怠于对整个阶段做记录，进而导致考评结果与员工的实际工作表现有偏差。

（二）缺少足够且清晰的绩效记录资料

企业管理者的管理责任之一就是与员工保持积极的双向沟通，对员工进行有效的绩效辅导，帮助员工提高绩效能力，使绩效目标朝预定的方向前进。在这个过程中还需做好绩效记录，为员工建立绩效档案。但在实际工作中，少数管理者认为这是额外的工作负担，因此忽略了这一项工作。由于缺乏绩效记录，导致绩效管控效果差。

（三）缺少后续的工作改进计划

企业管理者通过绩效控制，及时发现员工在绩效方面存在的不足，据此需提出合理的改进意见。但工作做到这一步是不够的，管理者还需与员工一起制订绩效改进计划，使员工的下阶段工作能做得更好并快速达成绩效目标。若缺乏工作改进计划，员工的绩效则很难达成，进而影响团队或部门整体绩效目标的实现。

第二节 持续的绩效沟通

一、绩效沟通概述

绩效沟通是考核者与被考核者就绩效考核中反映出的问题，以及考核机制本身存在的问题开展的实质性的沟通，并有针对性地寻求应对策略，以改善和提高企业与员工绩效的一种管理方法。

绩效沟通在整个人力资源管理中占据着相当重要的地位，应作为绩效管理的第一要素，贯穿绩效管理的整个环节，是管理者与员工就绩效目标的设定及实现而进行的持续不断双向沟通的一个过程。

绩效沟通对于管理者和下属员工有非常重要的意义。

对管理者而言，及时有效的沟通可以帮助其了解下属的工作情况，有助于掌握下属的工作进度，以便有针对性地提供相应的辅导和资源。及时有效的沟通还有利于管理者掌握绩效评估的依据，有利于其客观、公正、公平地对下属进行绩效评估。有效的沟通还可以提高评估工作的有效性，提高下属对绩效评估的满意度。

对下属员工而言，通过绩效沟通可以实现：在工作中不断得到关于自己工作绩效的反馈信息；有助于提升能力、改进绩效；有助于及时理解组织目标和工作内容等方面的变化，便于及时变更个人工作目标；有助于及时向上级反馈工作中的困难，及时寻求改善绩效的相应资源和工具，以便达成绩效目标。

二、绩效沟通的内容

绩效沟通贯穿绩效管理整个过程中的各个环节，在不同的环节中，绩效沟通的内容是不同的，具体如图7-1所示。

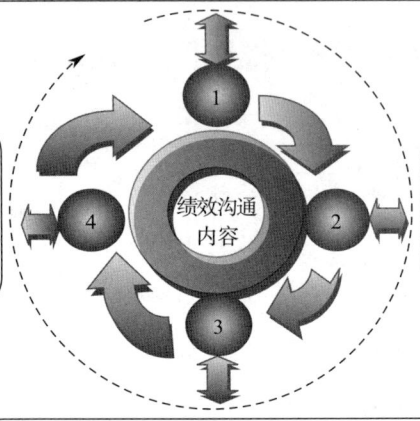

图 7-1　绩效沟通的内容

三、绩效沟通的方法

（一）正式的沟通

正式的沟通是指在正式的情境下进行的经过事先计划和安排，并按照一定规则进行的沟通。常用的正式沟通方式主要有书面报告、会议沟通、面谈沟通等。

1. 书面报告

书面报告是指通过文字或图表形式报告其工作进展，其主要的形式有周报、月报、季报、年报等。

书面报告的优点：不需面谈，传递方便；培养员工理性系统思考；不需要额外的文字工作。

书面报告的缺点：信息单向流动；易导致沟通流于形式；无法满足团队工作需要。

2. 会议沟通

会议沟通是指企业的管理者和员工在会议中沟通和交流，以掌握相互之间的工作进展情况。

会议沟通的优点：能满足团队交流的需要；成员可相互掌握工作进展；管理者可借机传递企业的战略目标和组织文化信息。

会议沟通的缺点：比较耗费时间和精力；易对正常工作造成影响；有些问题不便在会中讨论；对管理者沟通技巧要求高。

3. 面谈沟通

面谈沟通是指企业的管理者和员工进行面对面的沟通和交流，它是一种特别有效的沟通方式。

面谈沟通的优点：有利于及早发现和解决问题；可讨论不宜公开的观点；有利于建立融洽的关系。

面谈沟通的缺点：耗费时间较长；对管理者沟通技巧要求高；易带有个人感情色彩。

（二）非正式的沟通

非正式的沟通在时间、地点等的选择上弹性较大，其好处是形式多样、灵活，不需要刻意准备；问题发生后，马上就可以进行简短的交谈，从而使问题很快得到解决，容易拉近管理者与员工之间的距离。常用的非正式沟通方式有以下 3 种。

1. 走动式管理

管理者在员工工作期间不定时地到员工座位附近走动，与员工进行交流，或者解决员工提出的问题。

2. 开放式办公

管理者办公室向外开放，没有特殊情况时，员工可以随时进入管理者办公室与其讨论工作中的问题。

3. 非正式会议

如企业举办的各种联欢会，管理者与员工在较为轻松的气氛中进行沟通和交流。

四、绩效沟通的技巧

绩效沟通是考核者与被考核者之间双向沟通的过程。而在现实中，大多数考核者却不注重双向沟通，缺乏绩效面谈的技巧，只是一味地对被考核者进行训话，这不利于有效沟通的实现。为达到绩效沟通的目的，在沟通过程中，考核者应具有良好的倾听技巧、表达技巧、非语言沟通技巧、负面反馈技巧、结束面谈技巧等。

（一）倾听技巧

有效的倾听是积极主动而非被动的，积极的倾听要求考核者的全身心投入，要求其站在被考核者的角度理解信息。有效倾听应表现出以下5种行为。

1. 保持良好的目光接触

真诚、友善的目光接触会让被考核者感到更多的友好和信任，能够强化"我在参与"这一信息。使用目光接触也会使谈话双方的注意力集中，减少分心的可能性。但也不要直勾勾地盯着对方，要随着话题内容的变换恰当地做出目光反应。

2. 倾听时应保持安静，端正坐姿

在被考核者回答问题时，考核者应保持安静，不带任何情绪地倾听。在面谈过程中，考核者是企业的代表，代表企业的形象，在倾听时端正坐姿，可以使被考核者有受到尊重的感觉，这有利于被考核者客观地发表自己的观点。

3. 完整准确地接受信息，正确地理解信息，避免"先入为主"

在沟通时，考核者要全神贯注地记录或记忆被考核者的回答，完整准确地接受信息，避免针对某一点信息就对被考核者做出评价。考核者应对收集到的信息正确解码、暗中回顾并整理出重点，这有利于沟通中提问环节的正常进行。

4. 适时询问，避免不合时宜地中断被考核者的谈话

针对被考核者的谈话，考核者可在适当的时机打断谈话来询问，及时进行信息确认，防止误解产生，改善对话的质量和效能。

5. 展现赞许性的表情和恰当的面部表情

在沟通中，考核者应通过非语言信号来传递自己对被考核者所说内容的反馈，如赞许性的点头、恰当的微笑等，以向被考核者表明自己正在倾听。

（二）表达技巧

在绩效沟通中，除了要积极倾听，还应善于运用各种表达的技巧，常见的技巧如下。

1. 语气自然亲切

在沟通时，尽量使用自然、亲切的语气，以缓解被考核者的紧张情绪，使其正常甚至超水平发挥。

2. 语言简明、有力

考核者向被考核者提问时，应注意语速、节奏等方面的细节，以及语句的停顿、问题的清晰和明了。另外，需避免使用极端性的、针锋相对的语言，因为这类语言很容易引起双方的争论、僵持，造成关系紧张。

3. 多使用开放式问题

多使用开放式问题以寻求更多的信息，开放式问题可以鼓励被考核者就某一问题做出更详尽的回答，有利于其充分展现自己内心的想法。

（三）非语言沟通技巧

非语言沟通是相对于语言沟通而言的，是指通过手势、身势、眼神、面部表情、体触、体距等方式交流信息进行沟通的过程。手的动作、面部表情、其他姿态等能够传达诸如攻击、腼腆、傲慢、愤怒等情绪或性情。

不同的体态语言在不同的环境中代表的含义也不同，所以在绩效面谈中，需要结合具体的环境来运用不同的非语言沟通技巧。一般情况下，在面谈时，考核者不要频繁地耸肩、手舞足蹈、左顾右盼、坐姿歪斜、晃动双腿等，这都是不好的身体语言，会对被考核者造成一定的心理压力。

（四）负面反馈技巧

负面反馈从字面上很容易被理解，如下就属于负面反馈的案例。

"你回答客户问题的态度真是糟糕透了，你必须尽快掌握相关的服务礼仪，否则你将失去这份工作。""在别人讲话时你总是插话，你是不是太不尊重别人了？"

上述对下属的具有破坏性的批评，比较容易引起下属的反感，下属会认为这种批评是对自己的侮辱，这种反馈方式不仅解决不了问题，还可能破坏上下级之间的关系。

1. 员工的自我防卫反应

当员工的绩效表现欠佳时，员工会出现一些自我防卫行为，具体会表现为如下反应。

（1）反抗。即当员工受到批评时会出现生气、反抗、不愿沟通等行为。

（2）攻击。即当员工感受到威胁时，会以反射性行为攻击对方以求自保。

（3）合理化。即员工会为绩效不佳寻找多种开脱的理由，使自己原谅自己。

（4）压抑。即员工把不愉快的事物压抑在心底，选择逃避，而不是去面对现实。

（5）否定。即在面谈中，若沟通的内容对员工不利，则其会以拒绝的心态完全否认对方的陈述。

（6）抑制。即为了不出错误，抑制自己的言行举止。

（7）转移注意力。为了隐藏自己的缺点或过失，在沟通过程中特别强调其他能力较差的人，从而使考核者觉得员工本人的表现不是很差。

2. 负面反馈中的技巧

针对负面反馈中可能出现的员工自我防卫反应，考核者在沟通时可使用一定的技巧，如图 7-2 所示。

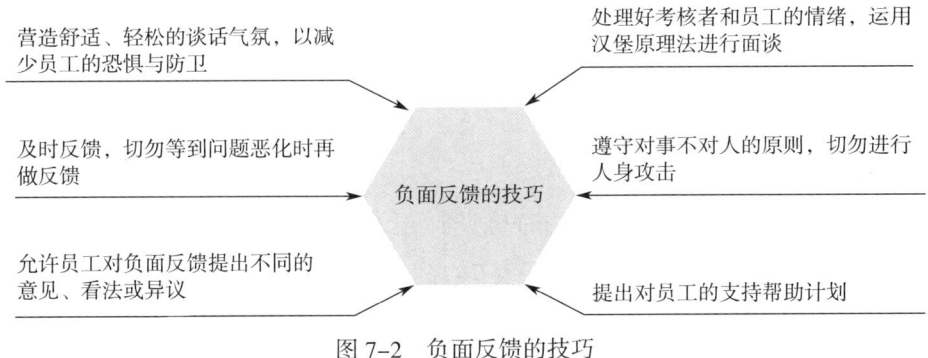

图 7-2　负面反馈的技巧

（五）结束面谈技巧

在沟通结束前做一下总结是沟通的必备环节。一般情况下选择在面谈达到高潮时结束面谈，因为此时已经达到面谈目标，且双方心情都比较舒畅。沟通结束前的总结很重要，其主要作用是使对方清楚沟通即将结束，当沟通脱离主题时适时地将其调整到原有主题上来，以友好的方式结束面谈，并为下次沟通留下机会。

第三节　绩效辅导

一、绩效辅导概述

绩效管理的目的是帮助员工提升工作绩效，而且绩效管理是一个持续的过程。在这个持续的过程中，绩效辅导是管理者应该掌握的关键技能，它也是员工绩效提升的关键途径。

绩效辅导是管理者通过沟通交流等方式，给员工以指导、纠偏、鼓励等帮助行为，用以帮助员工达成绩效计划目标。

对管理者而言，绩效辅导一方面可以及时发现员工在工作中的问题，另一方面可以掌握员工的工作状况并做好记录，有利于对员工进行客观、公正的考核评估。对员工来讲，通过绩效辅导与沟通，可以得到个人绩效的反馈信息，发现自己工作中的不足，提升自身技能和绩效表现。

绩效辅导的目的在于帮助员工找到达成绩效目标的途径和方法，因此其内容主要包括了解员工绩效现状和寻找改进绩效的方法两个方面。

二、绩效辅导的时机

企业管理者应当在正确的时机选择正确的方法，并积极地对员工实施有效的绩效辅导工作，具体见表7-1。

表7-1　　　　　　　　　　绩效辅导时机与辅导内容

绩效辅导时机	绩效辅导内容
当员工在工作中遇到困难，希望得到绩效辅导人员的帮助时	可向员工传授一些解决问题的技巧，以保证员工的绩效处于良好状态
当员工请教问题或有新的想法欲征求绩效辅导人员的看法时	绩效辅导人员应抓住这样的时机，积极听取员工请教的问题或者新的想法，并对员工予以激励。同时，最好通过多个渠道或人员帮助员工解决问题和开发工作方法
当员工通过企业内外部培训掌握了新的知识和技能时	绩效辅导人员可以辅导员工运用这些知识和技能，以使员工能够将新的知识和技能运用于工作中，切实巩固并掌握
当绩效辅导人员发现某项工作可运用另外一种方式做得更好时	绩效辅导人员应首先掌握这种新的工作方式，然后再指导员工采用这种方式进行工作

三、绩效辅导的方式

对绩效辅导的方式进行细分，可包括具体指示型绩效辅导、方向引导型绩效辅导以及激励型绩效辅导。这些绩效辅导方式是根据被考核者的不同特点进行设置的。图7-3所示为绩效辅导方式运用模型。

四、绩效辅导的方法

为了确保绩效辅导目的的实现，企业管理者通常采用人员心态层面的辅导、绩效管理实施人员能力提升、绩效持续提升的企业文化创建和绩效奖惩管理的业绩文化创建4种辅导方法。

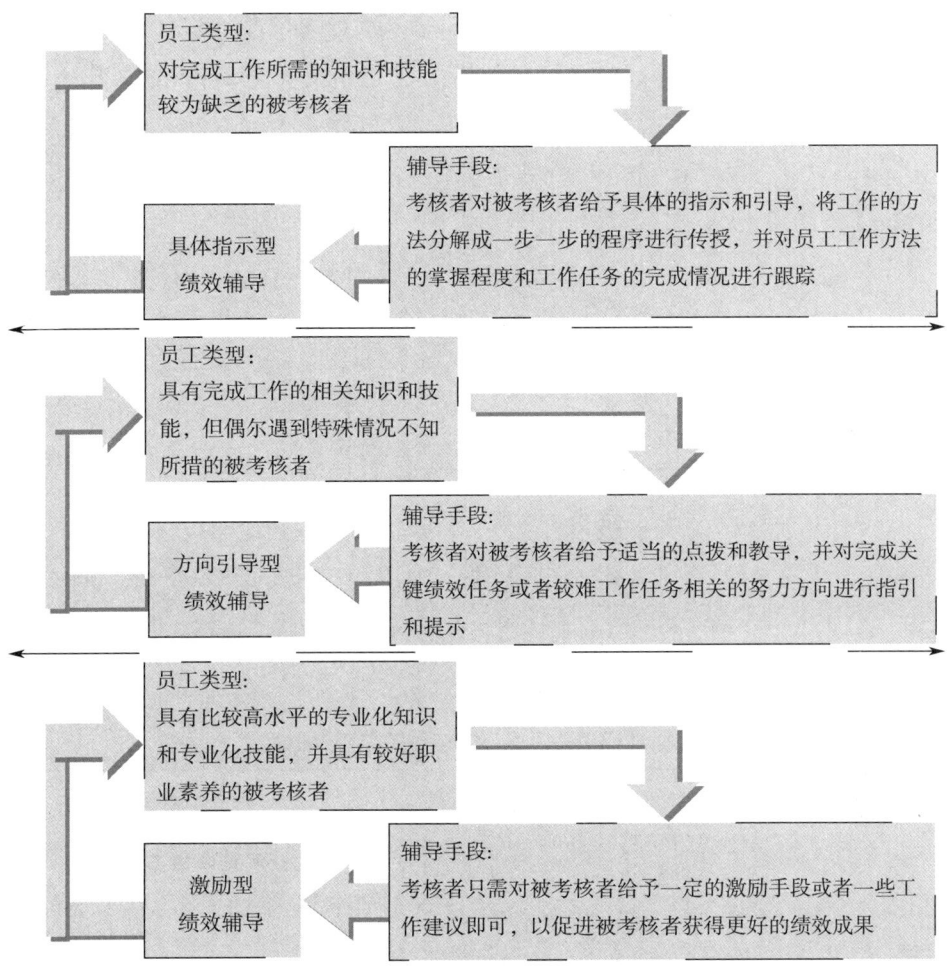

图 7-3 绩效辅导方式运用模型

(一)人员心态层面的辅导

人员心态层面的辅导主要包括对企业高层管理人员、中层管理人员和普通员工的辅导,其目的是通过具体分析不同层面的企业人员心态现状,找到可能阻碍绩效管理实施的原因,辅导员工适应转变,进而确保绩效管理的实施效果。

1. 高层管理人员心态现状

(1)认为关键绩效指标体系的实施没有意义,担心与员工发生冲突。

（2）担心目标会无休止地提高，担心会面对同行业的对比和竞争。

（3）认为自身不具备建立绩效管理实施目标和指导沟通的技能。

2. 中层管理人员心态现状

（1）认为针对绩效管理实施的工作只需听从总经理指示，被动执行即可。

（2）认为只需有一个大概的实施目标，简单完成本职工作、上级所下发的指令、绩效管理实施过程中的紧急性工作即可。

3. 普通员工心态现状

（1）对绩效管理实施的现状不满。

（2）对绩效管理实施的目的和管理者抱有怀疑的态度。

（3）害怕自己的弱点被暴露出来，可能会受到一定的批评和惩罚。

从以上分析的企业高层管理人员、中层管理人员和普通员工的心态层面的现状，企业应进行有针对性的辅导，并达到表7-2所示的行为目标。

表7-2　　企业进行相关人员心态辅导的内容及目标

相关人员	辅导内容	辅导目标
高层管理人员	（1）组织高层管理人员参加培训，培训内容包括绩效管理实施的规划和授权、资源调配、心理和角色转变等 （2）相关人员（包括教练和导师）对高层管理人员进行管理方面的指导	（1）从管理具体事务到管理、指导和激励员工 （2）从事无巨细的监督、控制到专注于绩效管理实施的规划和控制 （3）从指挥各职能部门的具体决策到协调各职能部门之间的运作
中层管理人员	（1）进行绩效管理技能的训练，如部门目标及工作计划的制订、员工关键绩效指标体系的设计调整及操作、绩效面谈和员工指导等 （2）通过实践和参观学习等方式进行能力发展的训练	（1）主动计划、实施、领导、控制本部门绩效管理实施工作，并推动企业的发展 （2）不断改进部门内绩效管理实施的工作方法与流程，以求更有效率、更有创新性地完成工作 （3）进行深入的绩效指导，根据人员素质和职能要求，应用合适的管理方法和激励

续表

相关人员	辅导内容	辅导目标
普通员工	（1）企业向普通员工讲解实施关键绩效指标体系对其个人的意义 （2）承诺坚持原则，增强普通员工的信心 （3）鼓励转变，并给予及时的反馈 （4）帮助其树立正确的价值观和态度，让其理解关键绩效指标体系实施所带来的切实利益	（1）职业化和规范化的行为 （2）较强的竞争意识和团队合作意识

（二）绩效管理实施人员能力提升

无论采用何种方法进行绩效管理实施，都需要对实施人员进行培训，以确保绩效实施人员能力的提升。绩效实施人员能力的提升主要包括人际沟通能力、现场指导能力和工作进程协调及控制能力的提升。

（三）绩效持续提升的企业文化创建

绩效管理实施是企业管理的重要内容，企业文化是企业管理的支撑。企业文化对绩效管理实施具有重要的指导和促进作用，二者的融合，有助于绩效的持续提升。绩效持续提升的企业文化创建主要包括以下6项内容。

（1）确定企业的愿景、使命和价值观，让员工知道"追求什么""为何追求"与"如何追求"。

（2）加强企业的思想政治工作，使员工的工作态度符合绩效管理各个阶段的要求。

（3）制定员工认可的并适合企业的行为规范。如树立规则意识，强调按照规章办事；树立团队意识，强调沟通协调等。

（4）使绩效管理工作标准化和流程化，并根据企业发展战略和工作的实际情况不断加以改进和完善。

（5）利用会议、文件、资料和内刊等方式方法，以及非正式组织，实现上情下传、下情上达，双向反馈、沟通互动。

（6）为员工提供学习、工作和生活的平台，使员工对企业产生认同感、归属感和自豪感。

（四）绩效奖惩管理的业绩文化创建

绩效奖惩管理的业绩文化是一种良性竞争的文化，通过在平凡的岗位上做出不平凡的业绩就能够获取报酬、得到荣誉、赢得尊重。绩效奖惩管理的业绩文化也是一种激励文化，在公平、公正和公开的环境下，用数据作证，让事实说话，凭业绩取酬，奖惩分明。培育绩效奖惩管理的业绩文化应注意下面4个问题。

（1）在认识上克服"3种观念"，即"神秘化"观念、"庸俗化"观念和"部门化"观念。

（2）在组织上反映"3种特色"，即全员参与、全程控制和全面绩效。

（3）在工作上突出"3个重点"，即建设学习型组织文化、建设执行力文化和建设团队文化。

（4）在文化上强调"3个措施"，即明确具体的理念体系、内涵丰富的工作内容和凝心聚力的人文环境。

五、绩效辅导的渠道

绩效辅导是考核者通过对被考核者绩效指标的完成情况进行分析从而找到问题，同时给予辅导以保证被考核者绩效目标和计划的完成。绩效辅导通常采用召开月度绩效总结会和季度绩效总结会的方式进行。

在利用上述两种方式进行辅导时，辅导者个性特点和行为偏好的不同决定着不同的辅导风格。通常情况下，共有下面4种绩效辅导的风格。

（1）绩效辅导者采用推动型的绩效辅导方法，直截了当告诉被辅导者如何做。

（2）绩效辅导者采用劝说的方法说服被辅导者按照他们的想法去做。

（3）绩效辅导者以一种比较温和的风格确保被辅导者保持良好的心情。

（4）用系统的和逻辑性较强的方式对被辅导者绩效进行分析，依据相关规则或流程提出建议。

（一）召开月度绩效总结会

1. 召开月度绩效总结会的目的

召开月度绩效总结会指的是企业各级主管每月定期召开所有员工参加的绩效管理总结会议，与员工一起回顾和讨论他们在本月内所取得的绩效的一种会议形式。

月度绩效总结会的召开，对于企业各级主管和员工而言具有不同的目的，具体如图7-4所示。

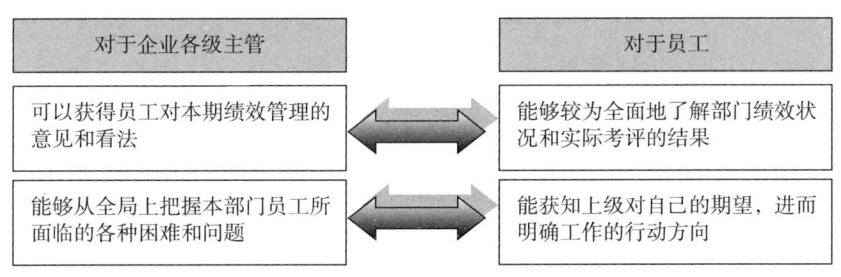

图7-4 召开月度绩效总结会的目的

2. 召开月度绩效总结会的注意事项

为了确保月度绩效总结会目的的实现，在召开月度绩效总结会时应注意以下事项。

（1）月度绩效总结会应以员工为中心。

（2）各级主管应努力为员工创造一个自由宽松的环境。

（3）鼓励员工对部门的工作进度和成果，以及个人所面临的问题，广泛发表意见，并针对现存的问题探讨和寻求具体的解决办法。

（4）在月度绩效总结会上，各级主管的态度应具有鲜明的建设性、支持性和指导性。在讨论中，各级主管应注重分析成功的经验，总结失败教训，帮助员工找出改进绩效的方法。

3. 月度绩效总结会辅导重点

月度绩效总结会辅导主要通过工作指导和培训来进行，各级主管应根据员工的能力素质特点，进行不同侧重点的辅导。

（1）对完成工作所需的知识及能力较为缺乏的员工，应重点给予较具体的指导，将做事的方法分解成详细的步骤进行传授并跟踪其完成情况。

（2）对具有完成工作的相关知识及技能，但偶尔遇到特定的情况不知所措的员工，应重点给予适当的点拨及指引。

（3）对那些具有较高水平的知识及专业技能的员工，应重点给予建议，以促进其取得更好的绩效成果。

（二）召开季度绩效总结会

1. 召开季度绩效总结会的目的

企业召开季度绩效总结会的目的在于把季度绩效考核结果以及该结果将被使用的情况告知员工，进行绩效反馈。将考核结果反馈给员工，有助于增强考核的透明度和公开性，有利于激励员工，从而完成既定的考核目的。

2. 季度绩效总结会辅导重点

各级主管在季度绩效总结会中的主要职责是针对员工提供建议、给予指导、提供支持、赋予信心和提升胜任能力，辅导的重点主要包括制定开发能力的目标、进行有效沟通、激励员工、记录绩效、提供反馈信息、诊断绩效问题和开发员工能力7项内容。

六、绩效辅导的步骤

（一）绩效辅导准备

绩效辅导准备工作的内容包括选择并确定合适的绩效辅导方式、时间、地点；通知被辅导者；收集信息，预测可能出现的问题及对应的处理方法等方面。

在这一环节，企业各级主管及员工各自的职责见表7-3。

表 7-3　　　　　绩效辅导准备环节相关人员的职责说明

人员	职责说明
各级主管	（1）分析、收集员工绩效数据，包括工作任务完成情况、关键事件处理情况等 （2）对员工上一阶段的绩效进行评价，分析其优缺点并制订改进计划 （3）与员工确定沟通时间、地点等
员工	（1）分析与收集绩效数据 （2）绩效自评与总结 （3）明确自己工作中存在的问题及需要的帮助

（二）绩效辅导沟通

在这一环节，各级主管与被辅导员工沟通，找出问题所在并制订具体有效的行动计划。进行绩效辅导沟通时，各级主管需掌握一些沟通的技巧。

1. 开放式询问

示例：

为解决问题，你采取了哪些措施？结果又怎样？

这些方法中，你倾向于哪一种？

这种提问方式可以让对方有足够的时间来回答问题。开放式提问虽然可以让对方进一步展开话题，但有一点要注意，即主管需控制沟通的过程，以防止跑题，脱离沟通的目的。

2. 灵活运用肢体语言

肢体语言和有声语言一样，也有积极肯定与消极否定之分。积极开放的身体语言往往会带给对方积极的心理暗示，增强沟通的效果。例如：点头代表"同意""肯定"，摇头代表"否定"。谈话时同对方进行目光接触，这不仅仅是一种礼貌，还可以增进交流；如果我们在沟通中皱眉、摇头、不看对方的眼睛，则会让对方感觉到不耐烦的情绪等。

合理运用恰当的肢体动作，不仅会让沟通保持活跃的气氛，也会给语言的表达带来许多助力。但是，任何事情都是要适可而止，肢体加语言的正确比例就是肢体为辅、语言为主。

3. 倾听并回馈

进行绩效辅导沟通时，除了需做到有效倾听，还需适时地给予反馈。

在倾听过程中，有效反馈可以起到激励和调节的作用。反馈时，需把握如下两个要点。

（1）反馈语言要表达明确。例如，"你的任务完成得很好啊！"就不如"这次会议的组织工作做得很好，继续努力！"表达得更明确。

（2）把握适宜的反馈时机。反馈必须灵活地捕捉时机。有时需要及时反馈，如需要确认信息时、员工希望听取主管的意见时等。但有时也需暂缓，如当员工情绪激动、对反馈持有抵触心理时，就应推迟反馈。

4. 善用赞赏与批评

赞赏和批评是管理工作中必不可少的两种手段。在绩效辅导沟通过程中，主管需根据员工的工作表现，适时地对员工工作给予赞赏或批评。

（1）赞赏。表扬员工的优点并用细节说明，认可其成绩。

示例：

"小王，你上个月的工作表现不错！"（过于笼统）

"小王，你这个月对产品订单处理流程进行了优化，使我们从接到订单到发出订单节省了半天的时间，提高了工作效率，很好！"（符合要求）

（2）批评。主管在批评员工时，其内容要具体、对事不对人；分寸要恰当，态度要平和；根据员工的反应掌握批评的火候。

示例：

"小刘，你工作表现很差劲，要好好努力才行。"（内容不具体）

"小刘，作为一名业务人员，你的业务知识和沟通能力需要加强，还有职业形象也需注意，让客户觉得你很专业，这样才能谈成业务。"（符合要求）

双方要将达成共识的结论性意见、确认的信息或数据、下一阶段的绩效计划等及时进行记录整理。

课程实训

结合课程内容的学习,设计一份绩效辅导记录(见下表)。

绩效辅导记录表

部门		员工(被辅导人)		辅导时间	

一、工作进展说明

二、辅导记录

三、下阶段的工作计划(事项、责任人、完成时间、所需资源)

说明:本表用于主管对员工进行的定期或不定期的绩效辅导,由主管进行记录

(三)绩效辅导追踪

企业各级主管需对辅导效果进行追踪,对被辅导员工的态度、业绩、改变等方面进行定期评估,并根据评估的结果进一步制订辅导计划和绩效改进措施。对于辅导后业绩没有明显改进的员工,经过分析后,应该采取相应的人力资源管理措施。

七、绩效辅导的技巧

企业在开展绩效辅导时,考核者(一般为被考核者的直接上级主管)应注意以下5个方面的技巧。

(1)考核者在与被考核者进行绩效面谈时,须摆正自己与被考核者的位置,确保双方是在完全平等地交流,且具有共同的目标和双向的联

系。考核者切忌将面谈理解为宣讲而非沟通。

（2）考核者应注意通过正面鼓励或者反馈，关注和肯定被考核者的长处。

（3）考核者应提前向被考核者提供考核结果，强调客观事实，并提请被考核者注意在关键绩效指标考核的标准设计中以及在绩效合同中双方达成一致的内容，提示被考核者实现事先做出的承诺。

（4）考核者应鼓励被考核者参与讨论，发表自己的意见和看法，以确认考核的结果是否合适。

（5）针对考核结果，考核者与被考核者协商，提出未来计划期内的工作目标与发展计划。

本章自测题

1. 简述绩效过程管控的意义。
2. 绩效过程管控的误区有哪些？
3. 绩效沟通的方法有哪些？
4. 出现什么情况时，企业管理者需要对员工进行绩效辅导？

第八章 绩效评估

学习目标

- 了解绩效评估的定义和内容
- 知晓绩效评估的程序
- 掌握绩效评估的方法

引导案例

某公司销售部组长的绩效考核中有一个指标是"月度平均销售量",它的考核方法是依据所有组员的月度平均销售量进行打分。

销售部刘华小组因为公司发展需要在 3 月增编了一名新员工,该员工 3 月几乎没有销售量,因此小组的"月度平均销售量"指标只得了 60 分。而在当月的其他考核指标如客户投诉率、新客户增加量、销售额等,刘华小组的得分均远远高于其他小组。

公司采取的评估方法是简单排列法,刘华因"月度平均销售量"指标得分太低,导致3月的绩效评估得分只有80分,低于公司的平均绩效水平。刘华觉得自己以及小组的员工都非常努力,且其他指标完成得都非常好,只是因为有一名新员工导致了这样的评估结果,因此,他对这个评估结果非常不满意,拒绝在绩效评估表上签字。

请思考:

1. 你觉得案例中的绩效评估采取哪种方法更适合?
2. 如果你是刘华的上级,你该怎么处理?

第一节 绩效评估概述

一、绩效评估的定义

国内外学者对于绩效评估的定义有不同的看法,总结后主要包括:绩效评估是用来判断个人在工作中的贡献价值、工作品质、工作数量及未来的发展潜能,并以此为据提供个人完成目标所需要的帮助;企业通过绩效评估可以判断个人从事工作的有效程度;绩效评估是针对个人的工作绩效与发展潜能所做的系统性评估;绩效评估是指系统地对组织与员工在工作绩效上的个别差异进行评定,或对每位员工在工作层面上的表现进行评定,并以此作为企业各项人力资源管理决策的基础;绩效评估是一个员工改善本职工作、制订绩效改善计划的决定和沟通的过程;绩效评估用来衡量、评估与员工工作有关的属性、行为与结果等,以评价组织中员工工作的情形。

从以上各种对于绩效评估的定义可以看出,有的学者侧重于工作行为,有的侧重于工作结果,有的侧重于目前的应用,有的侧重于长远发展。

本书将绩效评估定义为:绩效评估者依据绩效指标体系和绩效考核

周期内被评估者的绩效表现事实，通过有效的绩效评估方法，对被评估者的绩效目标完成情况进行评估和检查，判断被评估者是否达到绩效指标的要求，以探求如何改进和提高今后的绩效，并以此作为人力资源决策的依据。

二、绩效评估的内容

根据不同的划分标准，绩效评估可以包括不同的内容。

（一）按照评估对象

按照评估对象，绩效评估的内容可以分为组织绩效评估和员工绩效评估。

对组织绩效的评估关系企业的扩张、兼并重组、业务收缩等经营决策问题；对员工绩效的评估则关系奖惩、职位调整、薪酬调整等人力资源管理上的决策问题。

（二）按照评估流程

按照评估流程，绩效评估的内容可以分为以下3个部分。

（1）对组织或员工过去一年实际绩效进行回顾及评估，将实际工作结果与已设定的衡量标准进行对照，并进行评分定级。

（2）根据本考核周期的结果，制订绩效改进计划，并为下一个绩效考核周期制订工作目标及能力发展计划。

（3）确定报酬调整和奖励方案。

（三）按照评估指标

按照评估指标，绩效评估的内容主要分为以下4项。

1. 业绩评估

业绩评估是对企业员工履行工作职责的工作结果进行考察与评价，它是对员工贡献程度的衡量，能直接体现出员工在企业中价值的大小，以及员工所承担工作的重要性、复杂性和困难程度等。业绩评估比其他评估内容更能体现组织的效率。

2. 能力评估

能力评估主要考评员工在工作中发挥出来的能力（专业知识和其他相关知识，技能、技术和技巧，工作经验，体力等），并根据考核标准和职位胜任素质模型，对被评估者所担任的职务与其能力是否匹配做出评定。

3. 态度评估

态度评估考评员工为某项工作付出的努力程度，可选取对工作能够产生影响的个人态度，如协作精神、工作热情、礼貌程度等。态度是工作能力向工作业绩转换的中介，在很大程度上决定了能力向业绩的转化程度。

4. 潜力评估

当机会不均等、人员配置不合理、领导指示有误、能力开发计划不周详等情况出现时，员工的能力是不能在所担任的职务中发挥出来的，所以企业应对员工"在工作中没有发挥出来的能力"进行评估，以科学地做出人力资源决策。

三、绩效评估的意义

有效的绩效评估对于企业、管理者和员工具有重要的意义。

（一）对企业的意义

对企业而言，通过对员工品质、行为、工作结果等方面的评估，可以影响企业的生产率和竞争力，可以建立和传递企业文化。绩效评估的结果可以作为人力资源决策的重要参考依据，如职务升降、薪酬调整、奖金发放、岗位配置等。另外，有效的绩效评估是实现企业利益公正分享的基础，为企业长远发展提供人力资源保障。

（二）对管理者的意义

对管理者而言，通过绩效评估，可以了解下属的工作表现，向下属提出工作改进建议，了解下属对企业和管理者管理方式的建议，加强与下属之间的沟通，从而建立绩效伙伴关系等。

（三）对员工的意义

对员工而言，通过绩效评估，可以理解员工工作的重要性，并理解员工表现的衡量标准，清晰地认识到企业对自己的真实评估和期望，有助于加强自我管理。

四、绩效评估的原则

绩效评估有以下 6 项原则。

（一）与企业文化和管理理念相一致原则

绩效评估是对员工品质、工作行为、态度、工作结果等方面的评价，上述评价内容是企业组织文化和管理理念的具体化和形象化，所以在绩效评估中必须明确企业在鼓励什么、反对什么，以给员工正确的指引。

（二）公平、公正原则

在绩效评估中，评估者应注重评估过程的公平性，尽量避免评估中的人为失误。绩效评估的结果应不受评估者和被评估者的影响，避免产生差别待遇的不公正现象。

（三）公开、透明原则

公开、透明原则是指在绩效评估时，应加强评估者和被评估者之间的沟通，最大限度地减少评估过程中的神秘感。公开、透明原则主要表现为：评估标准的制定应由评估者和被评估者共同协商，评估前应对外公布绩效评估细则，评估后的结果应公开，评估后应接受被评估者的信息反馈等。

(四)制度化原则

企业必须根据行业特征、评估对象、评估目的、业绩反应期长短等情况,定期进行绩效评估。绩效评估并不是一次性的活动,所以在绩效评估的前、中、后各个阶段要形成一定的规范。只有将绩效评估制度化,员工才能对绩效评估足够重视,员工的潜能才能被全面地了解,问题才能及时地解决,企业才能持续健康地发展。

(五)弹性原则

企业应根据内外部环境、员工自身状况、岗位状况等对绩效评估标准进行调整。如在经济景气时,置业顾问每个月的销售指标可定为10套;在经济滑坡时,置业顾问每个月的销售指标可定为5套。

(六)可行性原则

可行性原则是指绩效评估方案中的各要素(评估目标、评估主体、评估指标、评估标准、评估方法等)及整体绩效评估方案应具有内外环境适应性、经济可行性、实现技术的可行性等。这就要求企业、管理者、员工从实际出发,积极配合,使绩效评估取得良好的成效。

五、绩效评估的周期

绩效评估周期是指多长时间进行一次绩效评估。典型的绩效评估周期是月、季、半年或一年,也可以是一项特殊任务或项目完成之后。绩效评估周期受行业特点、评估对象、评估目的、业绩反应期长短等方面的影响。

(一)行业特点

产品生产周期长短不同,对绩效评估周期会产生影响,如生产和销售周期短的企业,在一个月内就有大批成品生产出来或销售出去,这些企业可以采用月度评估;而一些生产大型设备的企业,或者以提供项目

（如咨询项目）服务为产品的企业，其生产周期或服务周期往往是跨月度、跨季度，甚至是跨年度的，此类企业的绩效评估周期应该加长。

（二）评估对象

评估对象的职位层次越高，其工作复杂程度越高，相应地对员工能力、素质的要求也越高，所以其绩效评估周期较长。一般而言，对高层管理人员的评估，也是对整个企业或部门经营与管理状况评估的过程，其绩效评估周期一般为半年或一年；对于中层管理者，绩效评估周期为半年或季度。

反之，评估对象的职位层次越低，其工作任务相对简单，对员工能力、素质的要求相对较低，所以其绩效评估周期相对较短。如专业类员工的绩效评估周期一般为月度或季度，操作类员工的绩效评估周期一般为月度。

对于研发人员的评估，一般以任务完成率和项目效果作为评估指标。企业一般以研发的各关键节点作为评估的周期，在年底再根据各关键节点和项目完成情况进行综合考评。

（三）评估目的

评估管理主要有"评估"和"检查"两个目的。"评估"目的强调的是任务完成的准确性，且需要对员工的工作表现与预先设定的标准进行比较，其评估结果往往用于职务调整、薪酬分配等方面，因此其绩效评估周期会相对较长一些。"检查"目的强调过程管理和问题解决，注重挖掘员工的潜力，因此其绩效评估周期相对较短。

（四）业绩反应期长短

企业根据实际情况，可以设定以业绩评估为据的评估周期。如在实行目标管理的企业中，以实现组织阶段性目标的周期作为绩效评估周期；在实行合同制的企业中，以整个合同期或将合同期划分为若干阶段作为绩效评估周期；在实行承包制的企业中，以承包期或将承包期划分为若干阶段作为绩效评估周期。

六、绩效评估的标准

绩效评估的标准可以分为绝对标准、相对标准和客观标准。

绝对标准是指建立员工的工作行为特质标准，然后将其列入评估范围内，而不在员工之间进行比较。

相对标准是将员工的绩效表现进行比较，并进行排序的一定标准。

客观标准是指对员工所具有的特质及绩效表现在评定量表中每一点的相对基准上进行定位，以方便评估者对其评价。

第二节　绩效评估的程序

一、收集关键事件

一般情况下，由人力资源部负责组织绩效评估的准备工作，相关部门予以配合。实施绩效评估，首先要收集绩效评估的关键事件。其中，评估者可以通过被评估者的工作表现记录，或通过访谈法向被评估者的同事、上级、下级、顾客等收集关键事件。

运用访谈法收集关键事件时，评估者应做到：进行充分的访谈准备（拟定访谈提纲、查阅岗位说明书、确定访谈时间和地点等），收集有关人员的绩效具体执行情况，倾听与被评估者相关的各方人员的反馈等。

二、明确绩效评估周期

明确绩效评估周期是绩效评估必不可少的一环。绩效评估周期因评估目的、评估对象、行业特点等的不同而有所不同。评估者应根据前文所提的影响因素确定绩效评估周期。

一般而言，绩效评估周期的设置不宜过长也不宜过短。如果周期过长，不仅会带来严重的"近因效应"，而且会使员工失去对绩效评估的关注；如果周期太短，不仅会导致评估成本的加大，还会使得跨越周期的一些工作内容无法进行科学评估。

三、选择评估方法

绩效评估方法直接影响绩效评估计划的成效和评估结果的正确性。在选择绩效评估方法时应考虑以下 4 个要素。

（一）企业文化

不同的企业文化特征，对评估方法的选择有明显的影响。企业的职位分工、技术特征、人员素质的不同，对评估内容有不同的要求。例如，效率型文化企业强调对实力（技术）和灵活经营方面的投资，强调以更快、更经济的方式占领市场，如软件公司等，这就要求企业精心设计"效率"层面的相关指标。

（二）评估目标和评估对象

绩效评估可以大致分为以实现企业战略目标为目的的评估和以实现人力资源管理为目的的评估。前者强调对企业财务、客户、内部需要和发展等特征进行评估，后者强调对人力资源中的薪酬管理、员工职业生涯管理、人员流动率等特征进行评估。

绩效评估的对象涉及企业全体员工，不同的评估对象对评估方法的适应性也不同。如职能性工作人员的评估方法强调程序、规范、工作纪律、任务完成情况等特征，产品研发等创新型人员的评估方法强调创新素质、基本技能等方面，企业中高层人员的评估方法强调管理技能、管理效果等方面。

（三）评估前提条件及评估成本

绩效评估的前提条件主要包括：评估要素必须选自关键职责领域和目标领域；评估要素必须具有明确的标准；评估必须具有有效的衡量手段；评估必须具有可靠的信息来源；评估必须具有随时纠偏的方法，必须能够公正地使用评估结果。

评估成本与评估前提条件具有很大的相关性,如果在缺乏评估前提条件时选择评估方法,不仅无法达到评估目的,还会增加评估成本。

(四)管理者的能力和态度

各评估方法都有不同的优缺点和适用情境,每种方法对管理者的能力、态度和管理素质有不同的要求,所以在选择评估方法时还应考虑管理者的能力和态度。

四、计算绩效评估分数

为使员工的工作绩效具有可比性,以便有效地指导人力资源决策,需要合理地计算绩效评估分数。

一般情况下,当有 n 个同层级的评估者,且这 n 个评估者与被评估者的熟悉程度大致相同,则可以通过简单算术平均法对某测评要素进行分数评估。其计算公式为:

$$\overline{X}=(\sum X)/n$$

式中,n 为参加评估的同级评估人数;X 为每个评估者评定某要素的成绩。

而不同层级评估者对某要素评估时,一般适用加权算术法,该计算过程的有效性依赖于"不同层级加权系数"的科学性。其计算公式为:

$$H_i=P_iC_i+Q_iD_i+R_iE_i+S_iF_i+T_iG_i$$

式中,H_i 为所有评估者对某个被评估者要素 i 评定的平均成绩;P_i、Q_i、R_i、S_i、T_i 分别为领导层、组织部门层、同级、下级、自己对该要素的平均评定成绩;C_i、D_i、E_i、F_i、G_i 分别为领导层、组织部门层、同级、下级、自己的评定加权系数。

五、个人绩效反馈

评估结束后,人力资源部应及时将评估结果反馈给被评估者,在被评估者没有异议的前提下,将评估结果与个人奖惩、薪酬调整、职位调整等进行挂钩，如果被评估者有异议，则可以通过申诉程序进行申诉。

六、绩效评估讨论

绩效评估讨论会是绩效反馈的一种方式。在绩效评估讨论会上应强调绩效评估的目的及会议将要讨论的问题。讨论会主持人应与被评估者一起对绩效计划及评估表格上所列的指标或项目的完成情况进行探讨。双方对有异议的评估结果进行重点讨论，共同寻找和回顾绩效事实，获得对绩效评估分数的一致认同。

在讨论中，主持人还应对被评估者完成较好的绩效指标及那些未完成的指标进行原因分析，有针对性地制订绩效改进计划，同时为其确定相应能力发展领域、具体行动和期望结果。另外，对于比较重要的职位，还应将评估结果上报给高层领导审阅，高层领导提出相应的意见，在必要时，还需和评估双方进行最终评估结果的认定。

第三节 绩效评估的方法

一、简单排列法

简单排列法也称简单排序法、序列评定法，是指评估者把所有被评估者从绩效最高到绩效最低（或从最好到最差）进行排序。简单排列法首先由评估者根据被评估者的工作表现及工作结果统计其工作绩效，其次由评估者根据被评估者绩效的好坏，按照由高到低的顺序依次进行排列。

简单排列法简单实用、易于理解、容易执行，其评估结果令人一目了然，但该方法容易对员工造成心理压力，不容易使员工接受。该方法只适合人数较少的团队使用，而不适合在跨部门的人员中以及工作性质存在较大差异的员工中使用。

> **课程实训**
>
> 某电厂一个班组共有员工 6 名,现对这 6 名员工 5 月的考核结果进行评估。具体这 6 名员工 5 月的考核结果为:甲得 88 分,乙得 67 分,丙得 93 分,丁得 55 分,戊得 98 分,己得 75 分。
>
> 运用简单排列法得出此班组员工考核结果的评估排序。
>
> **考核结果评估排序一览表**
>
> 评估日期:____年____月____日
>
> | 姓名 | 甲 | 乙 | 丙 | 丁 | 戊 | 己 |
> |---|---|---|---|---|---|---|
> | 考核结果(分) | 88 | 67 | 93 | 55 | 98 | 75 |
> | 评估排序(分数从高到低) | \multicolumn{6}{c}{1. 戊 2. 丙 3. 甲 4. 己 5. 乙 6. 丁} |

二、选择排列法

选择排列法也称交替排列法,它从简单排列法演变而来,但它克服了简单排列法容易走极端的现象。它要求根据绩效评估要素,首先在所有的被评估者中挑选出最好的一位;其次挑选出最差的一位,将他们作为第一名和最后一名;最后在剩下的被评估者中再挑选最好的一位和最差的一位。依此类推,最终将所有的被评估者按照绩效优劣顺序全部排列完毕。其示例见表 8-1。

表 8-1　　　　　　　　　选择排列法示例

评估要素:

评估要素内容界定:

说明:针对所要评估的要素,将所有被评估者的姓名列举出来。将该要素评估最好的员工姓名列入 1.____中,将评估最差的员工姓名列入 12.____中。然后将次最好的员工与次最差的员工姓名分别列入 2.____和 11.____中。将这一交替排序继续下去,直至所有被评估者的姓名都被列出来。

续表

1.＿＿＿＿＿＿＿＿＿＿	7.＿＿＿＿＿＿＿＿＿＿
2.＿＿＿＿＿＿＿＿＿＿	8.＿＿＿＿＿＿＿＿＿＿
3.＿＿＿＿＿＿＿＿＿＿	9.＿＿＿＿＿＿＿＿＿＿
4.＿＿＿＿＿＿＿＿＿＿	10.＿＿＿＿＿＿＿＿＿＿
5.＿＿＿＿＿＿＿＿＿＿	11.＿＿＿＿＿＿＿＿＿＿
6.＿＿＿＿＿＿＿＿＿＿	12.＿＿＿＿＿＿＿＿＿＿

三、成对比较法

成对比较法是一种相对的绩效评估方法，是指评估者针对某一评估要素（如工作效率、沟通能力），将每一位被评估者与同一被评估群体中的其他成员进行两两比较。这种方法实质上是将全体被评估者看成一个有机系统，有助于对全部的人员进行评估。

使用成对比较法的比较次数公式为：$N(N-1)/2$（其中 N 代表被评估者的总人数）。即如果部门中被评估的人数为10人，则所需要配对数或配对比较的次数为45次。

（一）成对比较法的步骤

成对比较法不是简单地将被评估者进行笼统的排队，而是具体到对每个被评估者在某一方面的比较。其运用步骤如下。

（1）列出一张表格，其中注明所有被评估者的姓名及所有的评估要素，见表8-2。

（2）就某一类要素将所有员工进行配对比较。具体为：分别将列中的每一个被评估者与行中的每一个被评估者进行比较。就某一评估要素而言，如果处于第 X 列的被评估者比处在第 Y 行的被评估者表现得好，那么就在第 X 列和第 Y 行交叉处的方格中画"+"号；反之，则画"-"号。

（3）最后对每一列中的"+"号进行统计，然后按照统计的数量排列出被评估者的次序。

表 8-2　　成对比较法示例

比较对象	被评估者				
	A	B	C	D	E
A		+	−	−	+
B	−		−	−	−
C	+	+		+	+
D	+	+	−		+
E	−	+	−	−	
合计	2+	4+	0+	1+	3+
名次	3	1	5	4	2

评估要素：工作质量

（二）成对比较法的优缺点

成对比较法通过对被评估者进行两两之间的比较进而得出排序，所以其评估结果更为可靠。但是这种方法随着人数的增加，其比较次数会迅速增多。例如，被评估者为 50 人时，则所需要的配对次数是 1 225 次，那么评估者必须花费大量的时间和精力进行评估。所以，该方法适用于员工人数较少的情况。

另外，由上述内容可知，成对比较法可以评价出被评估者在被评估总体中的名次，但不能反映出被评估者的工作能力、品质和绩效水平等，也不能反映出被评估者之间的相差程度。

四、强制分布法

强制分布法也称为强制正态分布法、硬性分配法，该方法是根据正态分布原理，预先确定评价等级以及各等级在总数中所占的百分比，然后按照被评估者的绩效评估结果将其列入其中某一等级。

强制分布法对各个等级的人数做出限制，该方法实施的假设条件是：在所有的工作组中都有表现优秀、一般、较差的员工。根据这个前提假设，评估者将按照事物"两头小、中间大"的正态分布规律，先确定好各等级在被评估者总数中所占的比例,然后按照绩效评估结果,将被评估者强制列入一定的等级,见表8-3和图8-1。

表8-3　　　　　　　　　　强制分布表

等级	优秀	良好	合格	有待改进	差
比例	10%	20%	40%	20%	10%

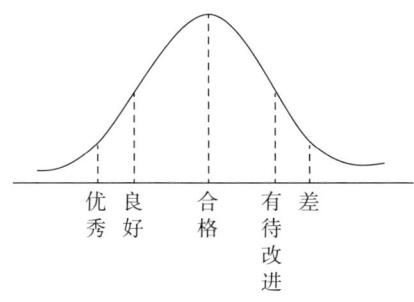

图8-1　正态分布的"强制分布法"示意图

强制分布法最初是美国部队为考核军官的绩效而设计的,现今已经为大多数企业所采用,适用于规模大、工种繁多的组织。作为一种绩效评估方法,它既有优点,也有缺点。

(一)强制分布法的优点

(1)等级清晰、操作简单、便于控制。强制分布法的等级划分清晰,有显著的区别,评估者为不同的等级赋予了不同的含义;评估者只需确定各层级的比例,简单计算后就能得出评估结果,有利于管理者对评估过程的控制。

(2)刺激和鞭策性强。强制分布法经常与员工的奖惩相关联,具有强烈的正负激励对比,特别是在引入员工淘汰机制的企业中,它能明确筛选出淘汰对象,这就对员工产生了强制激励和鞭策的功能。

(3)强制区分。强制分布法要求必须在员工中按比例分出等级,这样可以使绩效评估结果有合理的分布,从而有效避免评估中的"天花板效应""趋中效应"或"地板效应"。

(4)在宏观上控制绩效比例,从而可控制绩效工资的总量。

(二)强制分布法的缺点

(1)团队合力出现问题。一般情况下,"优秀"所占的比例很少,有时员工与"优秀"只有一个小数点的差距,但最后得到的奖励却与"优秀"的员工相差甚远,这会使得排名"良好""合格"的人心里不平衡。久而久之,一些员工会出现出工不出力的状况,排名"优秀"的员工由于遭到排挤而产生消极情绪。

(2)评估的公平性问题。一些部门员工整体的绩效都很好,部门内部评估"有待改进"的员工,到了其他部门可以得到"优秀"的排名,这就不能公平地对来自不同部门的员工进行绩效比较。

(3)评估结果具有一定的主观性,缺乏组织目标导向,不能充分地对员工进行监控和指导,员工不能有效获知如何改善在绩效排序中的位置。

因此,在实行强制分布法时,企业应综合考虑该方法的优点、缺点,结合企业实际情况,权衡利弊,确定利大于弊,方可谨慎运用。

课程实训

假设一个企业绩效评估结果满分为100分,现将绩效评估结果分为五级,即优秀(≥95分)、良好(≥90分)、合格(≥70分)、有待改进(≥60分)、差(<60分),其正态分布情况见下表。

某企业绩效评估结果的正态分布表

分数	≥95分	≥90分	≥70分	≥60分	<60分
评估等级	优秀	良好	合格	有待改进	差
比例	≤1%	≤20%	不限定	不限定	≥1%

下面用图来表示该企业绩效评估结果正太分布情况,具体如下图所示。

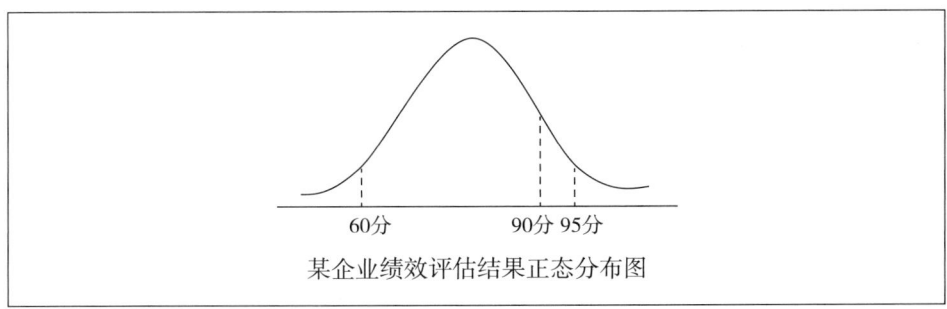

某企业绩效评估结果正态分布图

五、关键事件法

关键事件法是评估者从一线管理者或员工那里收集并记录被评估者表现的特别事例,根据记录的行为事实对员工进行绩效评估的方法。

(一)关键事件的类型

(1)被评估者好的表现,如被评估者耐心地听取客户的抱怨,积极地回答客户的问题,有礼貌地向客户道歉,立即办理客户退货手续等。

(2)被评估者不好的表现,如在公司招聘旺季,招聘主管某天早上迟到30分钟,在此期间,他错过了3个猎头公司的电话,并有两名预约的应聘者在会客室中焦急地等待。

(3)被评估者较突出的、与工作绩效直接相关的事件。

(二)记录关键事件的规则

(1)关键事件中的行为描述应特定而明确。对于关键事件中产生的行为必须进行全面详细的描述,应让对此工作不了解的人能够想象出被评估者的工作状态和行为。

(2)记录关键事件应集中描述可观察到的行为。在描述行为时,一般将被评估者作为句子的主语,尽可能描述其可观察到的、外在的行为,而不是被评估者的工作疏漏之处和其心理活动。

(3)简单描述行为发生的背景,以便读者或其他评估人员能够判断该行为的有效性。

(4)记录中应说明行为的结果,因为许多判断被评估者行为是否有效的信息来自动作的结果。

（三）关键事件法实施步骤

（1）评估者从领导、员工或其他熟悉被评估者工作的人那里收集工作行为事件。

（2）对工作行为事件进行正向（好的）或负向（坏的）描述，其中，描述事件时应采用STAR法，如图8-2所示。

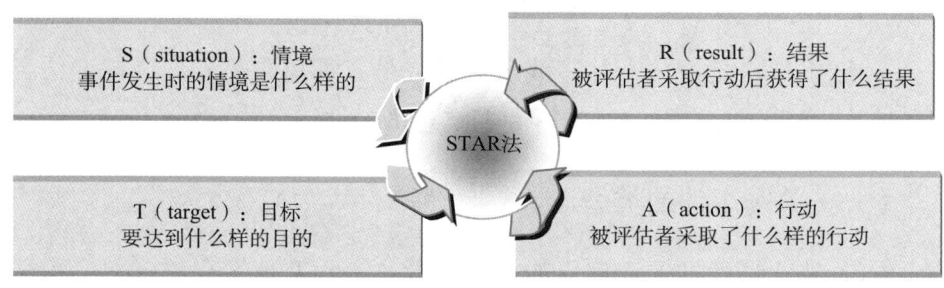

图8-2　STAR法示意图

（3）评估者对收集到的关键事件及其行为进行分类，并对被评估者工作的关键特征和行为要求进行总结。

（4）评估者将被评估者做得好的和差的行为记录下来，并形成书面报告，由评估者结合岗位要求、工作行为要求等，对被评估者的工作表现、发展潜能等进行评价，并提出绩效改进建议。

（四）关键事件法的优缺点

关键事件法以事实作为考核依据，对事不对人，成本低。该方法有助于保存动态的关键事件记录，其反馈易于被接受和理解，有利于以后的绩效改进。另外，该方法还可以作为其他等级评定方法的补充，为考核结果提供依据和参考。

运用关键事件法时，收集和整理关键事件需要花费大量的时间和精力，且该方法要求评估者在记录过程中应坚持客观、全面、精确的原则，这在实际操作中是很难实现的。另外，关键事件法是针对"时间"所做的评定，其只能做定性分析，不能进行定量分析，所以不能单独作为考核的工具。

六、行为观察法

行为观察法也称为行为评价法、行为观察量表法，它是美国人力资源专家拉萨姆和瓦克斯雷在行为锚定等级评价法和传统业绩评定表法的基础上提出的。行为观察法中包含成功地完成某个特定工作所需要的一系列合乎希望的行为。

（一）行为观察法的类型

1. 根据观察的情境划分，可以分为自然观察和实验研究观察

自然观察是指在自然情境中或在被评估者最习惯的行为方式中，观察其某些行为出现的频率。实验研究观察是指根据研究的需要，在观察过程中加入一些人为因素后，再观察被评估者在此情境下某些行为出现的频率。

2. 根据结构性划分，可以分为结构性行为观察和非结构性行为观察

结构性行为观察是指有明确的观察项目（或事先定义好了观察的行为），对观察时间和进程有比较清晰的计划。非结构性行为观察是指以描述性的方式来记录观察过程，所有的资料都是对当时发生的原有行为做描述。

3. 根据观察者（评估者）的角色划分，可以分为参与观察和非参与观察

参与观察是指观察者（评估者）参与到观察的情境中，与被评估者一起活动。非参与观察是指观察者（评估者）在被评估者的一旁观察，而不参与情境中的活动。

（二）行为观察量表示例

绩效评估的结果直接关系员工的职位晋升、薪酬调整等，企业需要一种能够精确测量出被评估者能力或素质的测量工具。所以，在使用行

为观察法时最关键的是要编制一个好的行为观察量表,其示例见表 8-4。

表 8-4　　　　　　　管理人员绩效评估行为观察量表示例

克服变革的阻力	
向员工描述变革的细节	几乎从来不　1　2　3　4　5　几乎常常如此
解释为什么必须进行变革	几乎从来不　1　2　3　4　5　几乎常常如此
与员工讨论变革会给员工带来何种影响	几乎从来不　1　2　3　4　5　几乎常常如此
倾听员工的心声	几乎从来不　1　2　3　4　5　几乎常常如此
在变革过程中请求员工的帮助	几乎从来不　1　2　3　4　5　几乎常常如此
如果有必要,会就员工关心的问题定一个变革之后的具体跟踪会谈计划	几乎从来不　1　2　3　4　5　几乎常常如此

总分数:6~10(很差);11~15(尚可);16~20(良好);21~25(优秀);26~30(出色)

资料来源:加里·P. 莱瑟姆,肯尼斯·N. 韦克斯利. 绩效考评:致力于提高企事业组织的综合实力[M]. 萧鸣政,等译. 2 版. 北京:中国人民大学出版社,2002.

(三)行为观察法的优缺点

行为观察法易于了解和使用,可以对职位进行说明,有助于产生清晰的反馈,它的考评准确性高、实用性强、信度和效度比较乐观。但是行为观察法过分强调行为表现,可能会忽略许多真正的考评要素。另外,由于每个岗位都需要有一种单独的工具(不同的工作要求有不同的行为表现),所以观察量表的开发需要花费更多的时间和成本。

七、量表评定法

量表评定法在绩效评估中的应用比较普遍,它经常以自我报告的形式出现,又被称为问卷法或自陈量表法,即将想要考核的被评估者的特征编制成若干测验题目,由被评估者的上级、下级、同事、自己等逐项给出书面答案,评估者依据其答案来衡量某项评估要素。

量表评定法不仅可以用来测量被评估者的工作业绩、工作能力,还能用来测量其外显行为(如职业态度、兴趣等),同时还能测量其对环境的感受(如压抑、内心冲突等)。

（一）量表评定法的特点

量表评定法是绩效评估中常用的方法之一，它具有以下特点。

（1）题目编制的数量较多。为对被评估者的各个方面进行充分的测量，一般会编制较多的题目。一些情况下，由于题目较多，会使答题者出现疲劳而应付答题。

（2）量表中大都包含多个分测量表，以实现同时测量多维度的特征。

（3）采用纸笔的形式实施测验，测验结果的回收和整理更容易。

（4）可以进行团体测验，也可以进行个体测验，测验成本较低。

（二）评估量表示例

由于每个企业的部门设置、岗位特征各有特点，所以各企业一般会外聘咨询公司、人力资源专家等设计适合自己企业的绩效评估量表。表8-5所示为某企业管理人员的评估量表示例。

表8-5　　　　　某企业管理人员评估量表示例

维度划分	评分
1.工作能力方面	低 0　　1　　2　　3　　4 高
（1）学习新知识、新技术的能力	
（2）适应新工作、新环境的能力	
（3）协调能力	
（4）合作能力	
（5）所具有的专业能力（职称、技术等级）	
（6）解决问题和排除障碍的能力	
（7）说服能力	
（8）社交能力	
（9）开拓创新能力	

续表

维度划分	评分
2. 工作表现方面	差 —————————————→ 好 0　　1　　2　　3　　4
（1）对公司规章制度的执行	
（2）对公司总目标的达成	
（3）对其他部门的服务性	
（4）报表按期上交和公文及时处理	
（5）成本费用开支合理性	
（6）档案保管	
3. 管理下属的能力	少（低）—————————→ 多（高） 0　　1　　2　　3　　4
（1）对下属的培养及培训	
（2）下属的满意度	
（3）对下属的监督	
（4）管理下属不当之处	
（5）下属的重大过错	
4. 个人品质方面	少（差）—————————→ 多（好） 0　　1　　2　　3　　4
（1）准时出勤	
（2）正直、诚实可靠性	
（3）责任心	
（4）工作态度、主动性	
（5）应向上级汇报而未汇报的次数	
（6）不良嗜好	
（7）职业道德	

资料来源：林泽炎 .3P 模式：中国企业人力资源管理操作方案［M］.北京：中信出版社，2001.

八、行为锚定等级评价法

行为锚定等级评价法是由美国学者史密斯和肯德尔于 20 世纪 60 年

代提出的。该方法对每个职位的各评估要素都设计出一个评分量表,并在量表的每个等级上都设计出相应的行为表现,再由评估者将员工的行为表现和评分等级进行对照后,给出员工的绩效得分,见表 8-6。

表 8-6　　　　　　　　行为锚定等级评价法示例

评估要素:工作投入度	
要素定义:指员工对工作的认知、主动性、责任心、热情等	
7 级	员工以极高的热情对待组织的工作,自觉地投入组织中的各项工作活动
6 级	当组织发生危机时,可以信赖、依靠员工
5 级	员工在领导不在的情况下,可以自觉主动地完成本职工作和额外的工作任务
4 级	在日常工作中,员工能够达到工作的基本标准
3 级	当工作任务过重时,员工会寻找借口或抱怨
2 级	员工对组织利益漠不关心,当工作出现问题时,员工不会向上级汇报
1 级	员工消极怠工

(一)行为锚定等级评价法的步骤

1. 获取关键事件

进行工作分析,由了解该工作的人描述一些代表优秀绩效和劣等绩效的关键事件,获取相关职位的关键事件。

2. 建立绩效评估等级

将关键事件合并为几个重要的绩效要素,并对各绩效要素进行界定,然后建立绩效评估等级(一般为 5~10 级)。

3. 对关键事件重新加以分配

由另外一组对职位比较了解的人对原始的关键事件进行重新分配,即将所有的关键事件分配到他们认为最合适的绩效要素中。如果就同一关键事件而言,第二组中某一比例以上的人员将其划入的绩效要素与第一组人员将其划入的要素是相同的,那么,该关键事件的最终位置就可以确定了。

4. 对关键事件进行评定

由第二组人员对关键事件中的行为进行评定,并将关键事件按照从优到差进行排列，以判断它们能否有效代表某一工作绩效要素所要求的绩效水平。

5. 建立绩效评估体系

在最终的行为锚定等级评价体系中，对于每一个绩效要素而言，都会存在一个"行为锚"，以锚定其不同的绩效水平。

（二）行为锚定等级评价法的优缺点

行为锚定等级评价法具有较好的连贯性和较高的信度，可以使工作绩效的计量更加精确，可以使工作绩效评估标准更加明确，可以使各种绩效评估要素之间有着较强的独立性。

然而建立行为锚定等级评价体系的成本较高，经常需要聘请专业咨询公司进行设计。另外，由于该方法是一种终结性的评价，是评估者在对员工一个绩效周期内行为表现的回忆基础上进行的，这就有可能导致评估存在"首因效应""近因效应"或"晕轮效应"等。

本章自测题

1. 简述不同划分标准的绩效评估内容。
2. 绩效评估周期如何确定？
3. 绩效评估的标准有哪些？
4. 简述绩效评估的程序。
5. 简述绩效评估的各种方法及优缺点。
6. 强制分布法如何应用？

第九章　绩效改进与结果应用

学习目标

- 知晓绩效改进的定义
- 熟悉绩效改进的步骤和方法
- 掌握绩效考核误差改进措施
- 了解绩效结果应用的原则
- 掌握绩效结果应用于薪酬管理、人员调配、培训与开发的主要内容

引导案例

> Y公司的员工保留率非常低。通过调查发现，Y公司内部的"报告机制"也许是造成这种现象的原因之一。Y公司鼓励员工直接向上级经理反馈对同事工作的评价，不论这种评价是正面的还是负面的，上级经理都要对反馈员工的信息保密。这样的"报告机制"也被用于Y公司的绩效管理体系之中。
>
> Y公司几乎每周或每月都要进行一次类似的"报告"，员工可能会收到50~60页的数据，每名员工都要对其中一系列的指标数据进行评价或解释。年底，Y公司组织绩效考核后，会递交一

份名单给董事会，名单中分别列出了绩效表现较好以及较差的员工，用来决定奖励和解雇的政策。

对于那些绩效表现好的员工，公司会通报嘉奖，但是以精神奖励为主，实际的物质奖励和职位晋升并不多，而绩效表现不尽如人意的员工，则有两种选择：一是拿到一笔遣散费后，自动离职；二是在接下来的数月中，通过完成经理所设定的一些绩效目标来证明自己对于公司还有价值。

显然，这个政策对于员工来讲是一件很糟糕的事情，毫无疑问绝大部分员工会选择第二项。实际上，Y公司这样设计的目的就是想让每个员工突破自己的极限，为公司做出最大的贡献。但是这样的做法也引起了员工诸多的批评和不满，因为员工需要得到更多的帮助和提升，而不是不停地应付批评，解释自己的表现数据为什么不佳，从而浪费大量的时间，耽误了工作，甚至可能面临直接被解雇。

请思考：Y公司的绩效考核结果应用存在哪些问题？

第一节 绩效改进

一、绩效改进概述

绩效改进是指通过确认绩效评估结果，分析员工工作中存在不足和差距的原因，据此制定一系列改进绩效的方法和策略。

绩效改进是绩效管理过程中的重要环节，是绩效评估的后续应用阶段，是连接绩效评估和下一循环计划目标制定的关键环节。绩效改进首先要分析员工的绩效评估记录，找出员工绩效中存在的优缺点；然后针对员工存在的缺点制定合理的绩效改进方案，并能够确保其有效实施。

（一）绩效改进的指导思想

绩效改进的指导思想主要体现在以下 3 个方面。

1. 绩效改进工作与绩效考核相融合

绩效改进的工作是对员工现实工作的考核，所以不能将这两个环节的工作割裂开来考虑。绩效考核强调"员工工作表现"与"绩效标准"的比较，而不是员工之间的比较，因此绩效改进的需求是在与"绩效标准"比较的基础上建立起来的。

绩效管理的目的是改进员工和企业的绩效，企业有客观评估员工工作的标准，有利于员工从心理上接受绩效管理。

2. 绩效改进必须融入日常的管理工作中

绩效改进是管理者日常管理工作的一部分，它不是企业追加给管理者的特殊任务，所以管理者不应把其当作一种负担，而应将其视为日常工作来对待。绩效改进成功融入日常的管理工作中需要优秀企业文化对管理者和员工的理念灌输，还需要企业内部双向沟通制度化和规范化的完善。

3. 管理者应勇于承担绩效改进的责任

绩效管理不是以反光镜的形式来寻找员工的不足，而是为了防止问题发生、减轻损失，找出提升企业和员工价值的策略和措施，以免日后付出更大的代价。所以，管理者应将帮助员工改善绩效、提升员工能力当作义不容辞的责任。

（二）双环绩效改进图

对于企业各部门员工的绩效改进活动，绩效改进主体在绩效改进过程中不仅需要一些激励条件的支持，还需要一些具有职能工作传感效应的人员配合。同时，绩效改进主体的主要工作目标应该配备备选目标，使其主要工作目标得以顺利实现。

需要注意的是，绩效改进主体必须以个人工作目标为改进"要环"，同时借以其他人员配合的一环作为执行与改进工作的"双环"绩效改进策略。图 9-1 所示为双环绩效改进图模板。

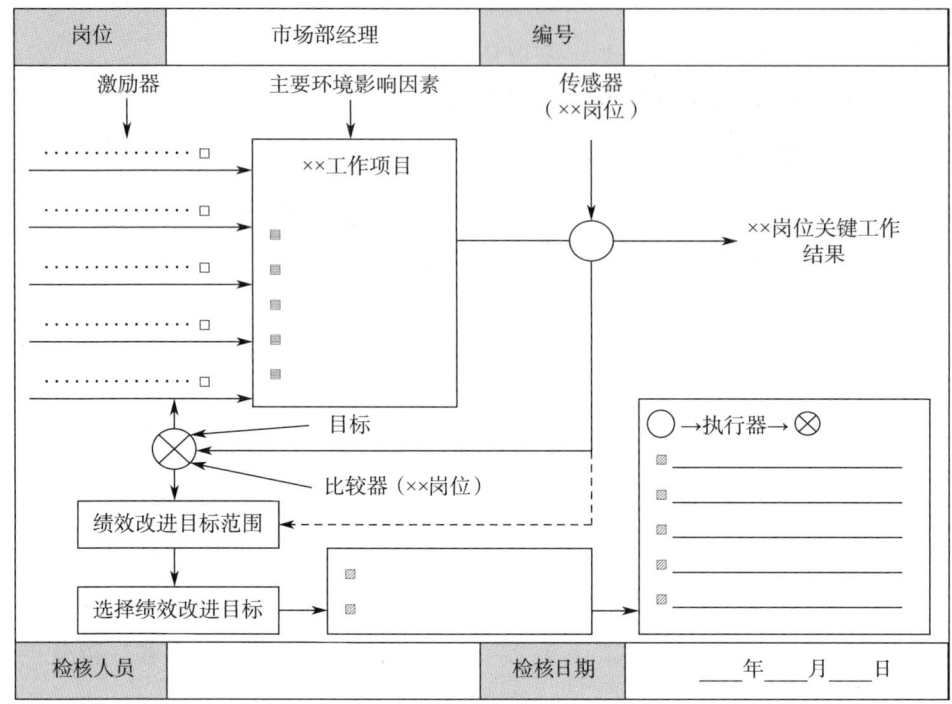

图 9-1 双环绩效改进图模板

二、绩效改进的步骤

绩效改进的步骤主要包括六大步骤，即分析工作绩效差距、查明产生差距的原因、制定绩效改进的策略、制订绩效改进计划方案、实施绩效改进计划方案、评估绩效改进效果。

（一）分析工作绩效差距

分析工作绩效差距是绩效改进的最基本环节，其基本方法有目标比较法、水平比较法和横向比较法。

1. **目标比较法**

目标比较法是指将员工在考核周期内的实际工作绩效与绩效计划的目标进行对比，来寻找两者之间的差距和不足的方法。例如，某房地产公司 2023 年 1—3 月（季度考核）的绩效计划是置业顾问应销售 10 套房，而王某却在该考核期内销售了 8 套房，有 2 套房的差距。

2. 水平比较法

水平比较法是指将员工在考核周期内的实际工作绩效与上一周期的（或去年同期）的工作绩效进行对比的方法。例如，某房地产公司 2022 年 1—3 月（季度考核），王某在该考核周期内销售了 10 套房，而在 2021 年 10—12 月（季度考核）的考核周期内销售了 8 套房，比上一考核周期多了 2 套房。

3. 横向比较法

横向比较法是指将员工在考核周期内的实际工作绩效与本部门员工、其他部门员工等进行横向对比，以发现不同部门、不同成员之间工作绩效实际存在的差距和不足。

（二）查明产生差距的原因

影响和制约工作绩效的原因既有员工主观的因素也有企业客观的因素，既有物质方面的影响因素也有精神方面的影响因素。在找出员工工作绩效的差距后，各级管理者应与被评估者一起查找和分析产生这些绩效差距的真正原因。

在查明产生差距的原因时，可以运用鱼骨图分析法，如图 9-2 所示。

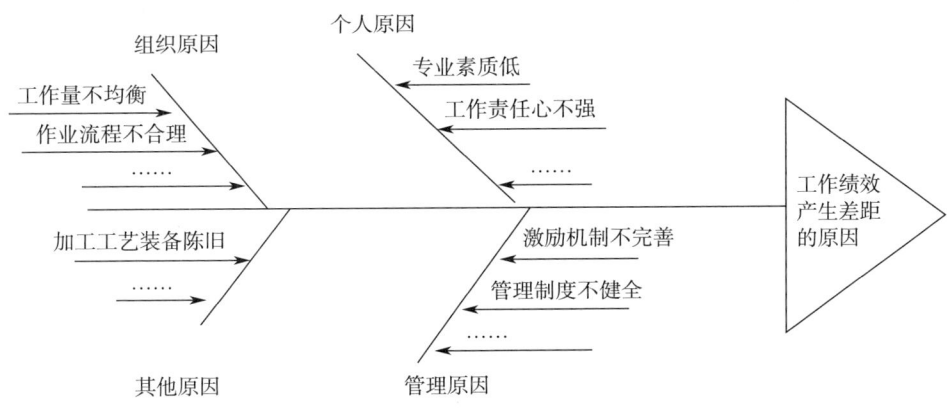

图 9-2 工作绩效产生差距的原因鱼骨图

(三)制定绩效改进的策略

当查明绩效差距产生的原因后,相关管理者可以从组织的实际情况出发,结合员工的发展规划,制定工作绩效改进的策略,以促进员工的工作积极性,提升员工工作能力。其中,绩效改进的策略主要包括3对策略,即预防性策略和制止性策略、正向激励策略和负向激励策略、组织变革策略和人力资源调整策略。

1. 预防性策略和制止性策略

预防性策略属于事前策略,是指员工在工作前,由管理者制定出绩效评估标准,标准中应明确说明什么是正确的、有效的行为,什么是错误的、无效的行为,员工的工作程序是什么,考核要求是什么,并由专业的培训师对员工进行系统性的培训和训练,使其掌握具体的作业流程和操作技能,从而有效地减少员工在操作中出现的失误。

制止性策略属于事中策略,是指通过工作记录法、观察法等方法对员工的工作过程进行全面跟踪和调查,及时发现员工在工作中不恰当的地方,针对这种错误的行为及时指出并予以纠正。

2. 正向激励策略和负向激励策略

正向激励策略,是指采取鼓励性的手段来正面激励员工,使其努力改进自己的绩效水平的策略,如奖励、晋级、升职、提拔等方式。

负向激励策略,是指通过批评、惩罚的手段,让员工意识到自己的错误,然后改进绩效水平的策略,如批评、扣发奖金、降薪、调任等方式。

3. 组织变革策略和人力资源调整策略

通过绩效差距分析,发现员工绩效低并不是其主观原因造成的,而可能是由于组织结构不合理、运行机制不健全、工作量不均衡等因素造成的,这时需要通过系统的组织诊断,找出组织中存在的问题,有针对性地进行组织变革。

当绩效管理发展到一定的阶段,有时员工会出现绩效水平停滞不前的状况。这时人力资源部在进行绩效诊断后,可采取合理的人力资源调整策略(如调整劳动时间、调整劳动环境、调整工作岗位等)来改进绩效。

(四)制订绩效改进计划方案

在明确了绩效改进的策略后,就可以相应地制订绩效改进计划方案了。绩效改进计划方案有不同的类型,有的侧重于工作重新分配,有的侧重于特殊培训,有的侧重于工作丰富化,有的侧重于授权等。针对不同的绩效问题、不同的员工具体情况,要选择不同的绩效改进计划方案。事实上,几种方案结合在一起常常会有更好的绩效改进效果。

1. 绩效改进计划方案的要求

一套完善的绩效改进计划方案,至少应符合下列 4 点要求。

(1)计划内容要有实际操作性。拟订的绩效改进计划内容须与员工待改进的绩效工作相关联且是可以实现的。

(2)计划要有时限性。绩效改进计划的拟订必须有明确的时限性,而且最好有分阶段执行的时间进度安排。

(3)绩效改进计划应具体。绩效改进计划要针对具体的关键事项提出详细的改进措施,保证绩效改进计划的执行效率。

(4)计划要获得管理者与员工双方的认同。

2. 绩效改进计划方案的内容

一般情况下,绩效改进计划方案的主要内容包括以下 6 个方面。

(1)员工和直接上级的基本情况,绩效改进计划的制订时间和实施时间。

(2)有待改进的项目。通常是指被评估者工作的能力、方法、习惯等有待提高或改善的项目。由于被评估者有待改进的项目可能很多,所以在绩效改进计划中不必一一列明,只列明最为迫切需要改进且易改进的项目即可。

(3)改进这些项目的原因。计划中必须详细阐明将这些项目放入绩效改进计划中的原因。

(4)目前的绩效水平和期望达到的水平。绩效改进计划中应该有上一考核周期中的评估结果和期望达到的水平。通过两者的对比，一方面有利于对绩效考核期内发现的问题进行改善，另一方面有利于使下一考核周期的绩效结果达到更高水平。

（5）改进这些项目的方式。即绩效改进项目从目前水平提高到期望水平所需要采取的方式。

（6）设定达到目标的期限。即绩效改进项目从目前水平达到期望水平所需的时限要求，以及改善的截止日期。

（五）实施绩效改进计划方案

制订了绩效改进计划后，最重要的是将计划落到实处，因此，人力资源部应随时追踪计划的实施情况。管理者需要完成以下工作：确定员工了解绩效改进计划方案；如果环境变化需要方案内容随之变动，则管理者应与员工协商后制定方案变动内容；绩效改进计划方案执行过程中，应对员工进行辅导、监督等。

（六）评估绩效改进效果

绩效改进计划方案实施后，需要对改进结果进行评估，以判断该方案是否实现了预期目标。对绩效改进效果的评估常采用的方法是著名学者柯克帕特里克提出的柯氏四级评估模式。

结合柯氏四级评估模式，对绩效改进效果的评估主要包括以下4个方面。

1. 反应评估

例如：绩效改进者对绩效改进结果的满意程度（反应）如何？工作场所的各类成员对改进结果的反应如何？客户和供应商对改进结果的反应是什么样的？

2. 学习评估

测定绩效改进者的学习获得程度。例如：绩效改进活动实施后，员工了解和掌握了哪些以前不会的知识或技能？绩效表现差的地方是否得到改进？

3. 行为评估

例如：改进活动对工作方式是否产生了所希望的影响？工作中是否开始运用新的技能、工具和程序？

4. 成果评估

例如：改进活动对关键绩效问题的改变所起的影响是什么？改进活动对绩效差距的影响是什么？差距的缩小与经营行为具有正向相关关系吗？

绩效改进评估结果将反馈到组织观察和分析的过程中，从而开始新的绩效管理循环。

课程实训

下面是一项用于改进员工时间管理方面的方案，供读者参考。

员工时间管理绩效改进方案示例

活动	责任人	内容
组织内活动	由上级主管完成	（1）给予下属关于时间管理方面的培训 （2）派下属加入精于时间管理的经理所领导的专案小组 （3）向下属亲自展示自己每天的时间安排和控制 （4）向下属展示主管为其制定的工作项目表和工作完成检查表 （5）对下属的有效表现给予鼓励
组织外活动	由下属完成	（1）读一些关于时间管理的书籍 （2）参加时间管理培训或实习
员工自我改进活动	由下属完成	（1）向善于进行时间管理的经理请教，并选择几项工作进行练习 （2）每天工作前制定工作项目表，排定工作的优先顺序，并在项目表上列出每项工作完成的预期时间 （3）不要利用加班或早到来完成积压的工作 （4）对前3个月的工作日志进行检查，找出不必要的和花费太多时间的工作，针对其制订下个月的工作计划

三、绩效改进的方法

（一）卓越绩效模式

卓越绩效模式是由美国马尔科姆·鲍德里奇国家质量奖和欧洲质量奖标准所体现的一种系统的管理方式，是 20 世纪 80 年代后期美国创建的一种世界级企业成功的管理模式。

卓越绩效模式通过识别和跟踪所有重要的组织经营结果，关注整个组织在一个全面管理框架下的卓越绩效，从而保证顾客、产品或服务、财务、人力资源和组织的有效性。它注重目标指标化、指标数字化、管理模式化、模式个性化，侧重于自我评价、标杆评价和对手评价，且将缺陷视为"美"，视为个人改进提高的机会和制度是否存在问题的镜子。

卓越绩效模式的核心是强化组织的顾客满意意识和创新活动，追求卓越的经营绩效，包括领导、战略、顾客和市场、测量分析改进、人力资源、过程管理、经营结果 7 个方面，如图 9-3 所示。

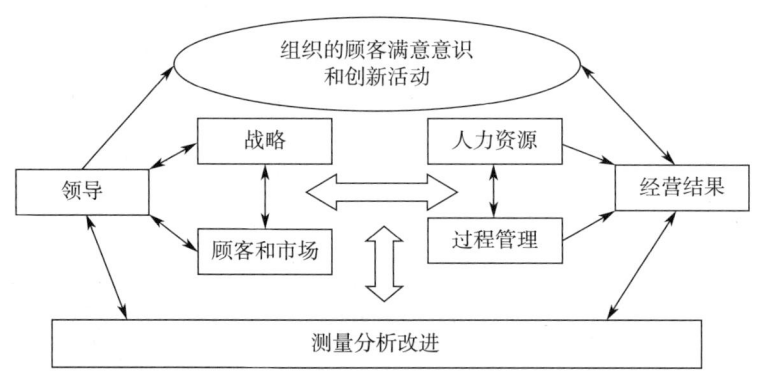

图 9-3　卓越绩效模式图

卓越绩效模式的核心价值观包括追求卓越管理、顾客导向的卓越、组织和个人的学习、重视员工和合作伙伴、快速反应和灵活性、关注未来、促进创新的管理、基于事实的管理、社会责任与公民义务、关注结果和创造价值、系统的观点等。以上核心价值观贯穿卓越绩效模式的各项要求之中，成为组织全体员工的理念和行为准则。

（二）六西格玛管理

六西格玛管理是世界级企业追求卓越的一种先进的绩效改进工具，它作为一种全新的管理模式，充分体现着量化科学管理的思想理念。

1. 六西格玛的内涵

六西格玛即 6σ，σ 代表标准差，用于描述各种可能的结果相对于期望值的波动程度。六西格玛表示在每 100 万个机会中有 3.4 个出错的机会，即合格率为 99.999 66%。

六西格玛管理是通过设计、监督每个生产工序和业务流程，以最少的经营成本和最短的经营周期获得最高的客户满意度，从而提升企业盈利能力的管理方式。它是在新经济环境下企业获得竞争力和持续发展能力的经营策略。

六西格玛管理既关注产品、服务质量，又关注过程的改进。六西格玛管理的原则为注重顾客、注重流程、全员参与、持续和突破性改进、数据和客观事实依据的决定、预防为主。

2. 六西格玛管理的组织结构

六西格玛管理一般是由组织最高管理者推动的。其实施是十分细致而艰巨的，首先要明确目标，并组建推行六西格玛管理的骨干队伍，对全员进行分层次的培训，使大家都了解和掌握六西格玛管理的要点，充分发挥员工的积极性和创造性，充满激情、追求卓越。在实施过程中，最高管理者要让所有员工明确这一思想，从而全力配合六西格玛管理工作的开展，为六西格玛管理在绩效改进工作中扫除不必要的障碍，确保企业员工积极地参与到六西格玛管理改进项目中去。

六西格玛管理强调全员参与，通过建立一个由管理委员会、执行负责人、黑带大师、黑带、绿带构成的组织框架，让大家都参与到绩效改进的过程中来。六西格玛管理的组织结构见表 9-1。

表 9-1　　六西格玛管理的组织结构

组织结构	责任人	职责	地位
管理委员会	企业实施六西格玛管理的最高领导机构，由企业领导层成员担任委员会主要成员	设立六西格玛管理初始阶段的各种职位，确定具体的改进项目及改进次序，定期评估并指导各项目的进展，帮助解决项目中遇到的困难	领导
执行负责人	六西格玛管理的执行负责人一般由副总裁以上的高层领导担任	为具体的改进项目设定目标、方向和范围，协调改进项目所需资源，加强组员的沟通等	推动
黑带大师	六西格玛管理专家的最高级别，一般是统计方面的专家	负责在六西格玛管理中提供技术指导，负责主持统计学方面的培训工作等	管理
黑带	黑带是六西格玛管理的中坚力量，对黑带的认证通常是由外部咨询公司配合企业来完成	担任改进项目小组负责人，领导改进项目小组实施流程变革，同时负责绿带的培训工作	执行
绿带	绿带一般是经企业内部筛选，经培训后上岗的员工	负责难度较小改进项目小组，或成为其他改进项目小组的成员	配合

3. DMAIC 模型

六西格玛管理能够将理念变为行动，将目标变为现实。它一般是由组织的最高管理者推动的，其核心是一个分析和改进业务流程的系统模型——DMAIC 模型，即 define（定义）、measure（测量）、analyze（分析）、improve（改进）、control（控制）。

DMAIC 模型是 PDCA 循环的一种应用模式，DMAIC 模型中的上述 5 个阶段构成了过程改进法，其运用程序如图 9-4 所示。

（三）ISO 质量认证体系

ISO 是 International Organization for Standardization 的缩写，即国际标准化组织。质量认证是指第三方对供方的质量体系进行审核、评定和注册活动，其目的在于通过审核、评定和事后监督来证明供方的质量体系符合某种质量保证标准，对供方的质量保证能力给予独立的证实。

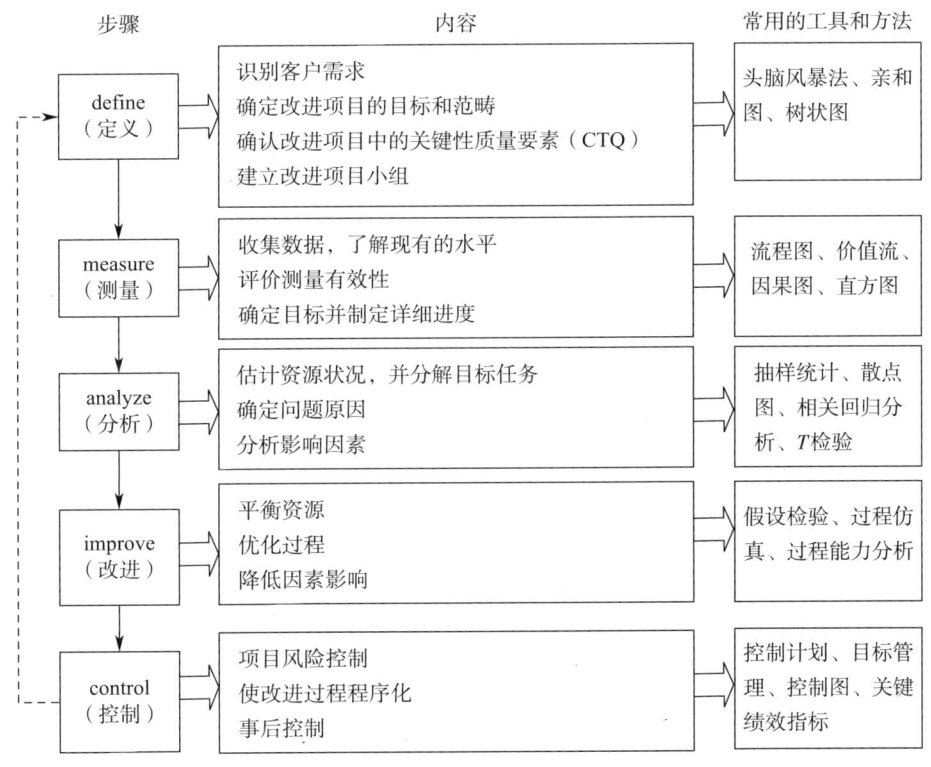

图 9-4 DMAIC 模型运用程序

ISO 质量认证体系是一个产品或服务复合型模式，其目的是在市场环境中保证公正，从而弥补质量体系缺点和消除产品或服务的不符合性。

建立 ISO 质量认证体系要关注以下 8 个事项。

1. 以顾客为关注焦点

满足顾客的需求是企业实现可持续发展的必经之路，因此企业应理解顾客当前的需求，并争取超越顾客的期望。

2. 注重发挥领导者作用

领导者对确立企业的宗旨和方向具有重要的作用，他们应当创造良好的企业文化，使员工充分参与到实现组织目标的活动中来。

3. 全员参与

员工是企业发展的推动力，只有员工以主人翁的姿态积极地参与工作，才能为企业带来效益。

4. 倡导过程方法

将产品生产、服务、员工活动等作为过程加以管理，而不只是注重其成果质量，则可以更高效地获得期望的结果。

5. 系统性原则

将企业相互关联的一系列过程作为系统加以识别、理解和管理，有助于企业提高效率、缩短工作周期、提升效益。

6. 坚持持续改进

坚持持续改进的思想，不断改进员工的工作方式、工作思想、工作技能等，以实现员工绩效的持续提升。

7. 基于事实的决策方法

有效的决策是建立在数据和信息分析的基础之上的。

8. 保持与供方互利的原则

企业与供方是相互依存的，两者的互利关系可以增强双方创造价值的能力。

（四）标杆超越

罗伯特·开普于20世纪70年代首创标杆超越法，他是标杆超越法的先驱和著名的倡导者。

1. 标杆超越法的内涵

标杆超越法指的是通过寻找和研究行业内外的、有助于本企业战略实现的其他优秀企业的有利实践，将其作为标杆和基准，将本企业的管理、产品、服务、过程等方面的内容与标杆企业进行比较，从而制定最优策略赶超标杆企业的方法。

标杆超越法有助于激发员工、团队和整个企业的潜能，有助于企业绩效的提升，有助于学习型组织的建设，利于企业的可持续发展。但该方法容易使企业或员工陷入模仿标杆的怪圈中，而失去自身的特色，且如果标杆的选取出现偏差会导致经营决策和员工个人发展的失误。

2. 标杆超越法的类型

（1）从发展的角度看，可分为战略性标杆管理、操作性标杆管理和支持活动性标杆管理。

①战略性标杆管理，即将本企业的战略和对标企业的战略进行比较。

②操作性标杆管理，即主要集中于比较成本和产品的差异性，重点是进行功能分析，它一般与竞争性成本和竞争性差异有关。

③支持活动性标杆管理，即主要分析企业的支撑功能，如人力资源管理、信息系统管理等。

（2）从设计的角度看，可分为内部标杆管理、竞争标杆管理、功能标杆管理和流程标杆管理。

①内部标杆管理，即企业内部部门之间、员工之间为优化管理而进行的对标。

②竞争标杆管理，即与外部竞争对手为占有市场而直接在产品方面进行的对标。

③功能标杆管理，即以提升质量与管理水平为目的，在对手或本行业间寻求有利实践方法的对标。

④流程标杆管理，即不受行业局限，在相同或类似组织机构运作功能等方面的对标。

3. 运行条件

标杆超越法的成功运行需要具备以下条件，如图9-5所示。

4. 标杆超越法实施步骤

（1）标杆超越法由"标杆"和"超越"两个基本阶段组成。标杆阶段是指针对企业所要改进的领域或对象，首先确定行业内外哪些企业在这一方面是最好的，并选择典型的企业作为标杆对其进行解剖和分析，同时也要对企业自身进行解剖和分析，通过对比找出本企业与标杆企业之间的差距及原因，此阶段其实是一个"知己知彼"的过程。

超越阶段是在"知己知彼"的基础上，拟定超越标杆企业的策略，并加以实施，努力使自己达到同行业最佳水平。

（2）对"标杆"和"超越"两个基本阶段具体细化。对"标杆"和"超越"两个基本阶段具体细化后可分为以下5个阶段。

①标杆管理项目计划。企业需组成标杆交流管理小组，制定标杆工

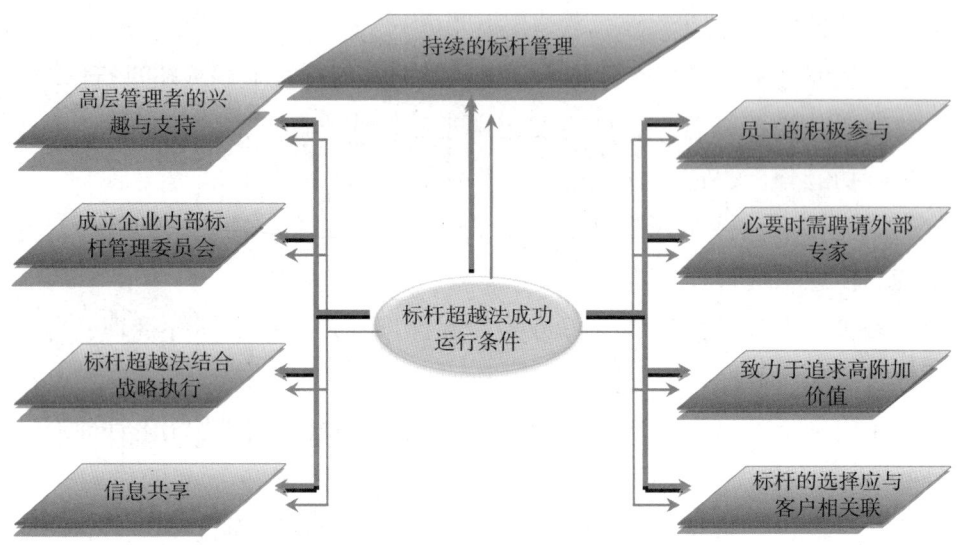

图 9-5 标杆超越法成功运行的条件

作程序,明确标杆交流项目的范畴和目标,制订资料收集计划等。

②资料收集。在此阶段需设计问卷,开展调查,并及时收集其他资料,包括标杆交流管理小组内部交流的信息,并将收集到的资料汇总、整理分类。标杆交流管理小组根据收集的信息分析本企业的水平,选拔并确定标杆企业,其中标杆企业要有卓越的业绩,且标杆企业的被瞄准领域与本企业有相似的特点。

③资料分析。分析企业自身与确定的标杆之间的差距,也要看到双方在经营规模、企业发展现状、企业文化等诸多方面的差异,根据分析结果制定本企业的绩效改进方案。

④实施改进方案。制订具体的行动计划,将改进方案付诸实施,相关人员负责检查并报告进展情况,并根据需要调整或重复相关活动程序。

⑤持续改进。标杆交流管理小组应进行阶段性评估,当超越已选择的标杆时,需根据实际需求重新调整标杆。

四、绩效考核误差改进措施

绩效考核实施过程中应避免考核误差的出现,常见的绩效考核误差种类包括指标制定误差、考核标准误差、信息收集误差以及考核实施误差等。

（一）指标制定误差

指标制定误差主要是指制定的指标缺乏针对性、实用性，指标过于繁多和复杂，以及绩效指标的制定缺少沟通。应对指标制定误差问题，企业可通过以下 3 种途径改进。

（1）指标的制定应建立在企业发展战略以及对被考核者的岗位工作分析基础上。

（2）指标应具有针对性强、可操作性强、界限清楚、少而精等特点。

（3）在指标制定过程中与指标确定后应与被考核者进行充分沟通。

（二）考核标准误差

考核标准误差主要是指定量考核标准的界限不明，标准前后不一，定性考核标准缺少详细描述，不同的人有不同的理解。应对考核标准误差问题，企业可通过以下 3 种途径改进。

（1）定量考核标准的描述应简洁、清晰。

（2）定性考核标准应对指标的达成状况进行尽可能详尽的描述，并加以明确。

（3）对考核人员进行培训，使其明确绩效考核标准。

（三）信息收集误差

信息收集误差主要是指绩效信息跟踪记录不全、收集信息的渠道单一和收集的数据信息准确性不高。应对信息收集误差，企业可通过以下 3 种途径改进。

（1）做好被考核者的工作绩效记录，收集岗位信息。

（2）采取多种方法全面收集考核信息。

（3）应仔细甄别所收集信息的准确性，剔除无效信息。

(四)考核实施误差

考核实施误差主要是指考核实施过程不规范、考核流程混乱、随意性较强,考核依据不足、主观性较强。应对考核实施误差,企业可通过以下两种途径改进。

(1)制定和完善绩效考核管理制度体系,规范绩效考核实施过程。

(2)对考核人员进行培训,避免考核实施误差的发生。

(五)考核反馈误差

考核反馈误差是指在绩效考核后没有进行绩效考核结果反馈沟通,没有建立考核申诉管理体系,对被考核者的考核申诉没有给予快速、有效的回应。应对考核反馈误差,企业可通过以下两种途径改进。

(1)绩效考核结束后,考核人员应及时与被考核者沟通,予以考核结果反馈,促使员工改善绩效,制订绩效改进计划。

(2)如果被考核者对考核结果有异议,向相关部门提出申诉后,受理部门应及时予以合理的答复。

第二节 绩效结果的应用

一、绩效结果应用概述

(一)绩效结果的应用范围

绩效管理在企业的人力资源管理组成模块中占据重要位置,发挥着重要的作用,并且与人力资源管理的其他模块之间存在着密切的联系。可以说,人力资源管理其他模块的根本目的,就是提高绩效。下面将逐一讨论绩效管理与其他人力资源管理模块的关系,也就是绩效结果的应用范围。

1. 绩效管理与岗位分析

岗位分析是绩效管理的基础。在绩效管理中，对员工进行绩效考核的主要依据就是事先设定的绩效目标，而绩效目标的内容在很大程度上都来自通过岗位分析所形成的岗位说明书。通过岗位说明书设定的绩效目标才更具有针对性。

2. 绩效管理与人力资源规划

绩效管理与人力资源规划之间的联系主要体现在人力资源质量的预测方面，通过绩效管理，能够对员工目前的知识和技能水平做出准确的评价，这可以为人力资源供给质量和人力资源需求质量的预测提供有效的信息。

3. 绩效管理与招聘配置

绩效管理与招聘录用的关系是双向的。一方面，通过对员工进行绩效考核，能够对通过不同招聘渠道选拔的员工的质量做对比，从而可以实现对招聘渠道的优化。此外，对员工绩效的评估也是检测人员招聘质量的一个有效手段。另一方面，人员招聘也会对绩效管理产生影响，如果招聘录用的员工素质比较高，与岗位匹配性强，员工在实际工作中就会表现出良好的绩效，这样可以大大减轻绩效管理的负担。

4. 绩效管理与培训开发

绩效管理与培训开发也是相互影响的。通过对员工进行绩效考核，可以发现员工的培训需求，绩效结果往往成为培训需求分析的来源。同时，培训开发也是改进员工绩效的一个重要手段，对员工进行培训，有助于实现绩效管理的目标。

5. 绩效管理与薪酬管理

绩效管理与薪酬管理的关系是最为直接的。按照双因素理论有关内容，如果将员工的薪酬与他们的绩效挂钩，使薪酬成为绩效的反映，就可以极大加强薪酬的激励作用。此外，按照公平理论的解释，支付给员工的薪酬应当具有公平性，这样才可以更好地调动他们的积极性。为此，就要对员工的绩效做出准确的评价，一方面，使他们的付出能够得到相应的回报，实现薪酬的自我公平；另一方面，也使绩效不同的员工得到不同的报酬，实现薪酬的内部公平。

6. 绩效管理与人员调配

企业进行人员调配的目的就是实现员工与岗位的相互匹配，通过对员工进行绩效考核，一方面可以发现员工能够胜任当前岗位，另一方面也可以发现员工适宜从事哪些岗位。

7. 绩效管理与员工关系管理

绩效管理把企业员工紧密地联系在一起。良好的绩效管理有利于员工积极性的发挥和价值最大化，有利于促进企业与员工之间的和谐关系。

企业通过绩效管理的实施可以让优秀的员工脱颖而出，实现企业员工的优胜劣汰，有利于建立正向的、积极的员工关系。

绩效管理是企业员工关系管理中核心利益的管理，管理得好，有利于激励员工，促进员工职业发展；管理得不好，容易产生矛盾和冲突，打击员工的积极性。

以上为绩效管理与人力资源管理其他模块内容的关系，其实也就是绩效结果的应用范围，本书后文中重点介绍绩效结果应用最为普遍、最为广泛的薪酬管理、人员调配以及培训与开发。

（二）绩效结果应用原则

为了避免绩效结果应用方式单一，应用形式化倾向严重，绩效考核团队在应用绩效结果时应当遵循以下3个原则。

1. 以人为本

考核者必须向被考核者反馈绩效结果，指出他们在绩效考核过程中已达到或者未达到的绩效目标，还有工作中有待改进加强的地方。绩效结果应用的立足点和方式都要坚持"以人为本"的原则，以促进员工的职业发展为目标。绩效考核不是目的，而是手段。绩效考核的最终目的就是提高员工的工作能力，从而促进企业可持续发展。

2. 促进被考核者与企业共同成长

企业在应用绩效结果时，要注意平衡被考核者所在的部门内各成员的绩效，要注意增强被考核者的全局意识和集体观念，使被考核者认识到个体的高绩效与企业、部门的高绩效紧密相关，个人的成长与发展是与企业、部门紧密联系在一起的，个人应为实现企业目标做出贡献，在企业的发展中实现自己的成长与发展。

3. 统筹兼顾，综合应用

在运用绩效结果对企业内部进行调整时，应统筹兼顾，有一定的全局意识，确保科学运用，为企业的发展带来正向的推动。前文已经介绍了绩效管理与人力资源管理其他模块的关系，企业在应用绩效结果时，要发散思维、避免单调。很多企业绩效结果的应用单一地表现为奖惩，仅限于员工年终奖金的发放及职称的评定，却不能与员工培训、人员任免、职务晋升等员工的切身利益联系起来。如果员工认为自己的绩效目标完成后，企业也不会给予他们期望的报酬和发展，员工就不可能在工作中充分发挥自己的潜能。

二、绩效结果应用于薪酬管理

（一）薪酬设计

影响企业薪酬结构体系设计的因素有很多，如企业竞争实力、市场薪资水平、职位、员工的绩效表现等。基于此，为了更好地激励员工，企业在设计员工薪酬结构时，都会将员工的绩效表现与薪酬直接挂钩，作为其薪酬的重要组成部分。根据员工工作岗位、工作性质的不同，其绩效薪酬占员工薪酬总额的比例也会有所不同。

绩效结果应用于薪酬设计主要包括绩效薪酬设计、薪酬调整设计。

1. 绩效薪酬设计

绩效薪酬制是一种根据被考核者工作绩效发放薪酬的薪酬制度。它建立在对被考核者进行有效绩效评估的基础上，关注重点是工作的"产出"，如销售量、产量、质量、利润额及实际工作效果等，以被考核者实际最终的劳动成果确定其最终薪酬。

（1）绩效薪酬制的特点：

①有利于员工工资与可量化的绩效挂钩，从而将激励机制、企业目标和员工个人业绩相融合。

②有利于使工资向绩效优秀者倾斜，提高企业效率和节省工资成本。

③使绩效好的员工得到了奖励，有助于吸引和保留绩效好的员工。

（2）绩效薪酬制的类型。常见的绩效薪酬制的类型有计时工资制、计件工资制、佣金制、利润分享制等，具体见表9-2。

表9-2　　　　　　　　　　　绩效薪酬制的类型

绩效薪酬制的类型	类型说明
计时工资制	按单位时间工资标准（包括地区生活费补贴）和实际工作时间支付给个人报酬
计件工资制	根据员工完成一定数量的合格产品数量（或工作量），按照预先规定的计件单价来支付报酬的薪酬支付形式
佣金制	又称提成工资制，是企业根据员工业绩的一定比例计发员工劳动报酬的一种形式
利润分享制	当企业达到利润目标时对员工予以经济奖励，把企业的一部分利润按照特定方式分配给员工，是一种分红式的绩效薪酬类型

2. 薪酬调整设计

适时的薪酬调整，能确保企业薪酬管理适应市场、物价、企业盈利能力、员工业绩与能力等方面的变动，从而提高薪酬对员工的吸引力，使企业员工流失率处于合理水平，保持企业积极向上的工作氛围。

企业可依据绩效结果，决定工资薪酬是否调整、如何调整以及调整的幅度等。

（1）根据绩效结果进行薪酬调整的形式。根据绩效结果进行薪酬调整的形式主要有两种，即薪酬水平的调整和薪酬结构的调整，具体见表9-3。

表 9-3　根据绩效结果进行薪酬调整的两种形式

薪酬调整的两种形式	具体形式	具体说明
薪酬水平的调整	全体员工薪酬水平的调整	当企业整体业绩水平发生变动时，会对所有部门、所有人员的工资进行调整。这种变动可能是等比例的、等额的，也可能是非等比例的、非等额的
	部门员工薪酬水平的调整	根据企业发展战略、企业业绩情况和团队绩效水平，可以调整某一个部门员工或某些部门员工的薪酬水平
	个人薪酬水平的调整	根据企业发展战略、业绩水平和员工绩效评估结果，对绩效优秀者给予工资等级晋升，对绩效不合格者降低工资等级；对企业做出突出贡献者，给予工资等级晋升奖励
薪酬结构的调整	固定工资与绩效工资的比例调整	在企业刚刚引进绩效考核体系时，往往绩效工资所占的比例较小，随着绩效考核体系的完善和考核工作的专业化，绩效工资所占的比例会逐步增加

（2）根据绩效结果进行薪酬调整的周期。薪酬调整的周期应根据外部经济环境、企业实际情况、绩效考核周期等确定，一般可采用年调、半年调等。具体来说，企业确定薪酬调整周期时，应考虑以下两点。

①长周期。操作起来相对简单，但对员工的激励作用低，尤其是在人员流动性大的企业。

②短周期。工作量大，操作不容易，但对员工的激励作用高，对企业的绩效管理系统要求高。

（二）奖金分配

许多企业的薪酬制度体系除了设定员工基本工资，还设定了绩效奖金。绩效奖金的发放，是直接与员工的个人业绩考核结果相挂钩的。绩效结果运用于奖金分配，体现在奖金应与超额完成工作业绩的状况挂钩。

奖金和福利是激励系统的主要内容，是企业普遍采用的一种调动员工积极性的方法。企业在设计奖金福利时，可将员工的绩效结果与企业的效益进行有机结合，并在此基础上进行激励设计。

1. 绩效结果与奖金设计

（1）奖金的类别。根据不同的标准，奖金可分为不同的类别，具体内容见表9-4。

表9-4　　　　　　　　　　奖金的类别

划分标准	奖金类别	类别说明
奖励周期	月度奖	每个月根据绩效结果进行奖金发放
	季度奖	每个季度根据绩效结果进行奖金发放
	年度奖	每年根据绩效结果进行奖金发放
一定时期内（一般指一个经济核算年度）发奖次数	经常性奖金	指企业按照预定的时期，对日常生产、工作中超额完成任务或创造优良成绩的员工进行奖励而发放的例行奖金，一般可以是月度奖或季度奖，如超产奖、节约奖等
	一次性奖金	指企业对做出特殊贡献的员工进行奖励而发放的不定期奖金，如先进个人奖；又如为解决某种产品的质量问题、突击完成某一机械设备大修任务或其他紧迫的重要任务等而设立的奖金
奖励范围	个人奖	凡由个人单独操作并可以单独考核劳动定额和其他技术经济指标的，实行个人奖
	集体奖	凡是集体作业，不能单独对个人加以考核的，则以集体为计奖单位，实行集体奖
奖金的来源	由工资基金支付	从工资总额中予以提取、支付
	非工资基金支付	例如节约奖，是从节约的原材料、燃料等的价值中提取一部分支付奖金
奖励条件的考核项目	综合奖	以多项考核指标作为计奖条件的奖金，它的特点是对员工的劳动贡献和生产、工作成绩的各个方面进行全面评价，统一计奖，突出重点。其具体办法是把劳动成果分解成质量、数量、品种、效率消耗等因素，明确每一因素的考核指标以及完成该指标的奖金占奖金总额的百分比或绝对数，只有在全面完成各项指标的基础上付出超额劳动的，才能统一计奖，如百分奖等
	单项奖	是以生产、工作中的某一项指标作为计奖条件的奖金，其特点是只对劳动成果中的某一方面进行专项考核，如安全奖、质量奖、超产奖、节约奖、新产品奖、合理化建议及技术改进奖等

奖金的具体形式多种多样，相互补充，互有交叉。企业根据绩效结果设计具有激励作用的奖金体系时，应正确运用奖励形式，做到既科学宜实行，又不呆板而落后。

（2）奖金总额的确定。奖金总额是指作为全体员工奖励基金的额度。奖金总额的确定方法主要包括以下5种。

①按照企业超额利润的一定百分比来提取奖金总额，其计算公示如下：

本期新增奖金额 =（本期实际利润－上期利润或计划利润）× 超额利润奖金系数

②按企业年度产量（销售量）的超额程度确定奖金总额，其计算公式如下：

奖金总额 =（年度实际销售量－年度目标销售量）× 计奖比例

③按成本节约量的一定比例确定奖金总额，其计算公式如下：

奖金总额 = 成本节约额 × 计奖比例

④按企业实际经营效果和实际支付的人工成本两个方面因素确定奖金总额，其计算公式如下：

奖金总额 = 生产（或销售）总量 × 标准人工成本费用－实际支付工资总额

⑤以附加值（净产值）为基准来确定奖金总额，其计算公式如下：

奖金总额 = 附加值 × 标准劳动分配率－实际支付工资总额

（3）奖金分配方法。奖金总额确定后，在遵循公平公正的原则下，企业应选择一定的方式将奖金分配到每个员工手中。企业一般采取计分法和系数法分配奖金，具体见表9-5。

表9-5　　　　　　　　　　奖金的两种分配方法

奖金分配方法		方法说明
计分法	含义	根据规则对员工评定分数，然后根据这个分数计算出每位员工的奖金数额
	适用范围	一般适用于生产工人
	计算公式	个人奖金额 = 企业奖金总额 ×［个人考核得分 ÷ $\sum$（个人考核得分）］

续表

奖金分配方法		方法说明
系数法	含义	根据岗位价值大小确定岗位奖励系数，最后将总奖金分配给每个员工
	适用范围	一般适用于管理人员
	计算公式	个人奖金额 = [总奖金额 ÷ $\sum$（考核系数 × 岗位人数）] × 个人岗位系数 × 个人绩效考核系数

2. 绩效结果与福利设计

员工福利指企业为满足员工的生活需求，以企业的支付能力为依据，根据国家的相关法律法规等，向员工本人及其家庭提供的除工资、奖金以外的货币、实物及其他服务的劳动报酬。它是薪酬的一个重要组成部分，是工资、奖金等现金收入以外的一个重要补充。

（1）福利项目的设计。随着社会的进步，人们物质、文化生活水平的提高，员工对福利的需求不仅仅包括一些普惠项目，还包括一些更具有个性与多元化的福利项目。企业福利项目根据不同的划分标准可划分为不同的类别，具体见表9-6。

表9-6　　　　　　　　企业福利项目类别

分类标准	福利项目类别	具体内容
根据福利的内容分类	法定福利	政府通过立法要求企业必须提供的福利项目，如养老保险、失业保险、医疗保险、工伤保险、生育保险、住房公积金等
	企业自主福利	企业为了吸引人才或留住人才而自行为员工设置的福利项目，如教育培训福利、保险保健福利、住房交通福利、文体娱乐福利等
根据享受的范围分类	全员性福利	全体员工可以享受的福利，如工作餐、节日礼物、健康体检、带薪年休假等
	特殊群体福利	指提供给特殊群体享用的福利，这些特殊群体往往是对企业做出特殊贡献的技术、管理方面的核心人员

（2）根据绩效结果设计弹性福利计划。弹性福利计划是指员工依照自己的需求及绩效结果，从公司所提供的福利项目中选择或组合属于自

己的一份福利套餐，它是一种由员工执行选择福利项目的福利计划模式。

弹性福利计划具体的制订步骤包括以下 6 个方面。

①掌握相关信息。企业应掌握国家相关法律法规，充分理解自身的战略，并对经营状况、财务状况、福利项目等进行充分的分析，确保制订的福利计划符合实际。

②调查员工福利需求。不同的员工对企业的福利项目有不同的需求，要想确保设计的弹性福利计划符合员工的多样化需求，就需要提前进行调查和了解。

③确定员工福利限额。通常用点数来表示这一限额，它可以通过资历、绩效、职务等一系列因素综合地进行评定。在确定了每位员工的福利点数后，需要进一步确定这些点数的现金价值，即福利点的单价，它等于年度弹性福利总金额与全体员工获得的总福利点数之比。

④确定福利项目清单。根据已掌握的信息及分析结果，确定企业提供给员工的所有福利项目的清单，并根据这些福利项目的市场定价和福利点的单价折算成相应的福利点数，作为福利项目的标价点数。

⑤员工选择福利项目。在每位员工都有了各自的福利点数，同时福利项目又都按点数定价后，员工就可以开始选择自己需要的福利项目了。

⑥协调、管理和沟通。企业需要针对选择中的纠纷以及员工的反馈意见采取有效处理措施，并根据情况的不断变化合理调整和优化其福利计划。

三、绩效结果应用于人员调配

（一）岗位调整

绩效结果运用于员工岗位调整体现在连续的绩效考核结果记录为职务晋升或降级提供依据。绩效结果与员工岗位调整的关系具体体现为以下 3 个方面。

1. 绩效结果与员工晋升

绩效结果显示，某位员工的能力绩效非常突出，在现有岗位上能力没有完全发挥出来，可以胜任更高一级的岗位工作，此时，可以对其进行晋升调整。

2. 绩效结果与内部岗位平调

通过对绩效结果的分析，绩效考核团队发现有些员工由于个人爱好或其他原因不适应现有岗位，能力没有充分发挥，此时可以选择对其进行内部岗位平调。

员工内部岗位平调一般需同时满足两个条件，即岗位出现空缺，平调人员能力与现任岗位不匹配且与拟调岗位较匹配。

3. 绩效结果与内部降职

通过对绩效结果的分析，对一些等级较低，逐渐不能胜任现有职位或平级岗位，但可以胜任较低序列职位的员工，可以参照个人选择，有组织、有计划地对其进行降职降级调整，真正做到人适其事、事得其人。

（二）末位淘汰制

1. 末位淘汰制的定义

末位淘汰制是指企业根据自身的总体目标和各阶段的发展目标，结合各岗位任职人员对目标的实际达成情况，设计各部门及人员的考核指标体系，并以此指标体系为标准对员工的绩效及成长情况进行考核，将考核成绩靠后的员工予以淘汰的绩效管理制度。

通过末位淘汰制，企业可以推动员工的工作积极性、提高工作效率和效能，最大限度地挖掘员工潜力等。但是，这种管理模式大多时候过于严苛，若处理不当，有可能造成企业违法解除劳动合同，给企业带来不必要的劳动纠纷。因此，在运用末位淘汰制时，企业可结合自身的实际情况选用首位竞争制，这样可以提高员工积极性、增强竞争意识。

2. 使用末位淘汰制的注意事项

（1）制定末位淘汰相关工作的规章制度，听取企业工会或职工代表的意见或建议，或将相关规章制度交职工代表大会审议通过。

（2）如果采用末位淘汰制，企业应建立一套客观、公正、科学的绩效考核标准和程序，并保证绩效考核指标的合理性。

（3）可以通过设计薪酬体系来配合末位淘汰制开展各项岗位工作，以激发员工的工作热情和对末位淘汰制的认可。

（4）如果员工处于考核末位，但符合禁止解除劳动合同的法定情形的员工，那企业就不得以末位淘汰为由，解除劳动合同。如果该员工确实不适合目前的工作岗位，企业可以调整其工作岗位，或为其提供相应的工作培训。若经调整工作岗位或进行工作培训后，仍不能胜任岗位工作的末位员工，企业方可按照法定程序与其解除劳动关系。

四、绩效结果应用于培训与开发

（一）员工培训

有效地开发企业现有的人力资源，最大限度地发挥人力资源的整体效能，这是企业人力资源管理工作的中心任务。绩效考核提供了全体员工动态、连续和完整的考核记录，通过对这些记录进行分析可以发现员工及企业方面存在的问题。

可以说，绩效考核为评价员工个人的优缺点和提高工作效率提供了一个反馈的渠道。通过分析绩效结果，能够帮助企业发现员工个体或群体与企业的差距，从而及时组织相关的培训教育活动。

1. 员工培训的类型

根据员工不同的绩效考核结果，企业应有针对性地对各类员工进行培训。

（1）对于态度不端正的员工，应组织其参加企业适应性的再培训，让其到一线部门接受企业文化教育。

（2）对于能力欠缺的员工，组织其参加有针对性的培训活动，进而达到开发其潜力，提高其工作能力的目的。

（3）对于能力较强的员工，进一步开发其能力，落实"干一行，爱一行；干一行，专一行"的人才使用策略。

绩效考核的目的是了解目前员工工作绩效中存在的优势和不足，进而有针对性地改进和提高绩效。在绩效考核结束后，绩效考核团队往往需要根据被考核者的绩效考核结果，结合其个人的职业规划，与其共同制订绩效改进计划和未来发展计划。

2. 选择适宜的培训开发方式方法

员工差距主要体现在能力、态度这两个方面，具体各方面的培训开发方式方法如下所示。

（1）能力差距培训开发方式方法。针对员工能力上的不足，企业可组织有针对性的培训活动，开发员工潜力，提高其工作能力。常见的能力差距培训开发方式方法见表9-7。

表9-7　　　常见的能力差距培训开发方式方法

培训开发方式方法	优点	缺点	适用范围
内部培训师的内训	（1）对企业业务有专业的了解 （2）可传授实用性强的技能 （3）互动性强 （4）成本较低	（1）培训师思维有局限性 （2）培训师易受授课技巧、内心动力、时间、精力等方面的影响	适用于解决企业内部某一模块的业务能力不足问题
外聘老师的内训	（1）带来解决问题的新思路、新方法 （2）互动性强、训练强度高、技能提升快	（1）讲师素质参差不齐 （2）授课费用不确定，无法准确预估成本	适用于群体培训（一般10人以上）与各类人员的培训
参加外部公开课	（1）可带来企业管理的新思路 （2）可带来解决企业问题的新方法 （3）可学习新技能	（1）缺乏针对性 （2）互动性差 （3）时间固定 （4）质量无法保证	适用于企业高层管理人员或有晋升需求的中层管理人员的个人单独培训
大学课程学习	（1）可获得系统的理论知识 （2）可获得相应的学历	（1）讲师实战经验不足，与学员互动性差 （2）时间固定且较长 （3）成本高	适用于企业高层管理人员的个人培训
多媒体网络学习	（1）随时、随地可以学习 （2）针对性较强	（1）课件质量不稳定 （2）培训靠员工自觉性，管理易出现问题 （3）投资较大	适用于企业员工的个人培训

续表

培训开发方式方法	优点	缺点	适用范围
阅读书籍的培训	（1）随时、随地可以学习 （2）有利于提高员工的综合能力 （3）成本低	（1）培训结果受员工素质影响较大 （2）难以解决实际问题 （3）技能提高得较慢	适用于解决知识性、理论性的问题，并适合员工个人培训
工作中学习培训	（1）切身体会各种知识与环境 （2）快速提高工作技能 （3）成本接近于零	（1）缺乏系统性 （2）无人监督，进步缓慢 （3）可能得出错误的经验	适用于企业中层及低层各岗位人员的培训
导师制培训	（1）员工能够切身体会各种知识与技能 （2）有人监督，员工可迅速提高 （3）成本低	（1）系统性差 （2）员工技能进步慢 （3）难以选择合适的导师	一般适用于新进、新晋、调岗等的培训，也可用于对工作绩效较差的员工的培训

（2）态度差距培训开发方式方法。工作态度是与心态挂钩的，认真、忠于职守、细心、有责任心是对工作所持有的评价与行为倾向。对于工作态度上的"落后分子"，企业可组织其参加企业适应性培训、团队凝聚力培训，再到生产或销售一线部门接受企业文化培训，重塑自我。

（二）员工职业生涯规划

考核者将考核结果反馈给被考核者，同时指出被考核者工作的优点和缺点，使被考核者改进工作有依据和目标。被考核者不断提高工作能力，开发自身潜能，不断改进和优化工作，有助于其职业目标的实现，有助于其职业生涯的发展。

员工职业生涯规划是一个动态的过程，需要企业和员工的共同努力与配合，才能取得成功。根据考核结果，企业与员工共同分析其特质和优缺点，对需要改变职业生涯规划的员工帮助其重新进行职业生涯规划，以使员工最大限度地发挥自己的价值。

企业可以通过分析绩效结果，及早地发现员工职业生涯规划方面存在的问题，从而有利于其判断自己是否适合现在从事的工作，有利于合理规划职业生涯。一方面，如果员工发现自己不适合现有岗位，可以尽早选择其他的岗位，及早对职业生涯进行重新规划和选择。另一方面，通过绩效考核员工知晓自己适合现有工作时，则应使职业生涯规划更加清晰，提高工作积极性，提升自我能力，改善自己的绩效短板，为达成职业生涯目标而努力。

合理、科学的职业生涯规划能让员工获得组织支持感，有助于保持员工的稳定性和积极性，有助于员工不断地提高专业技能以适应外界环境的变化，同时也满足个人职业发展和自我实现的需要，对其绩效的提高有至关重要的作用。

总之，考核结果应用于被考核者个人的发展，可以实现员工发展与部门发展的有机结合，达到企业人力资源需求与员工职业生涯需求之间的平衡。

本章自测题

1. 简述绩效改进的6个步骤。
2. 绩效改进的4个方法是哪些？
3. 结合实际案例编制一个绩效改进计划方案。
4. 简述绩效结果应用于薪酬管理的内容。